Knaur.

Knaur.

Weitere Bücher von Gerhard Wisnewski im Knaur Taschenbuch Verlag:
Operation 9/11
Das RAF-Phantom (zusammen mit Wolfgang Landgraeber und Ekkehard Sieker)

Über den Autor:
Gerhard Wisnewski, geboren 1959, studierte Politikwissenschaften. Seit 1986 arbeitet er als freier Autor, Schriftsteller und Dokumentarfilmer. 1992 erregte er als Koautor des Bestsellers *Das RAF-Phantom* Aufsehen. Der auf diesem Buch basierende Fernsehfilm *Das Phantom* gewann im Jahr 2000 den 3sat-Zuschauerpreis und den Grimme-Preis. 2003 erschien sein Bestseller *Operation 9/11*.

Gerhard Wisnewski

MYTHOS 9/11
Der Wahrheit auf der Spur

Mitarbeit: Willy Brunner

Knaur Taschenbuch Verlag

www.operation911.de

Besuchen Sie uns im Internet:
www.knaur.de

Originalausgabe August 2004

Ein Unternehmen der Droemerschen Verlagsanstalt
Th. Knaur Nachf. GmbH & Co. KG, München

Umschlaggestaltung: ZERO Werbeagentur, München
Umschlagrückseite: Foto © abc/Jeff Rense
Satz: Wilhelm Vornehm, München
Druck und Bindung: Clausen & Bosse, Leck
Printed in Germany
ISBN 3-426-77783-5

2 4 5 3

Wenn die Regierung das Volk fürchtet, herrscht Freiheit.
Wenn das Volk die Regierung fürchtet, herrscht Tyrannei.

Thomas Jefferson (1734–1826),
dritter Präsident der Vereinigten Staaten
von Amerika

Inhalt

Vorwort

Der 11. September 2001 ist ein geschichtliches Ereignis, dessen Bedeutung nicht hoch genug eingeschätzt werden kann. Die bisherigen Darstellungen, die zum Teil großes Aufsehen erregten, reichen deshalb bei weitem nicht aus, um alle Facetten auszuleuchten und alle offenen Fragen hinreichend zu beantworten.

Um dieses Ereignis in seinem Werdegang, aber auch in seinen Konsequenzen verstehen zu können, bedarf es noch einiger intensiver Forschungsarbeit durch Historiker und Journalisten. Der Wunsch nach weiterer Aufklärung ist ein tragender Grund, warum ich dieses Buch geschrieben habe. Ein anderer ist aber mindestens ebenso wichtig: Vieles spricht dafür, daß gerade das amerikanische Wahljahr 2004 für die eigentlichen Strategen des 11. 9. eine weitere Möglichkeit schaffen soll, die Weltpolitik weiter in die von ihnen gewünschte Richtung zu lenken.

Die Beschäftigung mit dem »Mythos 9/11« folgt daher nur zum geringeren Teil einem akademischen Interesse. Vielmehr ist es notwendig, den 11. September 2001 so umfassend und detailliert wie möglich zu verstehen, um die dahinterstehenden politischen Strukturen entmachten zu können.

Der 11. September war der Eröffnungszug zu einem Dritten Weltkrieg, der vorwiegend verdeckt geführt wird. Im Gegensatz zu früheren Kriegen treten die kriegführenden Parteien nur noch zum Teil offen in Erscheinung. Sie bekämpfen sich unter Markenzeichen mit mehr oder weniger realem Hintergrund, wovon Al-Qaida nur eines ist. Der Krieg wird nicht nur nach außen geführt, sondern auch nach innen – nicht nur gegen eine fremde, sondern auch gegen die eigene Bevölkerung. Wir alle sind bereits als Schlachtvieh in diesem Krieg ausersehen, wie die Anschläge von Madrid am 11. März 2004 gezeigt haben.

Kriege, insbesondere aber teilweise verdeckte Kriege wie dieser, können nur funktionieren, solange ihre Lügen funktionieren. Kriege können nur stattfinden, wenn den Verlautbarungen von Politikern und Journalisten blind Glauben geschenkt wird. Kriege können nur geführt werden, wenn Menschen beim ersten Knall wie Schafe in die gewünschte Richtung laufen.

Ein weiterer Grund, noch ein Buch über den 11.9. zu schreiben, hat mit der Wirkung des Mediums Buch zu tun. Bei der Aufklärung dieses Ereignisses ist es – neben dem Internet – vor allem das Sachbuch, das sich offen und kritisch mit der offiziellen Version der Attentate auseinandersetzt. Wer heute offenen Auges durch eine große Buchhandlung geht, versteht, was ich meine. Denn es drängt sich der Eindruck auf, als seien unsere Nachrichtenmedien und die vielen Bücher zur gegenwärtigen US-Politik in verschiedenen Welten entstanden: »Amerikas falsches Spiel« – »Zensor USA« – »Schwarzbuch USA« – »Ein Nachruf auf die USA« – »Volle Deckung, Mr. Bush« – »Die Lügen des George W. Bush«. Diese aktuellen Titel sind nur einige Beispiele für das derzeitige große Interesse an diesem Thema, die Liste ließe sich beliebig verlängern.

Nach einer Umfrage der Wochenzeitung *Die Zeit* glauben fast siebzig Prozent der Bundesbürger, daß sie nicht die volle Wahrheit über die Geschehnisse des 11.9. erfahren haben. Und knapp zwanzig Prozent glauben sogar, daß etwas faul ist im Staate Dänemark, sprich: daß die Bush-Regierung am 11.9. selbst ihre Finger im Spiel hatte.

Und da wir gerade von mangelnder Glaubwürdigkeit sprechen: Wenn schon feststeht, daß die Bush-Administration in Sachen Irak gelogen hat – wie läßt sich da die Behauptung halten, daß sie in Sachen 11.9. die Wahrheit und nichts als die Wahrheit gesagt hat? Daß also eine Administration, die selbst in der UNO mit plumpen Fälschungen und Lügen arbeitet, den Fall 9/11 genauso erzählt hat, wie er sich abspielte? Das allein wäre schon unwahrscheinlich. Dazu kommt aber noch die Weigerung, die Attentate des 11. September objektiv zu untersuchen und alle Beweise auf den Tisch zu legen, inklusive einer erdrückenden Anzahl von Beweisen, die eindeutig gegen die offizielle Version sprechen. Daß die Attentate des 11.9. nachlässiger untersucht wurden als irgendein x-beliebiger Highwayunfall, ist auch ein Anlaß für dieses Buch.

Und schließlich sind seit dem Erscheinen meines Buches »Operation 9/11 – Angriff auf den Globus« eine Reihe von neuen Entwicklungen eingetreten, und es haben sich neue Spuren ergeben. Der »Mythos 9/11« wurde nicht nur von zwei Untersuchungskommissionen abgeklopft, sondern auch in mehreren Gerichtsverfahren durchleuchtet. Was dabei herauskam, wirft einen düsteren Schatten auf die Qualität der offiziellen Version vom Angriff eines Phantoms mit Namen Bin Laden auf die letzte Supermacht der Welt.

Es gibt also Gründe genug, in dieser Frage am Ball zu bleiben.

München, im April 2004
Gerhard Wisnewski

Einleitung

New York, 11. September 2001, 8.43 Uhr. Die Metropole am Hudson erlebt einen strahlend blauen, milden Herbstmorgen. Es ist nicht der Tag für eine große Katastrophe. Eher gelangweilt fuchteln an der Ecke Lispenard und Church Street ein paar Feuerwehrmänner mit einer Gassonde herum. Irgend jemand hat angerufen und von Gasgeruch in dieser Gegend berichtet. Zufällig ist ein Kamerateam dabei, das eigentlich die Feuerwehr bei ihrer Arbeit filmen will. Plötzlich heben die Feuerwehrmänner die Köpfe. Die Ursache ist ein Geräusch, das man sonst selten in Manhattan hört – das dröhnende Jaulen einer tieffliegenden Düsenmaschine. Sie benutzt den Westbroadway als Einflugschneise. In der Verlängerung der Straße liegen die beiden Türme des World Trade Centers. Während die Feuerwehrleute nach oben blicken, schwenkt der Filmemacher einer Eingebung folgend seine Kamera auf die Gebäude – der Ausschnitt stimmt, noch bevor das Flugzeug dort einschlägt.

So beginnt der offizielle Mythos des 11. September 2001, wie er uns gebetsmühlenhaft eingehämmert wurde – jedes Wort ein Lernprogramm:

»Das World Trade Center – Symbol der Macht, des Geldes, der USA – bis zum 11. September 2001. Dieser Tag, dieses Datum, eingebrannt ins kollektive Gedächtnis. Terroristen steuern zwei Flugzeuge in die Twin Towers in New York, eines ins Pentagon in Washington. Eine vierte entführte Maschine mit Kurs Washington stürzt in Pennsylvania ab. Die Türme des World Trade Centers brechen nur wenig später in sich zusammen. Insgesamt sterben rund viertausend Menschen.[1] Ein Teil von Manhattan liegt unter Schutt und Asche begraben, Qualm und Staub verdunkeln die Sonne, Menschen irren voller Panik und Entsetzen durch die Straßen. Manche klammern sich an ihre Aktentaschen, als letzte Verbindung zum Leben vor der Katastrophe. Das Unvorstellbare ist Wirklichkeit geworden: Amerika, das sich unverwundbar glaubte, ist bis ins Mark getroffen. FBI und CIA haben komplett versagt. Zum ersten Mal finden sich die USA in der Opferrolle wieder, angewiesen auf Solidarität und Beistand von außen. Angst greift um sich: Angst vor weiteren Anschlägen, Angst vor Krieg, Angst vor dem Unberechenbaren.«[2]

Soweit die Geschichtsschreibung des *Spiegel*: ein wahrhaft biblisches Bild, mit Anklängen an die Apokalypse des Johannes.

Das ZDF präsentiert den Mythos 9/11 in etwas feinerer Auflösung. Danach schlägt um 8.45 Uhr eine Boeing 767 mit zweiundneunzig Passagieren an Bord in den Nordturm des World Trade Centers ein »und reißt ein riesiges Loch in die Fassade des einhundertzehnstöckigen Gebäudes. Dicker Qualm steigt aus den oberen Etagen auf.« Um 9.05 Uhr zerschellt eine weitere Boeing 767 mit fünfundsechzig Insassen »in einem Feuerball am Südturm des World Trade Centers. Die Explosion ist live im Fernsehen zu sehen. Beide Maschinen waren im dreihundert Kilometer nordöstlich von New York gelegenen Boston gestartet.« Um 9.39 Uhr stürzt eine Boeing 757 mit vierundsechzig Insassen »auf das Pentagon in Washington. Mehrere Explosionen erschüttern das fünfeckige Gebäude des Verteidigungsministeriums.« Um 10.05 Uhr stürzt einer der beiden Zwillingstürme des World Trade Centers »nach mehreren Explosionen in einer riesigen Staubwolke in sich zusammen«. Um 10.10 Uhr stürzt eine Boeing 757 der United Airlines mit 44 Menschen an Bord »nahe Pittsburgh im US-Bundesstaat Pennsylvania ab. Die Maschine war in Newark westlich von New York in Richtung San Francisco gestartet. Die Passagiere hatten zuvor über Mobiltelefon von Handgemengen mit Luftpiraten berichtet.« Um 10.28 Uhr stürzt auch der zweite Turm des vierhundertzehn Meter hohen World Trade Centers »in sich zusammen. Der gesamte Süden der Insel Manhattan ist in eine riesige Staubwolke gehüllt.« Nur fünf Stunden später, um 15.35 Uhr, verdächtigt ein US-Regierungsvertreter »das Al-Qaida-Netzwerk um Osama Bin Laden, hinter den Anschlägen zu stecken«.

»Das Ziel« dieser Anschläge, schrieb das ZDF auf einer Webseite im Herbst 2002, »war ebenso unvorstellbar wie die Verschwörung wahnwitzig: Möglichst viele Menschen töten, wichtige Gebäude zerstören, Amerika in seinem Innersten erschüttern. Ein Jahr danach quälen sich die USA immer noch mit der Frage, wie die Anschläge vom 11. September überhaupt geschehen konnten. Noch immer ist nicht alles bekannt, was sich in den zweieinhalb Stunden abspielte.«

»Die Anschläge vom 11. September 2001«, so die ZDF-Webseite weiter, »haben die Welt in einen Schockzustand versetzt: Neue Formen des Terrorismus haben die USA im Innersten verwundbar gemacht – und mit ihr die gesamte westliche Welt. Die Weltmacht und ihre Verbündeten reagierten mit aller Härte: Doch zwei Jahre danach ist die Gefahr neuer Terroranschläge nicht gebannt.«[3]

Nach nur wenigen Stunden wurden der Welt über alle Fernseh- und Radionetzwerke die Grundzüge des Mythos 9/11 eingehämmert: Mitten in die heile Alltagswelt platzt ein Bösewicht (Osama Bin Laden), der willige Handlanger (die 19 Hijacker) dazu angestiftet hat, zentrale Symbole im Reich des Guten (USA) zu zerstören und dabei Tausende von Unschuldigen umzubringen. In der höchsten Not erwächst ein strahlender Held (George W. Bush), der dem Bösen den Kampf ansagt. Und die Sache wirkt: Aus der Karikatur eines Präsidenten, der vielfach verhöhnt wurde, erwächst ein Leader, dem zu folgen viele Nationen bereit sind. Erst im weiteren Verlauf der Geschichte legen weniger Einsichtige wie Jacques Chirac und Gerhard Schröder – aus welchen Gründen auch immer – dem Helden Steine in den

Weg, weil sie die Bedrohung (insbesondere durch den Irak) nicht erkennen: ein notwendiges Element in einer Story, in der ein einsamer Held auf dem Weg zu Wahrheit und Rettung auch gegen Bremser und Feiglinge im eigenen Lager ankämpfen muß. Es steigert sowohl die Angst als auch die Verzweiflung des Publikums und läßt am Ende die Leistung des Helden in noch strahlenderem Licht erscheinen. Unausweichlich aber muß es zum Kampf auf Leben und Tod (gegen Afghanistan und den Irak) kommen, nicht wegen der Massenvernichtungswaffen, auch nicht nur wegen des Öls, sondern auch, weil ein wirksamer Mythos dies verlangt. Gegen den Widerstand des Antihelden (in diesem Fall Saddam Hussein) muß sich der Held in einem Endkampf gegen das Böse durchsetzen und das Gleichgewicht wiederherstellen. Jedenfalls wird er nicht müde, zu behaupten, daß ihm das gelungen sei.

Außer mit George W. Bush sind die Attentate des 11. 9. mit einer ganzen Phalanx künstlicher Helden umgeben, so daß kritische Fragen wie Blasphemie und Zweifel wie eine Beleidigung der Opfer erscheinen müssen. Mit einem enormen Aufwand an Fahnen und patriotischen Reden werden die Opfer des 11. 9. ohne Rücksicht auf Realitätsverluste zu *heroes* erklärt, und jeder, der nach den Hintergründen der Anschläge fragt, gerät in den Verdacht, den Toten ihren Heldenstatus aberkennen zu wollen. Die Heldengeschichten werden selbst dann aufrechterhalten, wenn ihnen jegliche Begründung abhanden kommt, wie etwa im Fall des Absturzes von Flug 93 bei Shanksville/Pennsylvania. Anfänglich hatte es geheißen, die Passagiere hätten die Terroristen angegriffen und den Jet todesmutig zum Absturz gebracht, aber nur eineinhalb Jahre später wurde behauptet, die Hijacker selbst hätten den Jet in den Boden gelenkt. Die bunten Flaggen bei Shanksville aber flattern auch heute noch.

*

Was erwartet die Leserinnen und Leser dieses Buches? Im ersten Teil (»Der Kampf um die Wahrheit«) geht es vor allem um die juristische und parlamentarische Aufarbeitung der Ereignisse. Soviel vorweg: Die Recherchen der 9/11-Skeptiker fanden dabei eine eindrucksvolle Bestätigung.

In den USA und in Deutschland wurden mehrere angebliche Helfer der Attentäter angeklagt. Damit standen gleichzeitig auch die offizielle Version und die Nachforschungen der Skeptiker auf dem Prüfstand: Hielt die offizielle Version der Geschehnisse auch vor Gericht stand? Und lösten sich die Zweifel der Skeptiker in Luft auf? Oder fanden sich auch in den Prozessen gegen die mutmaßlichen Helfer der Attentäter einmal mehr keine Beweise für den Angriff von ein paar radikalen Arabern auf die Vereinigten Staaten?

Auch zwei Untersuchungskommissionen befaßten sich mit den Geschehnissen des 11. September. Zuerst beschäftigte sich eine Untersuchungskommission des US-Kongresses mit den Attentaten und legte einen fast neunhundert Seiten starken Bericht vor. Außerdem erreichten Angehörige der Terroropfer die Einrichtung einer »National Commission on Terrorist Attacks Upon the United States«. Hat sich die offizielle Version dabei bestätigt? Wurden hier die »Verschwörungstheoretiker« endlich widerlegt? Oder fanden sich vielmehr weitere Hinweise auf Ungereimtheiten?

Die Ergebnisse des ersten Teils bilden die Grundlage für weitere und neue kriminalistische Recherchen im zweiten Teil des Buches (»Der Wahrheit auf der Spur«). Hier werden sowohl neue Hinweise verfolgt als auch die wesentlichen Komplexe des 11. 9. analysiert, vertieft und mit neuen Erkenntnissen angereichert:

- Ich gehe der Frage nach, ob tatsächlich einige der angeblichen Hijacker des 11. 9. überlebt haben könnten, wie einige Medien im Herbst 2003 behauptet haben.

- Ich frage, wie es sich mit der Boeing 757 der United Airlines verhält, von der bis heute behauptet wird, sie sei an einem Waldrand bei Shanksville abgestürzt.
- Ich untersuche, ob am 11. 9. ein alter Generalstabsplan des US-Militärs aus dem Jahr 1962 mit dem Namen »Operation Northwoods« ausgeführt wurde oder nicht. Bei dieser Operation sollte mit Hilfe von ferngesteuerten Flugzeugen (sogenannter Drohnen), gefälschten Passagierlisten, fingierten Abstürzen und künstlichen Trümmerfeldern ein Krieg provoziert werden. Leere Cockpits spielten dabei eine wichtige Rolle.
- Mit diesem Rüstzeug begebe ich mich auf die weitere »Spurensuche im Pentagon«. Denn schließlich hat sich am 11. September 2001 angeblich nicht nur eine Boeing 757 bei Shanksville, sondern eine weitere Passagiermaschine beim Absturz auf das Pentagon quasi in Luft aufgelöst.
- Und schließlich werde ich auch am Schauplatz des World Trade Centers nach Anzeichen für den Einsatz einer Drohne suchen und das auf dem Buchrücken gezeigte Foto einer Analyse unterziehen – mit brisanten Ergebnissen.

Am Ende dieser Betrachtungen wird kein Zweifel mehr bestehen: Der 11. 9. ist, so wie wir ihn kennen, ein Mythos. Aber wie funktioniert dieser Mythos? Mit Hilfe welcher Zutaten wurde er gemixt? Was hält ihn im Innersten zusammen? Und warum können wir uns ihm kaum entziehen? Diesen Fragen werde ich im dritten Teil (»Der Mythos 9/11«) nachgehen.

Das Buch endet mit einem Ausblick auf das, was uns in diesem »Schicksalsjahr 2004« erwartet, in dem das Regime des Kriegspräsidenten George W. Bush um sein Überleben kämpft: Wird die Clique um George W. Bush die Macht in demokratischen Wahlen abgeben, oder werden katastrophale Ereignisse das Land und die Welt auf dem Weg in eine neue Weltordnung vorantreiben, die die feudalen Verhältnisse des Mittelalters aufgreift?

Erster Teil:
Der Kampf um die Wahrheit

Terroristen aus der Retorte

Es ist bemerkenswert, daß die offizielle Version über die Ereignisse am 11.9. gleich mehrfach gerichtlich nachgeprüft wurde. Dabei stand immer auch die Frage im Raum, wie sich dieses Deutungsmuster bewähren würde. Gerichtsentscheidungen haben schließlich mehr Gewicht als die vielgeschmähten Recherchen von »Verschwörungstheoretikern«. Im Streit um die Wahrheit fiel den Gerichten daher eine Art Schiedsrichterrolle zu. Erstaunlicherweise verläuft die vorderste Front im Kampf um die offizielle Version nicht durch die USA, sondern durch Deutschland. Nirgendwo sonst standen so viele Verdächtige vor Gericht wie hier, nirgendwo sonst soll die offizielle Version endgültig festgeklopft werden – auf dem juristischen Parkett der Bundesrepublik Deutschland, mit Hilfe des Generalbundesanwalts (Bundesanwaltschaft) und des BKA und mit Unterstützung diverser Medien.

Paragraph 129a StGB oder: Wie wird man Terrorist?

Deutschland bietet den Vorteil einer auf dem Gebiet der Terrorismusbekämpfung eingespielten speziellen Gerichtsbarkeit, die mit Prozessen gegen allerlei Terrorismusphantome bereits jahrzehntelange Erfahrungen hat. Sobald irgendwo im Land der Verdacht terroristischer Aktivitäten besteht, ist dies das Ende dezentraler Ermittlungen. Vielmehr kann dann der Generalbundesanwalt mit der Bundesanwaltschaft die Ermittlungen an sich ziehen und seine polizeiliche »Hilfsbehörde«, das Bundeskriminalamt, mit den weiteren Nachforschungen betrauen. Mit den Ergebnissen muß sich die Anklagebehörde nicht demselben Instanzenweg wie gewöhnliche Ermittler in der »allgemeinen Kriminalität« stellen, sondern eigens dafür eingerichteten »Staatsschutzsenaten« an den Oberlandesgerichten. Deren politische Zuverlässigkeit wurde von Anfang an sichergestellt. Die Staatsschutzrichter müssen sich »in besonderem Maße durch Staatstreue, bedingungslose Unterwürfigkeit unter die Staatsinteressen etc. auszeichnen«, hieß es anläßlich der Einrichtung derartiger Gerichte in den fünfziger Jahren.[4]

Ein wichtiger Schritt hin zu den Terroristenprozessen modernen Zuschnitts war 1976 die Einführung des Paragraphen 129a (»Bildung terroristischer Vereinigungen«) in das Strafgesetzbuch, nachdem die sogenannte RAF die entsprechenden politischen Voraussetzungen herbeigebombt hatte. Unter Berufung auf diesen Gummiparagraphen, mit dessen Hilfe in Deutschland auch die angeblichen Terrorhelfer des 11. 9. angeklagt wurden, konnte praktisch jedes noch so kleine politische Grüppchen zur »terroristischen Vereinigung« befördert und der Gerichtsbarkeit der Staatsschutzsenate zugeführt werden.

Das »Schöne« an dem Paragraphen 129a ist, daß er »die ›Bildung terroristischer Vereinigungen‹ unter Strafe [stellt], ohne allerdings klar zu definieren, was denn nun eigentlich unter ›terroristisch‹ zu verstehen sein soll«, schreibt der Rechtsanwalt und Experte für Bürgerrechtsfragen Dr. Rolf Gössner in seinem Buch »Das Anti-Terror-System. Politische Justiz im präventiven Sicherheitsstaat«: »Die Norm ist also offen zugänglich für vielfältige Terrorismus-Konstrukte, je nach staatsschützerischem Belieben und politischem Bedarf. Dem Mitglied einer solchen Vereinigung muß nicht etwa eine konkrete Straftat nachgewiesen werden, ja eine solche braucht nicht einmal begangen worden zu sein ...«[5]

Tatsächlich besteht das eigentlich Spannende an diesem Paragraphen darin, daß man an solchen terroristischen Vereinigungen als Mitglied beteiligt sein kann, ohne die anderen mutmaßlichen Mitglieder jemals gesehen oder gesprochen zu haben oder sie gar zu kennen. Möglich ist dies durch »Tatbestandsmerkmale« wie Unterstützung oder Werbung für die terroristische Vereinigung. Wer zum Beispiel zur falschen Zeit am falschen Ort ein Emblem der »RAF« oder ein Plakat zur Unterstützung der »RAF«-Gefangenen hochhielt oder allgemein am linken Rand des politischen Spektrums tätig war, konnte wegen Unterstützung oder Werbung für eine Vereinigung angeklagt werden, die des Mordes oder Totschlags verdächtigt wurde. Auf diese Art und Weise wirkte die »RAF« wie ein riesiger Staubsauger. Mit Hilfe des »Staubbeutels« 129a wurden Tausende von Menschen, die mit der Dunkeltruppe nicht das geringste zu tun hatten, in »RAF«- beziehungsweise Terrorprozesse hineingezogen. Dafür genügte die politische Nähe ebenso wie die körperliche, zum Beispiel durch Teilhabe an der falschen Wohngemeinschaft.

Und diese Methode funktioniert natürlich auch im Fall 9/11, wobei der Staubsauger diesmal die angeblich terroristische Gruppe um Mohammed Atta ist. Dabei scheint sich Terrorismus oder eine terroristische Gesinnung wie ein Grippevirus zu verbreiten: Wer auch immer mit dieser Gruppe Kontakt hatte oder einem ihrer Mitglieder half, konnte gleich selbst als Mitglied oder Unterstützer gelten: durch gemeinsames Beten, den Besuch derselben Moschee oder Gefälligkeiten wie die Führung von Konten in Abwesenheit des Inhabers (sofern dieser als Mitglied der behaupteten terroristischen Vereinigung galt) konnte man ganz schnell selbst zum Mitglied oder Unterstützer werden. Im Fall der »RAF« wurden Mitglieder, deren einzelner Tatbeitrag sich nicht nachweisen ließ, einfach über die sogenannte Kollektivitätsthese in die Straftat eingebunden – über die Fiktion also, daß eine Gruppe wie die »RAF« alle Entscheidungen kollektiv fällt und damit jede Straftat jedem mutmaßlichen oder angeblichen Mitglied zuzurechnen ist. Das ist ebenso praktisch wie vollkommen lebensfremd. Keine

Gruppe funktioniert wirklich kollektiv, immer gibt es Führungsfiguren und Mitläufer, die im Zweifel von den Entscheidungen der Leitungsclique keine Kenntnis haben. Seit dem 11.9. werden auch religiöser Eifer oder eine radikale Einstellung gern als zusätzliche Begründung für die Mitgliedschaft oder die Beihilfe zu den Taten der terroristischen Vereinigung herangezogen. Über das Konstrukt der terroristischen Vereinigung werden auf diese Weise politische oder religiöse Haltungen strafbar, was das Grundgesetz verbietet. »Und siehe, der Mangel an Beweisen dafür, daß Frau Klein gemordet hat, ward reichlich wettgemacht durch den Überfluß an Beweisen für ihren unsittlichen Lebenswandel«, dichtete Karl Kraus.[6] Und wenn gar nichts mehr hilft, dann sind auch schon mal sogenannte Kronzeugen zum Einsatz gekommen – meist selbst unter Anklage stehende und damit in einer Notsituation befindliche Personen, die sich über Auslassungen zuungunsten Dritter einen Strafnachlaß erkaufen.

Auf dem Weg zur »Offenkundigkeit«

Innerhalb der für den Terrorismus zuständigen Gerichtsbarkeit bedient man sich auch gern eines Instrumentes, das »bereits im späten Mittelalter ein wesentliches Fundament der Inquisitionsprozesse gegen ›Ketzer‹ und ›Hexen‹«[7] war, nämlich der »Offenkundigkeit«. Während normalerweise über alle relevanten Tatumstände Beweis erhoben werden muß, gilt das nicht für solche, die für »offenkundig« oder für »gerichtskundig« erklärt werden. So könnten die Staatsschutzsenate – wie sich auch noch zeigen wird – zum Beispiel bereits gehörig ins Schleudern kommen, wenn Beweis erhoben werden müßte, ob die Terroranschläge von New York und Washington wirklich von neunzehn arabischen Islamisten mit Hilfe entführter Flugzeuge begangen wurden. Diese Beweisführung ist nämlich unmöglich, und in der Tat versuchte ein Verteidiger zu Recht auf diese naheliegende Tatsache hinzuweisen. Denn wie kann sein Mandant Mitglied oder Mittäter in einer terroristischen Vereinigung sein, deren Existenz und Täterschaft gar nicht feststeht? Genau hier könnte die »Offenkundigkeit« greifen: Sie sei in der Juristerei ein »Oberbegriff, der die Unterbegriffe ›Allgemeinkundigkeit‹ und ›Gerichtskundigkeit‹ umfaßt«, erklärt Rolf Gössner. Kurz gesagt: Allgemeinkundig ist, was jeder weiß, und gerichtskundig ist, was vielleicht nicht jedem, aber doch dem Gericht bekannt ist. Wobei die Allgemeinkundigkeit die Gerichtskundigkeit einschließt, nicht aber umgekehrt.

Und das Praktische ist: Es gibt überhaupt keinen Blödsinn, der nicht zumindest »allgemeinkundig« werden könnte, so daß kein Gericht, zumindest aber kein Staatsschutzsenat, über ihn Beweis erheben müßte, denn: »Als allgemeinkundig gelten Tatsachen und Erfahrungssätze, so der Bundesgerichtshof, ›von denen verständige Menschen regelmäßig Kenntnis haben oder über die sie sich aus zuverlässigen Quellen ohne besondere Fachkunde sicher unterrichten können, wozu auch allgemeine wissenschaftlich gesicherte Erfahrungssätze gehören‹.«[8]

Und nun mal ehrlich: Sind Sie nicht ein verständiger Mensch? Und haben Sie nicht regelmäßig Kenntnis von der Tatsache, daß die Attentate von New York und Washington von neunzehn arabischen Islamisten begangen wurden? Und sind unsere Medien keine zuverlässigen Quellen? Na also: Warum also darüber noch Beweis erheben?

Noch kam die Offenkundigkeit in den Terrorverfahren um den 11.9. nicht zur Anwendung. Aber versuchen Sie einmal, vor einem Staatsschutzsenat darüber Beweis erheben zu lassen, ob die USA beim Überfall auf Pearl Harbor wirklich ahnungslos waren, ob Alfred Herrhausen wirklich von der »RAF« ermordet wurde oder ob diese »RAF«

wirklich von einem Herrn Baader und einer Frau Ensslin gegründet wurde. Dann werden Sie ganz schnell sehen, wie offenkundig dies alles ist.

Die mediale Dauerberieselung über derartige Dinge kann also zur Offenkundigkeit führen, die Offenkundigkeit zur gerichtlichen Unangreifbarkeit, die gerichtliche Unangreifbarkeit zum Denkverbot (weil es sich ohnehin nicht mehr lohnt, darüber nachzudenken, wer die Terroranschläge nun begangen hat). Das Denkverbot schließlich führt zur umfassenden Durchsetzbarkeit und damit auch zur historischen Zementierung von reinstem Unsinn. Und am Ende lesen es unsere Kinder in den Geschichtsbüchern – was natürlich wieder entscheidend zur Offenkundigkeit beiträgt.

Wie gesagt, noch ist diese Operation in Sachen 11.9. nicht gelungen. Aber wenn sie gelingt, dann müssen zumindest die Deutschen den Mythos 9/11 endgültig schlucken, und jeder, der an dieser gerichtlich abgesegneten Version zweifelt, gerät gleich in den Ruf eines »Spinners« oder »Verschwörungstheoretikers«.

Die Bundesanwaltschaft und die Jagd nach Phantomen

Die Anklagebehörde in »Terrorverfahren« nach Paragraph 129a StGB ist in der Regel die Bundesanwaltschaft, genauer: der Generalbundesanwalt (GBA). Seine Mißerfolge auf dem Gebiet der Terrorismusbekämpfung stehen in einem gewissen Gegensatz zu seiner Machtfülle. Die Bundesanwaltschaft konnte zum Beispiel kein einziges der tödlichen »RAF«-Attentate zwischen 1986 und 1991 aufklären. Bis heute laufen die Mörder von Siemens-Vorstand Karl Heinz Beckurts und seinem Fahrer Eckhard Groppler (1986), von Ministerialdirektor Gerold von Braunmühl (1986), Deutsche-Bank-Vorstandssprecher Alfred Herrhausen (1989) und Treuhand-Chef Detlev Karsten Rohwedder (1991) frei herum. Wenn man bedenkt, daß die Aufklärungsquote bei aufgedeckten Morden normalerweise bei fünfundneunzig Prozent liegt, ist das ein bemerkenswerter Fehlschlag der Bundesanwaltschaft und jener gesetzlichen Regelung, die ihr die Ermittlungshoheit in diesbezüglichen Verfahren bescherte.

In Terrorismusangelegenheiten hat sich die Bundesanwaltschaft selten mit Ruhm bekleckert. Mit Macht widmete sie sich der Jagd nach Phantomen:

Einige der jahrelang als mutmaßliche Mitglieder der dritten »RAF«-Generation Gesuchten meldeten sich Mitte der neunziger Jahre aus dem Exil zurück und mußten fast alle laufengelassen werden. Die »RAF«-Fahndungsplakate wurden abgehängt. Wer die »RAF«-Morde der achtziger und frühen neunziger Jahre in Wirklichkeit begangen hat, ist bis heute unklar. Der Staat leistet es sich, diese Frage ganz einfach unbeantwortet zu lassen.

Von den zwischen 1980 und 1988 fast dreitausend eingeleiteten Ermittlungsverfahren nach Paragraph 129a StGB führten nur fünf Prozent zu einer Anklage. In der sogenannten allgemeinen Kriminalität liegt die Anklagequote etwa neunmal so hoch – bei fünfundvierzig Prozent. Laut dem Hamburger Rechtsanwalt Heinz-Jürgen Schneider wurden von 1362 Personen, gegen die in den neunziger Jahren nach Paragraph 129a StGB ermittelt wurde, nur achtunddreißig verurteilt, also nicht einmal drei Prozent.[9] Diese extrem niedrigen Anklage- bzw. Verurteilungsquoten legen die Vermutung nahe, daß die Bundesanwaltschaft mit Vorliebe Phantomen nachjagt.

Das BKA und die forensische Astrologie

Zwar wurden die meisten dieser »Phantome« letztlich nicht verurteilt. Zuvor aber wurden viele »Linke« jahrelang mit Ermittlungsverfahren, Hausdurchsuchungen und Festnahmen überzogen – eine Lektion, die ihre Wirkung nicht verfehlt und die diesmal offenbar der sogenannten islamistischen Szene zuteil werden soll – sie wird durch das Konstrukt der »Atta-Vereinigung« oder der »Al-Qaida«-Organisation in den Wirkungsbereich des Staubsaugers 129a gezogen.

Dem Bundeskriminalamt fiel dabei schon immer die Aufgabe zu, Beweise für die Verbindungen Beschuldigter zu angeblichen terroristischen Vereinigungen herbeizuschaffen. Dabei war keine Methode windig genug. Besonders berüchtigt waren die verschiedenen Verfahren, Beschuldigte mit Hilfe von Schriftstücken in einen Terrorfall hineinzuziehen. Zum Beispiel geschah dies durch Analysen des Inhalts und der Ausdrucksweise von »Bekennerschreiben«, was man hochtrabend »forensische Linguistik« (also gerichtliche Sprachwissenschaft) nannte. Dabei wurden Inhalt und Ausdrucksweise eines Bekennerbriefes mit Inhalt und Ausdrucksweise von Schriftstücken verglichen, die man zum Beispiel bei Hausdurchsuchungen gefunden hatte. Es dauerte Jahre, bis die Fragwürdigkeit dieser »forensischen Astrologie« ans Licht kam, aber da waren schon zahlreiche Verdächtige beschuldigt worden. Schließlich kam ans Licht, daß Bekennerbriefe immer wieder aus dritten Quellen zusammengesetzt worden waren. Es wurde also der Stil des Beschuldigten mit diesen Quellen (z.B. Zeitungen und Broschüren), nicht aber mit jenem der Attentäter verglichen. In einem Fall erschien dem Gutachter des BKA »hochsignifikant«, daß die Abkürzung für »zum Beispiel« sowohl in einem Bekennerschreiben als auch im Privatbrief eines Beschuldigten klein geschrieben worden war, also »z. b.« statt »z. B.«. Entgangen war dem Mann, daß ihm dieser Fehler auch in seinem eigenen Gutachten unterlaufen war.[10]

So ist es eigentlich kein Wunder, daß auch bei dem Konstrukt der angeblich für die Attentate des 11.9. verantwortlichen »terroristischen Vereinigung« jede Menge Phantome eine zentrale Rolle spielen, allen voran die beiden angeblichen »Drahtzieher« der Anschläge Ramzi Binalshibh und Khalid Sheikh Mohammed.

Diese beiden sollten im Kampf um die Wahrheit und in den Prozessen gegen angebliche Helfer des 11.9. eine

»Drahtzieher« Nummer eins: Ramzi Binalshibh (links), bei seiner Festnahme am 11.9.2002 (rechts)

»Drahtzieher« Nummer zwei: Khalid Sheikh Mohammed (links und Mitte), nach seiner Festnahme am 1.3.2003 (rechts)

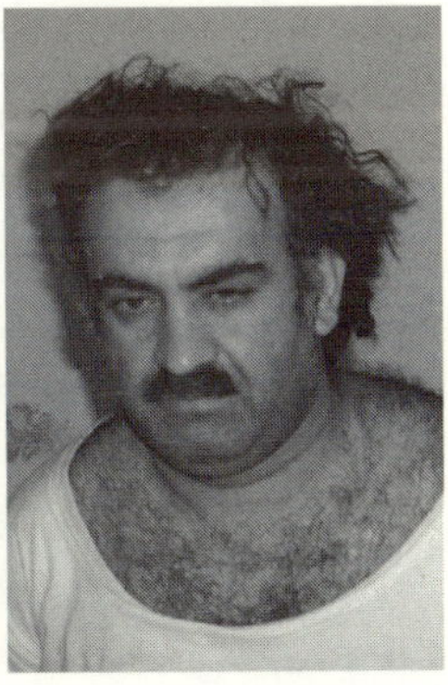

Schlüsselrolle spielen. Auch sie scheinen andere durch bloßen Kontakt mit dem Terrorismus-Virus infizieren zu können, auch sie sollen als Staubsauger dienen, um Kontaktpersonen zu kriminalisieren und die offizielle Version zu stabilisieren.

Weshalb die beiden überhaupt als die Masterminds des 11.9. gelten, ist natürlich nicht so einfach zu erklären. Immerhin wurde unmittelbar nach dem 11.9. zunächst einmal Osama Bin Laden, Sproß eines riesigen saudiarabischen Baukonzerns, als der Drahtzieher der Attentate verkauft. Doch zum Glück gibt es ja einen rührigen Reporter namens Yosri Fouda, von dem gleich noch die Rede sein wird und der dem Geheimdienstapparat des öfteren aus Erklärungsnöten hilft. Er denkt sich die Sache so: »Al-Qaida wird wie ein internationaler Konzern geführt. Osama Bin Laden ist der Präsident, Khalid Sheikh Mohammed war der Vorstandsvorsitzende, der Mann der Tat, und Ramzi Binalshibh war der gute Geist der Firma, derjenige, der am Morgen als erster da ist und am Abend als letzter geht. Al-Qaida betreibt Terror als Business.«[11]

So weit, so niedlich. Die Wahrheit dürfte indes woanders liegen. Für die USA hatte Osama Bin Laden früher den afghanischen Aufstand gegen die Sowjetunion organisiert, daher bot es sich an, diese vorhandene und verbündete »Terroristenfigur« einfach zum neuen Staatsfeind umzuwidmen. Ausbildungslager, Terroristen und Fanatiker – all das gab es schließlich schon, hochgepäppelt mit Hilfe der Vereinigten Staaten, und von alldem gab es auch prima Videoaufnahmen. Doch je mehr über die Verbindungen des Bin-Laden-Clans zur Familie Bush ans Licht der Öffentlichkeit kam (zum Beispiel in dem Buch »Die verbotene Wahrheit – Die Verstrickungen der USA mit Osama Bin Laden«), um so mehr wurde Osama Bin Laden aus der Schußlinie genommen und stillschweigend als Regisseur des 11.9. beerdigt. Nicht einmal das FBI suchte wegen der Anschläge des 11. 9. nach ihm. Vielmehr schwebt er heute nur noch als eine Art *spiritus rector*, aber nicht mehr als operativ Verantwortlicher über dem Geschehen des 11. September.

Wie in einem zünftigen Puppentheater ließ man statt seiner plötzlich ganz andere Figuren vor dem Publikum zappeln, Bin Laden hingegen verschwand ganz langsam hinter den Kulissen, und keiner hat's gemerkt. Fast keiner, denn mit seinen Ersatzfiguren scheint etwas nicht zu stimmen. Sie sind seltsam transparent und unangreifbar, niemand darf sie anfassen und mit ihnen spielen – zum Beispiel in einer Gerichtsverhandlung.

Ramzi Binalshibhs und Khalid Sheikh Mohammeds Ruf, die Regisseure des 11. 9. zu sein, beruht nicht etwa auf seriösen behördlichen Ermittlungen oder Beweisen, sondern auf den Erzählungen eines Journalisten. Es ist die Geschichte des unerschrockenen *Al-Dschasira*-Reporters Yosri Fouda, der eines Tages auzog, das Fürchten beziehungsweise die schrecklichen Hintermänner des 11. September kennenzulernen. Lange vor der Verhaftung der beiden, Anfang 2002, will Fouda geheimnisvolle Anrufe bekommen haben, die ihn nach Karatschi, Pakistan, gelockt haben sollen. Dort habe man ihn im Rahmen einer krimireifen Schnitzeljagd durch die Millionenstadt gelotst und schließlich mit verbundenen Augen ein Treppenhaus hinaufgeführt. Und siehe da: In einer konspirativen Wohnung warteten die beiden Masterminds des 11. September, Ramzi Binalshibh und Khalid Sheikh Mohammed, nur darauf, Fouda ihre Verstrickung in die Attentate des 11. 9. zu beichten. Das ist praktisch, denn die USA und ganz besonders ihre Regierung saßen doch arg in der Klemme.

»Da es kein Bekennerschreiben gab, wucherten Argumente und Gegenargumente«, schrieb Fouda später in seinem Buch *Masterminds of Terror*. »Verschwörungstheorien kamen auf, die amerikanische Regierung habe die Anschläge selbst inszeniert, um einen Grund für ihren Krieg gegen den Islam zu liefern. Andere vermuteten die Israelis als Drahtzieher. Skeptische Regierungen verlangten Beweise, bevor sie Maßnahmen wie das Sperren von Konten ergreifen oder Verdächtige festnehmen wollten. (...) Noch hatte niemand direkt die Verantwortung für die Greueltaten übernommen. Die Bush-Administration hatte pauschal Bin Laden beschuldigt, und die britische Regierung hatte eine Art Anklageschrift veröffentlicht, in der er als der Hauptschurke ausgemacht wurde. Aber einen schlüssigen Beweis, der vor einem Gericht Bestand gehabt hätte, gab es nicht.«[12] Bis – ja bis sich der wackere Fouda nach Karatschi aufmachte und die Bösewichte ins Gebet nahm: »Die Menschen verlangten nach Antworten«, schreibt Fouda in seinem Buch, um sie gleich selbst zu liefern: »Erst als Yosri Fouda von einem Zusammentreffen mit Khalid Sheikh Mohammed und Ramzi Binalshibh in Karatschi in Südpakistan zurückkehrte und sein Bericht im September 2002 erschien, erfuhr die Welt, wer die wahren Drahtzieher waren. (...) Die Bekenntnisse von Khalid Sheikh Mohammed und Ramzi Binalshibh geben Antwort auf die Frage, wer die Anschläge auf Amerika geplant hat.«[13]

Erstaunlicherweise packten die gefährlichsten Terroristen der Welt auch gleich aus. Insgesamt stellt Fouda die Behauptung auf,

- die beiden Masterminds des 11.9. getroffen,
- zu Geständnissen und zur Vorlage von Beweismaterial gebracht
- und das alles auf Video aufgezeichnet zu haben.

Geständnisse aus dem Off

Freilich dürften die Geständnisse nicht ganz das gewesen sein, was sich Ermittler erhofft hatten – seriöse Ermittler jedenfalls. Denn Khalid Sheikh Mohammed nannte die Attentate gar nicht beim Namen, sondern bekannte sich nur zu irgendwelchen »Einsätzen vom heiligen Dienstag«. Heiliger Strohsack, ist man da versucht zu sagen – natürlich war der 11. September ein Dienstag, aber geht's nicht etwas konkreter? Leider nicht. Auch das Bekenntnis: »Ja, wir waren es«, hilft ja nicht wirklich weiter. Denn was ist eigentlich »es«? An keiner Stelle wird das Kind richtig beim Namen genannt.[14]

Etwas schwammig also, diese Geschichte. Aber immerhin erfährt Fouda bei dieser Gelegenheit von Binalshibh, daß Mohammed Atta der Terrororganisation »Al-Qaida« das Anschlagsdatum telefonisch mitgeteilt habe. Wie das geschah, ist allerdings auch nicht gerade geeignet, das Vertrauen in die Erzählung zu stärken. Denn laut Binalshibh habe Atta gesagt: »Was sind zwei Stöcke und ein Strich mit einem Kuchen?« Für die Terminierung einer gewaltigen militärischen Operation war diese Anweisung möglicherweise etwas unscharf. Nur Binalshibh war laut Fouda sofort klar, worum es sich handelte: »Da wußte ich, es wird der 11.9.« Für eine Person mit weniger Konditor-Erfahrung wäre das vermutlich schwieriger gewesen.[15] Mit jeder weiteren Zeile von Foudas Erzählungen beschleicht den Leser der Verdacht, daß dem wackeren Reporter womöglich übel mitgespielt und er gar nicht den Drahtziehern des 11.9., sondern möglicherweise zwei ganz normalen Falafelbäckern von der Imbißbude um die Ecke gegenübersaß. Denn von den Attentaten des 11.9. hatten die beiden noch weniger Ahnung, als auf jeder durchschnittlichen Internetseite über die Anschläge zu lesen steht. Diese Unwissenheit ist offenkundig, wenn sie behaupten, die Entführer der Flugzeuge hätten Anweisung gehabt, die Maschinen »entweder während der Startphase zu kapern oder gar nicht. ›Die ersten fünfzehn Minuten waren entscheidend, um die Kontrolle über das Flugzeug an sich zu reißen‹, sagte Binalshibh.«[16]

Die Entführer selbst haben davon anscheinend gar nichts mitbekommen. Denn bei drei der Todesmaschinen dauerte es zwischen neunzehn und zweiundvierzig Minuten bis zum Kidnapping – jedenfalls, wenn die offizielle Version in diesem Punkt stimmen sollte. Lediglich bei Flug American Airlines 11 (Nordturm) besteht die leise Chance, daß das Hijacking bereits vierzehn Minuten nach dem Abheben begann.

Möglicherweise hatte man Fouda da also einen oder gleich zwei falsche Bären aufgebunden. Und als wäre das noch nicht genug, weigerten sich die beiden zu allem Überfluß, Fouda die Aufnahmen von ihren Aussagen mitzugeben.

Die beiden geheimnisvollen Masterminds hätten das Material dabehalten wollen, um ihre Stimmen zu verzerren und vielleicht auch ihre Gesichter unkenntlich zu machen, behauptet Fouda in seinem Buch »Masterminds of Terror«.[17] Da waren sie nun, die Beweise für die Täterschaft in Sachen 11.9.: so nah und doch so fern. Da half es auch nichts, daß Binalshibh und Khalid Sheikh Mohammed ihr großes Indianerehrenwort gaben, Fouda die historischen Aufnahmen nach der Bearbeitung nachzuschicken – mit der Post. Natürlich kamen sie nie an.

Warum Fouda für diese Meisterleistung von *Al-Dschasira* nicht gefeuert wurde, ist das eine Rätsel. Und das andere, was sich eigentlich auf dem Tonband befand, das Fouda schließlich doch noch triumphierend als Geständnis am 11.9.2002 über *Al-Dschasira* ausstrahlte. Angeblich hatten ihm die Masterminds wenigstens noch eine Tonaufnahme des Interviews mit Ramzi Binalshibh zukommen lassen, behauptet Fouda. Doch ob sich darauf wirklich die Stimme von Binalshibh befand, weiß nur Fouda allein – denn der ließ das Interview nur verzerrt über den Äther gehen.

Unter dem Strich kam Fouda nicht nur ohne Beweise für die Täterschaft von Ramzi Binalshibh und Khalid Sheikh

Mohammed nach Hause, sondern es fehlte auch jegliches Indiz, daß sein Treffen mit ihnen überhaupt stattgefunden hatte: Videos, Interviews – alles futsch. Ein Schelm, wer Böses dabei denkt. Aber selbst mit dem Datum des angeblichen Interviews hatte er noch Probleme. In einem Interview mit einer ägyptischen Journalistenorganisation in Kairo gestand er, hinsichtlich des Zeitpunktes des Gesprächs gelogen zu haben. Er habe die Masterminds gar nicht im Juni getroffen, wie in *Al-Dschasira* behauptet, sondern schon im Mai 2002.[18]

Die Glaubwürdigkeit seiner »Recherchen« und der »Geständnisse« der beiden 9/11-Drahtzieher wird dadurch nicht gerade erhöht: »Kurz gesagt«, bemerkt der Journalist Chaim Kupferberg zu Recht, »hat Fouda durch diese beiden ausgesprochen detaillierten, widersprüchlichen Angaben seine eigene Schilderung beschädigt. Durch diese fabrizierte Lüge stellt Fouda die Glaubwürdigkeit seines gesamten Interviews mit Khalid und Binalshibh in Frage.«[19]

Wie wahr! Zumal Fouda in seinem Buch noch eine dritte Version auftischte, wonach er Ramzi Binalshibh und Khalid Sheikh Mohammed vom 19. bis 21. April 2002 getroffen haben will.

Fragt sich nur, wie es kommt, daß der Präsident des bundesdeutschen Verfassungsschutzes behaupten kann, das Interview werde von den internationalen Nachrichtendiensten als glaubwürdig eingeschätzt[20] – können die noch nicht einmal den einfachsten Flop durchschauen, oder sind sie etwa selbst daran beteiligt? Dieselbe Frage kann man auch im Hinblick auf die Medien stellen. Denn die nahmen das alles für bare Münze. Weltweit wurde über die beiden Masterminds und ihre angeblichen Geständnisse berichtet, als sei es das reinste journalistische Manna und als sei der 11.9. im Prinzip aufgeklärt. Kritische Nachfragen: Fehlanzeige.

Dabei sind die beiden sagenhaften Drahtzieher bis heute Phantome geblieben. Daran änderte auch ihre »Festnahme« am 11.9.2002 (Binalshibh) und am 1. März 2003 (Khalid Sheikh Mohammed) nichts. Denn gleich danach verschwanden sie auf Nimmerwiedersehen – wohin, darüber gibt es nur Spekulationen. Möglicherweise zum Verhör in die Verliese des pakistanischen und/oder amerikanischen Geheimdienstes. Ob man dabei der Wahrheit wesentlich näher kommt als der Reporter Fouda in seinem Schreibstübchen, darf bezweifelt werden – denn dafür sind Geheimdienste nun einmal nicht da. Sie sind keine rechtsstaatlichen Ermittlungs-, sondern Desinformationsbehörden. Erkenntnisse sind immer nur für sie selbst da und vielleicht noch für eine Handvoll Politiker, und das müssen keineswegs diejenigen sein, die in der Regierung sitzen. Geheimdienste wollen zwar echte Informationen gewinnen, in der Regel aber nur falsche an die Öffentlichkeit weitergeben. Mit der Faustregel, daß eine Information, die ein Geheimdienst veröffentlicht, fast immer falsch ist, liegt man meist richtig.

Und natürlich gilt das auch und vor allem für die beiden Phantome Ramzi Binalshibh und Khalid Sheikh Mohammed in den Verhörzimmern der Dienste. Kein Journalist oder Richter sollte die Geständnisse von derartigen, möglicherweise auch noch gefolterten Dunkelmännern ernst nehmen.

Die Geschichte der angeblichen »Masterminds« nahm den ursprünglichen Drahtzieher Osama Bin Laden aus der Schußlinie. Dieser hatte einfach zu viele Schwächen. Die erste war seine immer offensichtlicher werdende Verbindung zur Familie Bush. Die zweite bestand in seiner nachprüfbaren Existenz, die einfach zu viele Ansatzpunkte für Fragen und Recherchen bot. Bin Laden hatte einfach schon zu viele Spuren hinterlassen, die sich mit seiner neuen Rolle als US-Staatsfeind Nummer eins nicht vertrugen: Osama als

Agent der Amerikaner im afghanischen Freiheitskampf gegen die Sowjetunion, Osama als Sproß einer mit den Bushs befreundeten Familie, Osama im Juli 2001 als Patient des amerikanischen Krankenhauses in Dubai – das alles sind keine wirklich guten Zutaten, um daraus einen amerikanischen Staatsfeind zu formen. Auf der anderen Seite mußte diese Rolle aber ausgefüllt werden, da der Verdacht in Richtung US-Regierung bereits ein Jahr nach den Attentaten rapide zunahm, wie Fouda selbst treffend bemerkte. Daher lenkte man das Interesse auf zwei schwer widerlegbare Phantom-Figuren. Daß sie quasi aus dem Nichts kamen, hatte zwar den Nachteil, daß ihre Drahtzieherschaft kriminalistisch schwer zu beweisen war, besaß aber den Vorteil, daß sie ebenso schwer zu widerlegen war.

Die Prozesse

Nun hat man normalerweise, wenn man die Bosse schnappt, auch die ganze Bande am Wickel. Es hätte keine großen Schwierigkeiten machen sollen, die gesamte Verschwörung aufzudecken sowie Helfer und Helfershelfer vor Gericht zu stellen und zu verurteilen – abgesehen von den verschollenen neunzehn »Entführern« natürlich. Ansonsten hätte es eine Reihe von wasserdichten Urteilen geben müssen, denn schließlich wurden drei mutmaßliche Komplizen der beiden »Bosse« vor Gericht gestellt. Auf der anderen Seite konnten die Prozesse auch dazu dienen, die Authentizität der beiden Drahtzieher zu überprüfen – denn selbstverständlich hätten diese dort auftreten und als Zeugen aussagen können.

Die Beute war jedoch mager. Insgesamt gerade mal drei Personen wurden wegen des 11.9. angeklagt. Die USA mußten sich mit einem Angeklagten zufriedengeben: dem angeblichen »zwanzigsten Hijacker« Zacarias Moussaoui

(Prozeßbeginn Juli 2002) mit dem kaffeebraunen runden Kopf, der nur deshalb nicht an den Attentaten habe teilnehmen können, weil er bereits vor dem 11. September 2001 festgenommen worden sei. In Deutschland, dem Heimatland der angeblichen »Terrorzelle« in Hamburg, labten sich Ankläger und Gerichte an zwei Figuren: dem schmalen, blassen Familienvater Mounir Al-Motassadeq (Prozeßbeginn Oktober 2002) und dem Elektrotechnik- und Mathematik-Studenten Abdelghani Mzoudi (Prozeßbeginn August 2003) mit den weit auseinanderstehenden Augen.

Was aus den angeblichen Drahtziehern und ihrer Bande wurde, konnte man in den Gerichtssälen also ausführlich beobachten. Gerade Deutschland entwickelte sich mit dem Prozeß gegen den zweifachen Familienvater Motassadeq ab Oktober 2002 zum Hauptschauplatz in Sachen »Sühne

Mounir Al-Motassadeq

9/11«. Da angeblich zentrale Figuren der Anschläge vom 11. 9. hier gelebt und studiert haben sollen, wurde auch das juristische Nachspiel in Deutschland ausgetragen.

Don Quichotte und Sancho Pansa

Nur ein Jahr nach den Anschlägen und kurz nach dem ersten Jahrestag am 11. September 2002 war die Erinnerung noch frisch. Daß der Mann mit dem blassen Gesicht, dem dünnen Backen- und Oberlippenbart, der den Hamburger Gerichtssaal betrat, einen fairen Prozeß bekommen würde, war kaum zu erwarten. Zu viele Emotionen richteten sich auf Mounir Al-Motassadeq, als daß man in ihm, wie es das Gesetz verlangt, zunächst einmal nur einen Verdächtigen sah, der schuldig sein konnte oder auch nicht. Die Medien beschimpften den Mann als »Buchhalter des Todes« und »Finanzverwalter der Todespiloten«. Die Augen der Welt richteten sich auf die Hansestadt, gespannt warteten die Menschen auf die erste Sühneoperation in Sachen 9/11, denn just in diesem Oktober herrschte in einem anderen 9/11-Prozeß, dem Verfahren gegen den angeblich »zwanzigsten Hijacker« Moussaoui in den USA, bereits Katerstimmung. Die Anklage gegen ihn brach zusammen. Um so größer war nun die Bedeutung des Verfahrens gegen den angeblichen Terrorhelfer aus Hamburg, Mounir al Motassadeq. In einem großen Schauprozeß sollte nun Deutschland das erste Urteil gegen einen angeblichen Helfer der 9/11-Attentäter liefern und damit auch die Bestätigung, daß das offizielle Bild der Anschläge vom 11. September in seinen Grundzügen stimmte.

Doch sehr bald nach Beginn des Verfahrens kristallisierte sich genau das Gegenteil heraus. BKA und Bundesanwaltschaft verwandelten die Mühlen der Justiz in Windmühlen und ritten auf hohem Roß gespensterhafte Angriffe wie weiland Don Quichotte und Sancho Pansa. Während sie anfangs noch tapfer über hauchdünnes Eis galoppierten, brachen sie später mit wehenden Fahnen ein.

Mounir Al-Motassadeq galt den Bundesanwälten als Unterstützer des leibhaftigen Todespiloten Atta, also eines anderen »Untergebenen« der Bosse. Motassadeq stand im Verdacht, ein Konto des angeblichen Kamikazefliegers Al-Shehhi (Flug UA 175, Südturm) verwaltet und mehrere zehntausend Mark in die USA transferiert zu haben, mit denen die Attentäter ihre Flugausbildung bezahlt haben sollen. Die monströse Anklage lautete auf Beihilfe zum Mord in über dreitausend Fällen und Mitgliedschaft in einer terroristischen Vereinigung.

Motassadeq war jedoch nicht ganz der terroristische Riese, als den ihn die Bundesanwälte darzustellen versuchten. Nicht einmal als Kriminellen konnte man ihn bezeichnen. Strafrechtlich war der bei seiner Verhaftung 27jährige bisher nicht in Erscheinung getreten. Das Ziel seines Trachtens und Strebens war in erster Linie auch nicht die Unterstützung einer terroristischen Vereinigung, sondern seiner neu gegründeten Familie. Im August 2000 zog er zu seiner Frau in eine Wohnung in der Hamburger Goeschenstraße. Am 28. September 2000 kam eine Tochter zur Welt, am 12. November 2001 ein Sohn. Zum Zeitpunkt der Attentate war Motassadeqs Frau also hochschwanger, er selbst befand sich in einem Prüfungsabschnitt seines Elektrotechnikstudiums. Bei mehreren Unternehmen hatte er sich um einen Platz für ein Praktikum beworben. Doch nur sechzehn Tage nach der Geburt des Sohnes, am 28.11.2001, wurde Motassadeq verhaftet (Haftbefehl vom 27.11.01, 2 BGs 597/01).[21]

Dabei hatte er, indem er sich nicht aus dem Staub machte, für einen angeblichen Mitwirkenden einer hochkriminellen Verschwörung ein doch recht sorgloses Verhalten an den Tag gelegt.

Das Verfahren gegen den »Windmühlenflügel« Motassadeq hätte bereits daran scheitern müssen, daß es für die Existenz der Windmühle, nämlich der »Haupttat«, keine Beweise gab. Erstens fehlten seriöse Informationen über die Rolle der beiden »Müller« Ramzi Binalshibh und Khalid Sheikh Mohammed. Zweitens gab es keine Boarding-Karten der angeblichen 9/11-Attentäter, keine Fotos oder Filme vom Boarding, keine Passagierlisten mit den Namen der Verdächtigten, keine toten Attentäter an den Absturzorten. Auch alle anderen »Beweise« gegen die Atta-Gruppe waren wertlos. Das vielgenannte, von Motassadeq und dem später angeklagten Abdelghani Mzoudi mitunterzeichnete Atta-Testament beispielsweise war im Jahr 2001 bereits fünf Jahre alt und erwähnte die angeblich von Atta geplanten Anschläge überhaupt nicht. Statt dessen gab das Testament detaillierte Anweisungen für die besonders sorgfältige Behandlung von Attas Leichnam, was nach einem solchen Anschlag wohl kaum möglich gewesen sein dürfte.[22]

Überdies war die Gruppe der angeblichen »Todespiloten« keineswegs so festgefügt, wie immer wieder behauptet wird. Die Verbindungen zwischen Atta und Ziad Jarrah, dem angeblichen Piloten von Flug 93 (Pennsylvania), seien »statisch, schwach und unbedeutend«, schreibt Jere Longman in seinem Buch über den »Todes-Flug UA 93«. »Sie besuchten nicht die gleiche Universität, und ihre Wohnungen waren mehr als eine halbe Stunde Zugfahrt voneinander entfernt. Jarrahs Freundin beharrte darauf, daß der Name Atta nie gefallen sei. Deutsche Behörden sagten der *Los Angeles Times* gegenüber, die einzige Verbindung zwischen Atta, Al-Shehhi und Jarrah sei ›die Behauptung des FBI, daß es eine Verbindung gebe‹.«[23] Die Lanze, mit der die Bundesanwaltschaft nach dem Angeklagten Motassadeq stocherte, stieß ins Leere. Zeugen und Beweise gegen Motassadeq waren von jämmerlicher Qualität. Zum Beispiel mußte sich das Gericht mit der Tatsache beschäftigen, daß Mohammed Atta Mounir Al-Motassadeq per SMS aus den USA habe grüßen lassen. Wortlaut: »Viele Grüße an Mounir und Abbas.«[24] Beweiskraft: null.

Ein Zeuge sagte aus, im Jahr 1997 oder 1998 ein Gespräch zwischen Motassadeq und einem anderen arabischen Studenten mitgehört zu haben, wobei Motassadeq gesagte habe, »sie wollen wieder etwas machen, und diesmal soll es was Größeres sein«, und: »Die Juden werden alle sterben, und am Ende werden wir auf ihren Gräbern tanzen.«

Doch was ist »etwas«, was ist »etwas Größeres«? Zumal die Attentate vom 11. September wohl auch nicht geeignet gewesen sein dürften, »alle Juden« sterben zu lassen. Selbst der Zeuge räumte ein, er habe die Äußerungen Motassadeqs »auf Israel bezogen« – also nicht auf einen Anschlag in Amerika.[25] Beweiskraft: ebenfalls null.

Im Frühjahr 1999 will die Bibliothekarin Angela D. vom Rechenzentrum der Hamburger Universität einen Wutanfall mitbekommen haben, in dessen Verlauf die Anschläge des 11. 9. angekündigt worden sein könnten – allerdings nicht von dem Angeklagten Mounir al Motassadeq, sondern von dem angeblichen Todespiloten Marwan Al-Shehhi (Flug UA 175, Südturm).[26] Der habe zunächst wild auf einem Computer geschrieben und sei dann fluchend zu ihr nach vorn gekommen. Dabei habe er auf Amerika und Präsident Clinton geschimpft und ausgerufen, »es wird was passieren« und »es wird Tausende Tote geben«. Angela D. glaubte, daß damals auch der Name des World Trade Centers gefallen sei und daß Al-Shehhi gesagt habe, daß er »da rüberfliegt«.[27]

Doch für einen Angriffsplan ist das möglicherweise etwas schwammig. Weder ging daraus eindeutig hervor, daß Al-Shehhi wirklich einen Angriff auf das World Trade Center plante, noch, daß Motassadeq in diese Pläne eingeweiht war. Überdies relativierte die Zeugin später ihre Aussage.[28] Beweiskraft: wiederum null.

Am 4. September 2000 schließlich soll Motassadeq fünftausend Mark an den angeblichen Terrorpiloten Al-Shehhi gezahlt haben. Das Problem: Das Geld gehörte gar nicht Motassadeq, sondern Al-Shehhi. Motassadeq hatte es nur per Vollmacht von dessen Konto abgehoben. Anschließend zahlte er es auch nicht an Al-Shehhi, sondern auf ein Konto Ramzi Binalshibhs ein, des angeblichen Drahtziehers der Anschläge (siehe oben).[29] Beweiskraft: erneut null.

Denn was Binalshibh letztlich damit anstellen wollte, wissen allein die Götter. Ist Binalshibh überhaupt der Drahtzieher der Attentate? Und diente das Geld wirklich ihrer Durchführung? Und hat Motassadeq das alles gewußt? Nichts davon konnte die Bundesanwaltschaft beweisen. Mit ihrem Wissen über die angebliche Terrorgruppe des 11. 9. hätten die Bundesanwälte bei Günter Jauch nicht einmal hundert Euro mit nach Hause nehmen können.

Insgesamt sollen rund fünfzehntausend Mark geflossen sein, allerdings eben nicht von Motassadeq an Al-Shehhi, sondern von einem Konto Al-Shehhis auf ein Konto Ramzi Binalshibhs. Nicht einmal das BKA behauptete, daß der Angeklagte Motassadeq die gesamten fünfzehntausend Mark auf Ramzi Binalshibhs Konto transferiert hatte.[30] Erst Binalshibh soll vierzehntausend US-Dollar an den »zwanzigsten Hijacker« Moussaoui in den USA überwiesen haben.

Fünftausend oder fünfzehntausend Mark waren ohnehin nur ein Tropfen auf den heißen Stein. Denn nach Aussage eines FBI-Agenten sollen allein aus den Vereinigten arabischen Emiraten zweihunderttausend US-Dollar an Atta und seine Freunde geflossen sein.[31] Anderen Berichten zufolge sollen es rund fünfhunderttausend Dollar gewesen sein.[32] Hunderttausend US-Dollar kamen von dem pakistanischen Geheimdienstchef Mahmud Ahmad, der just am Morgen des 11. September 2001 einträchtig mit zwei Geheimdienstgrößen der Vereinigten Staaten zusammensaß – nämlich mit Bob Graham und Porter Goss, den beiden Vorsitzenden der Geheimdienstausschüsse von Senat und Repräsentantenhaus, über die ich später berichten werde.[33]

Als die Bundesanwaltschaft ihren Gaul schon fast zu Tode geritten hatte, brachte die Verteidigung Ramzi Binalshibh ins Spiel, jenen geheimnisvollen Drahtzieher des 11.9., der am 11. September 2002 in Karatschi, Pakistan, verhaftet und seitdem nie wieder gesehen worden war. Angeblich befindet er sich seitdem im Gewahrsam der Amerikaner. Sollte Binalshibh wirklich einer der Bosse des 11.9. gewesen sein, so der Gedanke der Verteidigung, müßte er doch sagen können, ob ihr Mandant denn nun an den Anschlägen beteiligt war oder nicht.

Doch leider hatten sich schon andere die Zähne an Binalshibh ausgebissen. Was eigentlich kein Problem hätte sein sollen, nämlich die Verbrechen mit Hilfe der Drahtzieher aufzuklären, erwies sich unerklärlicherweise als nicht möglich. Wo immer die Vorführung des Zeugen oder wenigstens die Vorlage von Vernehmungsprotokollen verlangt wurde, blockten die US-Behörden ab.

Motassadeqs Verteidiger versuchten alles: Sie wollten Binalshibh in Hamburg verhören oder in die Vereinigten Staaten fliegen, ja sogar mit einer Aussage per Video hätten sie sich unter Umständen zufriedengegeben. Indessen blieb Ramzi Binalshibh verschollen. Weder ihn noch einen weiteren mutmaßlichen Beteiligten, den in den Vereinigten Staaten angeklagten »zwanzigsten Hijacker« Zacarias Moussaoui, wollten die US-Behörden durch das Hamburger Gericht vernehmen lassen.

Rechtsstaatlich gesehen war das Verfahren damit so gut wie tot. Denn sowohl in den USA als auch in Deutschland gehört die Anhörung von Entlastungszeugen zu den wichtigsten Rechten eines Angeklagten. Daß die Bundesanwaltschaft trotzdem bei ihrem Vorwurf der Beihilfe zum Mord in über dreitausend Fällen, Beihilfe zum versuchten Mord und gefährlicher Körperverletzung sowie Mitgliedschaft in einer terroristischen Vereinigung blieb, ist das eine Rätsel dieses Prozesses. Das zweite, viel größere Rätsel ist, warum Motassadeq tatsächlich zu fünfzehn Jahren Haft verurteilt wurde. Und das dritte, noch viel größere Rätsel ist SPD-Innenminister Otto Schily: Wie kam er dazu, das Urteil einen »Erfolg im Kampf gegen den internationalen Terrorismus« zu nennen? Das Strafmaß sei »sehr scharf«, aber angemessen.[34] Der früher selbst in Terrorismusverfahren als Anwalt tätige Innenminister hätte es eigentlich besser wissen müssen.

Der Hamburger SPD-Landesvorsitzende und damalige SPD-Generalsekretär Olaf Scholz bezeichnete das Urteil gegen Mounir Al-Motassadeq als wichtiges Signal, vor allem für die vielen, die bei den Terroranschlägen Angehörige, Freunde und Kollegen verloren hatten. »Das Urteil ist deutlich. Der Rechtsstaat ist stark«, sagte Scholz.[35]

Leider ist genau das Gegenteil richtig. Der Rechtsstaat erwies sich als verzweifelt schwach. Das zeigte dieses Urteil. Mit diesem Schuldspruch hatte nicht nur der Angeklagte, sondern auch der Rechtsstaat eine böse Schlappe erlitten.

So schaffte es die Bundesanwaltschaft im Fall Motassadeq, mit ihrem Anklage-Schlachtroß über das äußerst dünne Eis ihrer »Beweise« zu galoppieren. Kaum hatte sie das rettende Ufer, sprich: eine Verurteilung, erreicht, bekam das Eis jedoch empfindliche Risse. Aber ganz wie es einem Don Quichotte gebührt, machte sich die Bundesanwaltschaft nichts daraus und galoppierte mit Elan auf den nächsten See, sprich: in das nächste Verfahren gegen einen angeblichen Terroristenhelfer des 11.9. namens Abdelghani Mzoudi.

Abdelghani Mzoudi

Einen wie Mzoudi als Terroristen und Outcast auszugrenzen ist ein Kinderspiel – schließlich sieht der Mann doch so fremdartig aus: eine tiefdunkle Behaarung auf dem weißen Schädel, weit auseinanderstehende Augen, schwarze Augenbrauen. Wie geschaffen für grobkörnige und kontrastreiche Bilder auf den Titelseiten der Wegwerfblätter. Ja, ist denn das nicht das leibhaftige Böse?

Nicht unbedingt. Nach eigenen Angaben kam der zum Zeitpunkt des Prozesses dreißigjährige Marokkaner 1993 nach Deutschland. In Bochum lernte er Deutsch, in Hamburg-Harburg studierte er ab 1995 Elektrotechnik und Mathematik. Mzoudi wohnte in der Marienstraße 54 in Hamburg mit anderen später Beschuldigten des 11.9. in einer Wohngemeinschaft zusammen, pardon: in einer »Terrorzelle«. Verhaftet wurde er am 10. Oktober 2002 – wegen Beihilfe zum Mord in mehr als dreitausend Fällen und Mitgliedschaft in einer terroristischen Vereinigung. Doch vor Gericht machte er so gar nicht den Eindruck eines eiskalten Killers: So »mancher schüchterne Satz des 30jährigen Marokkaners wirkt wie eine versteckte Unschuldsbeteuerung«, berichtete die Nachrichtenagentur AFP. »Seine Eltern in Marrakesch hätten ihn nach den Regeln des Islam erzogen, betont Mzoudi mehrfach ungefragt.« Daß dies hierzulande inzwischen wie eine finstere Drohung klingt, liegt höchstens an unserer täglichen Gehirnwäsche. In Wirklichkeit hat der Islam mit roher Gewalt nicht mehr zu tun als das vor Blut triefende Alte Testament. Sich vor Christen zu gruseln, dafür gibt es wahrscheinlich mehr gute Gründe, als vor »Islamisten« zu zittern. »Meine Mutter hat versucht, mir Werte zu vermitteln wie Ehrlichkeit, nicht zu stehlen und nicht zu töten, die guten Werte des Islam halt.«[36]

Mitte August 2003 begann Mzoudis Prozeß unter anderen Vorzeichen als das Verfahren gegen Motassadeq im Oktober 2002. Die Anschläge des 11.9. lagen inzwischen fast zwei Jahre zurück, und die Zweifel an der Politik der US-Regierung hatten sich massiv verstärkt. Die Rolle des Schurken und des Guten waren bei weitem nicht mehr so eindeutig verteilt. Zudem waren im Sommer 2003 gleich drei Bücher erschienen, die den Ablauf der Haupttat, zu der Abdelghani Mzoudi beigetragen haben sollte, massiv in Zweifel zogen. In Deutschland hatte eine erbitterte Diskussion über die Frage der Täterschaft in Sachen 9/11 begonnen: Möglicherweise, so einige kritische Stimmen, könnten die US-Regierung selbst oder ihr nahestehende Gruppen an den Anschlägen mitgewirkt haben. Da diese Szenarien ausnahmslos besser begründet waren als die offizielle Version des 11. 9., wandelte sich das Prozeßklima im Vergleich zum Verfahren gegen Motassadeq radikal.

Diesmal wurde die Bundesanwaltschaft gleich zu Beginn mit einer ebenso notwendigen wie tödlichen Frage konfrontiert: War das wirklich ein terroristischer Riese, gegen den sie da kämpfte, oder handelte es sich vielmehr doch nur um ein Phantom? Der Mann, der diese überfällige Frage endlich aufwarf, war Abdelghani Mzoudis Verteidiger Michael Rosenthal. Er konnte sich das leisten und mußte nicht befürchten, wegen seiner Zweifel als »Antisemit« diffamiert zu werden – Rosenthal ist selbst »Bürger jüdischer Herkunft«, wie die Zeitung *Freitag* in einem Interview mit dem Rechtsanwalt politisch korrekt formulierte: »Haben Sie als Bürger jüdischer Herkunft eigentlich kein ungutes Gefühl, einen radikalen Moslem wie Mzoudi zu verteidigen«, fragte sie ihn. »Er ist nicht radikal«, lautete die Antwort. »Er ist fromm, was hierzulande so sehr aus der Mode ist, daß einige es für radikal halten. Im Haftbefehl wurde Mzoudi alles mögliche unterstellt: antijüdisch, antiisraelisch, antiamerikanisch, antiwestlich und gewaltbereit. Da wollte ich erst einmal wissen, ob er mir denn vertrauen könne oder wolle. Er lächelte und sagte: ›Anscheinend haben Sie damit ein größeres Problem als ich.‹ Jedenfalls konnte ich bei den vielen Gesprächen, die ich seither mit ihm hatte, nie eine antijüdische Einstellung feststellen.«[37]

Die Frage lautete also: Gab es die »Haupttat«, so wie sie geschildert wurde, überhaupt? Es bestehe die Gefahr, daß der Senat die Haupttat als selbstverständlich voraussetzen und für die Beihilfe Vermutungen genügen lassen könnte, die für die Mitglieder des Gerichts zur subjektiven Gewißheit geworden waren, warnte Mzoudis Verteidiger Michael Rosenthal zu Beginn des Prozesses vor »unbewiesenen Annahmen zur Haupttat«. Denn »der Anschlag auf das World Trade Center war, so scheint es, ein Ereignis, dessen politische Vorteile den Vereinigten Staaten von Amerika als Idee schon vorher bekannt waren«. Genau wie die geschmähten 9/11-Buchautoren bezog sich auch Michael Rosenthal auf den rechtsradikalen »Think Tank« *Project of a New American Century*, dessen Mitglieder heute zu großen Teilen in der Regierung Bush sitzen: »Diese Organisation hat sich gewissen grundsätzlichen Überlegungen verschrieben, etwa daß amerikanische Führung gut sei für die Welt, daß diese Führung militärische Stärke erfordere, diplomatische Anstrengungen und die Einhaltung moralischer Prinzipien und daß sich derzeit zu wenige politische Führer der Aufgabe der globalen Führung angenommen hätten. (...) Dort ist im September 2000 eine strategische Studie erschienen. (...) Unter der Überschrift ›Creating Tomorrow's Dominant Force‹ liest man auf Seite 51, der Transformationsprozeß werde solange gehen, selbst wenn er revolutionäre Änderungen bringe, solange ein katastrophales und katalysierendes Ereignis fehle – wie ein neues Pearl Harbor.«

»Am 11. September 2001 wurde das neue Pearl Harbor Tatsache«, so Rosenthal. »Mit erstaunlicher Geschwindigkeit haben die Vereinigten Staaten geopolitische Konzepte umgesetzt, die sich von der Analyse des Anschlags nicht trennen lassen.«[38]

Daß Bundesanwalt Walter Hemberger bei diesen Worten unruhig auf seinem Stuhl hin- und herrutschte, war kein Wunder, denn exakt an diesem Punkt war auch schon die Motivforschung der 9/11-Skeptiker angelangt. »Ich hoffe nicht, daß die Verteidigung daran zweifelt, daß Mohammed Atta, Marwan Al-Shehhi und Ziad Jarrah die Anschläge vom 11. September in den USA verübt haben«, sagt er mit scharfem Unterton in Richtung Verteidigung. »Andernfalls sitzen wir in zwei verschiedenen Booten.«[39]

Da war dem Bundesanwalt wohl etwas durcheinandergeraten. Denn in einem Boot hatten Anklage und Verteidigung ohnehin noch nie etwas zu suchen. Aber andererseits teilten sich in dieser Angelegenheit ohnehin alle möglichen Gruppen ein und dasselbe Boot, von denen man es nie vermutet hätte, zum Beispiel Mohammed Atta und der bundesdeutsche Verfassungsschutz. Während des Mzoudi-Verfahrens kam heraus: Wenn Atta und die Seinen wirklich die Attentate des 11. 9. geplant haben sollten, dann taten sie dies womöglich unbehelligt unter den Augen der deutschen Geheimdienste.

So hatte das Hamburger Landesamt für Verfassungsschutz nach einem Bericht der *Frankfurter Allgemeinen Sonntagszeitung* vom 2. Februar 2003 einen Informanten in der Al-Quds-Moschee, dem beliebten Treffpunkt der Hamburger »Terrorzelle«: »Der Informant soll regelmäßig Berichte über Atta abgeliefert haben. Das Hamburger Landesamt hat das bisher bestritten.«

Atta, der »Drahtzieher« Ramzi Binalshibh und Motassadeq – alle sollen dem Verfassungsschutz bekannt gewesen sein. Motassadeq sei nicht nur vom Hamburger Landesamt, sondern auch vom Bundesamt für Verfassungsschutz überwacht worden. Auch für Said Bahaji und »drei weitere wichtige Mitglieder der Terrorzelle« habe sich das Bundesamt interessiert, so die *Netzeitung*. Doch leider, leider habe man diese Erkenntnisse erst nach dem 11. September nutzen können – also nicht zur Verhinderung der Attentate, nur zur Anzettelung spektakulärer Prozesse.

So was kommt immer wieder vor, unter anderem bei der Gründung der sagenhaften »RAF«. Diese Gruppe war noch gar nicht entstanden, da mischten bereits V-Leute und Spitzel in den Protestbewegungen Ende der sechziger Jahre mit. Ein Mann namens Peter Urbach zum Beispiel war nicht nur besonders hilfsbereit, sondern auch Agent des Berliner Landesamtes für Verfassungsschutz. Als solcher wollte er die Revolution nicht dem Zufall überlassen und besorgte Molotowcocktails, Zeitzünderbomben und andere Waffen für die »Bewegung«. »Da waren wir Handlanger einer ganz bestimmten Bullenstrategie«, erkannte später der Aktivist Bommi Baumann. Das Berliner Landesamt für Verfassungsschutz, schrieb der heutige *Spiegel*-Chefredakteur Stefan Aust, war »offenkundig recht gut informiert über das, was sich im Berliner Untergrund zusammenbraute: die Anfänge der ›Roten-Armee-Fraktion‹«.

Recht gut informiert waren die deutschen Dienste offenbar auch vor dem Anschlag auf das World Trade Center, wenn er denn so stattgefunden hat, wie es behauptet wird. Die angeblichen Hamburger Todespiloten und ihre Helfershelfer waren praktisch in den besten Händen. Sie schlossen sich »unter den Augen diverser Nachrichtendienste zu einer Terrorgruppe zusammen«, resümierte die *Netzeitung* am 1. Februar 2003. Davon abgesehen, ob diese »Terrorgruppe« wirklich die Terrorgruppe war, die die Anschläge schließlich durchführte: Solch ein Eindruck durfte natürlich nicht stehenbleiben, und so verlegte der Verfassungsschutz den Ort der Handlung während des Prozesses gegen Abdelghani Mzoudi flugs nach Afghanistan. Die Anschläge vom 11. 9. seien gar nicht in Hamburg, sondern in Afghanistan geplant worden, erzählte überraschend Verfassungsschutz-Chef Heinz Fromm als Zeuge in dem Mzoudi-Verfahren und berief sich dabei nicht etwa auf brisante Ermittlungen, sondern auf das dubiose Buch des *Al-Dschasira*-Reporters Yosri Fouda über die »Masterminds of Terror«.[40] Der Kampf um die Wahrheit begann sich darauf zu reduzieren, wer eigentlich welche Bücher gelesen hatte: Die Werke der 9/11-Skeptiker und angeblichen »Verschwörungstheoretiker« oder die Schmöker von Journalisten, die sich nicht einmal an die Daten ihrer Interviews erinnern können.

Die Mitglieder der Hamburger Gruppe hatten nach Fromms Darstellung erst Ende 1999 in Afghanistan von den Angriffsplänen erfahren – ein weiteres Loch im Beweisangebot der Bundesanwälte. Denn die hatten sich bislang auf die Bibliothekarin D. berufen, die den Mzoudi- und Motassadeq-Bekannten Al-Shehhi über die Anschlagspläne angeblich hatte prahlen hören – und zwar bereits im Frühjahr 1999. Unter anderem aufgrund dieser Aussage war Mounir Al-Motassadeq verurteilt worden.

Für die Ankläger war das ein Supergau, denn nun brach nicht nur das Eis auf dem Mzoudi-See, sondern auch auf dem von Motassadeq: Wenn sich das alles so verhielte, »dann hätte Motassadeq ja freigesprochen werden müssen«, folgerte messerscharf der Richter im Verfahren gegen Abdelghani Mzoudi.[41] Wie wahr.

Zu allem Überfluß flatterte den Richtern ein Fax des Bundeskriminalamts ins Haus. Danach hatte der Angeklagte Mzoudi nichts mit den Attentaten zu tun. Laut dem Fax grenzte eine ungenannte »Auskunftsperson« den Kreis der »Hamburger Zelle ausdrücklich auf Ramzi Binalshibh, Mohammed Atta, Marwan Al-Shehhi und Ziad Jarrah ein. »Diese vier Personen hätten zu keiner Zeit mit anderen über ›tatsächliche Operationen oder die Bildung einer terroristischen Zelle gesprochen‹«, stand in dem Fax zu lesen.[42]

Damit war das Eis gebrochen, und den Anklägern stand das Wasser bis zum Hals.

Am 11.12.2003 wurde Abdelghani Mzoudi aus der Haft entlassen, am 5. Februar 2004 wurde er freigesprochen. Und wo sie schon einmal dabei waren, ließen die Richter nicht nur den Mzoudi-Prozeß platzen, sondern auch die ganze Konstruktion von der angeblichen »Hamburger Terrorzelle«. Für diese vermeintliche Terrorzelle hatten Ankläger und Medien nunmehr seit zwei Jahren unermüdlich Werbung gemacht. Die Richter des angeblichen Terroristen Abdelghani Mzoudi erklärten mit ihrem Urteil all das für null und nichtig.

Das Gericht räumte mit der Vorstellung einer autonomen »Terrorzelle des Bösen« in Hamburg auf. Atta, Al-Shehhi, Jarrah und Binalshibh hätten keine selbständige deutsche Terrororganisation gebildet. Ohne die Mitwirkung der Terrororganisation Al-Qaida seien sie nicht zur Durchführung der Anschläge in der Lage gewesen: »Sie verfügten weder über die finanziellen Mittel, um eine monatelange teure Pilotenausbildung zu finanzieren, noch hatten sie die Mittäter, die erforderlich waren, um die Flugzeuge später zu entführen und in ihre Gewalt zu bringen.«[43]

Problematisch war nur, daß die entlastenden Informationen mindestens so dubios waren wie die belastenden. Denn die »Auskunftsperson« soll schon wieder der »Drahtzieher« Ramzi Binalshibh gewesen sein. Allerdings nicht er selbst, sondern nur sein Schatten. Denn erstens wurde er nicht explizit beim Namen genannt. Und zweitens wurden »seine« Aussagen in dem Fax eben nur mit den Worten einer dritten, unbekannten Person »wiedergegeben«.

»Niemand weiß, ob die USA ihn überhaupt verhaftet haben, gesehen hat ihn keiner«, sagte Andreas Hauß, Koautor von Mathias Bröckers, in einem Interview mit der *Jungen Welt* über Ramzi Binalshibh. »Vieles spricht dafür, daß er ein CIA-Agent ist, in dessen Namen Aussagen je nach Erfordernis präsentiert werden.« In dem Verfahren gegen Mzoudi habe die Gefahr bestanden, »daß ein Gericht offiziell bescheinigt, der Ablauf des 11.9., die Haupttäterschaft von Atta und Co. sowie die Nebentäterschaft Mzoudis seien nicht beweisbar. Daraufhin bastelte das BKA ein Fax zusammen, das Mzoudi entlastete, ohne die generelle Beweisnot für die Haupttat auffliegen zu lassen.«[44] Das klingt plausibel.

Das Verfahren gegen Mzoudi hätte also die gesamte offizielle Version mit in den Abgrund reißen können. Daraufhin wurde der Mzoudi-Prozeß abgetrennt wie ein eitriges Glied und die angebliche Kerntruppe der Attentäter gegen weitere Beschädigungen abgeschirmt. Denn schließlich fällt an den Aussagen der »Auskunftsperson« auf, wie ausdrücklich sie den Kreis der Täter auf »sich selbst«, also Ramzi Binalshibh, Mohammed Atta, Marwan Al-Shehhi und Ziad Jarrah eingrenzte, also auf Personen, die allesamt verschollen und nicht zu befragen sind. Auf diese Weise sollten Kerntat und Kerntruppe vor weiteren Auflösungsprozessen im Umfeld (sprich: im Bereich angeklagter, angeblicher »Mittäter«) geschützt werden.

Daß es hierzulande doch noch einige Richter gibt, die sich rechtsstaatlichen Grundsätzen verbunden fühlen, schmeckt den sogenannten Sicherheitspolitikern nicht. Nach rechtsstaatlichen Gesichtspunkten hat ein freigesprochener Mensch als unschuldig zu gelten. Ihm dürfen keine weiteren Nachteile entstehen. Mit dem Freispruch ist die Sache erledigt, punktum – es sei denn, es kommt in einem Revisionsverfahren doch noch zu einem Urteil. Deutsche Innenpolitiker interessiert das aber nicht. Sie versuchten mit ihren Mitteln, doch noch Sanktionen gegen Abdelghani Mzoudi zu erreichen.

Zum Beispiel kündigte der Innensenator von Hamburg, Dirk Nockemann, schon vor dem Freispruch an, Mzoudi trotzdem abschieben zur wollen: »Für Terroristen wie ihn ist kein Platz in Deutschland«, sagte Nockemann laut *Neues Deutschland* vom 22.1.2004. Nach dem Freispruch forderte Nockemann, der auf dubiose Warnungen der CIA hin das Hamburger Bundeswehrkrankenhaus in eine Festung verwandelt hatte, die Ausländerbehörde solle mit Hochdruck an der Sache arbeiten, es gebe keinen dringlicheren Fall als Mzoudi: »Sofort abschieben, denn der Mann ist gefährlich.«[45] Merkwürdig, denn der soeben zu Ende gegangene Prozeß hatte das überhaupt nicht bestätigen können. Noch merkwürdiger ist, daß die Wünsche eines Innenpolitikers der Schill-Partei für Bundesinnenminister Schily Befehl sind. Nockemann forderte von Schily einen Gesetzentwurf, nach dem Ausländer auch schon bei bloßem Terrorverdacht abgeschoben werden können. Gesagt, getan. Nach dem Hamburger Freispruch versuchte Schily zusammen mit der Union verstärkt, im Rahmen des geplanten Zuwanderungsgesetzes eine Sonderbestimmung für Leute wie Mzoudi und vielleicht auch für einen freigesprochenen Motassadeq zu zimmern. Daß Schily auf Fragen, worauf sich dieser »Terrorverdacht« gründen könnte, als Beispiel immer nur das »Ausbildungslager in Afghanistan« einfällt, zeigt, daß er es besonders auf den oder die Hamburger Freigesprochenen abgesehen hat, denn wahr ist, daß sie sich in einem solchen Lager aufgehalten haben. Trotz Freispruch sollten sie auf jeden Fall noch bestraft werden. Das ist aber noch nicht alles. Denn durch die Abschiebung in Länder wie Marokko oder Tunesien ist es möglich, daß sie in die Hände der Amerikaner fallen und damit in der Folterbasis Guantanamo landen – mit Hilfe von Nockemann, Schily und dem Rest bundesdeutscher »Sicherheitspolitiker«.

Gute Nacht, Rechtsstaat

Der 4. März 2004 brachte der Bundesanwaltschaft eine weitere bittere Niederlage. Der Bundesgerichtshof hob das weltweit erste Urteil gegen einen angeblichen Täter des 11. September auf, nämlich das gegen Mounir Al-Motassadeq. Am 7. April 2004 wurde Motassadeq auf freien Fuß gesetzt.

»Grund für die Aufhebung ist, daß die Beweiswürdigung des Oberlandesgerichts rechtlicher Prüfung nicht standhält«, hieß es in einer Pressemitteilung des Bundesgerichtshofs vom 4. März. »Die Bekämpfung des Terrorismus kann nicht ein wilder, ungeregelter Krieg sein«, watschte der Vorsitzende BGH-Richter Klaus Tolksdorf seine Hamburger Kollegen ab.[46] Nach Meinung des Bundesgerichtshofs stimmte an dem Verfahren gegen Motassadeq so gut wie gar nichts:

- Der potentielle Hauptentlastungszeuge (Ramzi Binalshibh) konnte nicht gehört werden.
- Zu der ersatzweise nötigen, besonders vorsichtigen Beweiswürdigung war es nicht gekommen.
- Das Gericht habe sich statt dessen der Gefahr ausgesetzt, daß der Prozeß durch einen ausländischen Staat [also die USA] in seinem Sinne gesteuert werde.
- Die Beweisführung stützte sich »maßgeblich auf Indizien«.
- Der Grundsatz »Im Zweifel für den Angeklagten« wurde nicht berücksichtigt.

Es ist wohl wirklich nicht übertrieben, diese Kritik eine schallende Ohrfeige für die Oberlandesrichter zu nennen.

Und die Bundesanwaltschaft? Wenn sich ihre terroristischen Riesen schon als Windmühlen entpuppten, dann war das für die Ankläger kein Grund, von ihren Phantasien Abstand zu nehmen. Vielmehr wollten sie in Zukunft solche Phantasien in die Verfahren eingeführt sehen – in Gestalt nachrichtendienstlicher »Erkenntnisse«. Von rechtsstaatlichen Beweisen hatte die Anklagebehörde die Nase jedenfalls voll: »Das kann ja nicht so sein«, sagte Generalbundesanwalt Kay Nehm in den *Tagesthemen,* »daß die Aufgabe der Bundesanwaltschaft darin besteht, wenn Attentate begangen sind, in den Trümmern zu wühlen und Beweismittel zu suchen.« Erstens war das ohnehin noch nie die Aufgabe des Generalbundesanwalts, sondern seiner Hilfsbehörde, des BKA. Zweitens lag darin ein klares Bekenntnis zu fabrizierten Beweisen, denn nun müsse man sich darauf einstellen,

»daß in Zukunft vermehrt Nachrichtendienste uns die Grundlagen liefern und daß wir uns Gedanken machen müssen, wie wir diese Grundlagen in das Verfahren einführen«, meinte der Generalbundesanwalt.[47]

Tatsächlich soll sich nach einem Bericht des *Stern* vom 11. 3. 2004 alsbald eine Arbeitsgruppe der G-8-Staaten zusammensetzen und »klären, wie Geheimdiensterkenntnisse besser in Strafverfahren eingebracht werden können. So dürften künftig vermehrt Sicherheitsbeamte als ›amtliche Zeugen vom Hörensagen‹ vor Gericht aussagen.«

Na, dann guten Morgen, Mittelalter: Künftig werden wohl jene Hexenprozesse, von denen Verteidiger Michael Rosenthal bereits im Zusammenhang mit dem Verfahren gegen seinen Mandanten Mzoudi gesprochen hatte, endgültig Wirklichkeit.

Moussaoui: keine Rolle bei den Anschlägen

In den Gerichtssälen erwies sich der Phantomzeuge und »Drahtzieher« Ramzi Binalshibh als allgegenwärtig. Zwar konnte man ihn nie vorladen und befragen, aber er war lebendig genug, um eine gewisse Glaubwürdigkeit für die offizielle Version zu suggerieren. Wie der sprichwörtliche große Bruder, den die Ankläger – wenn sie nur wollten – holen könnten, um die Verteidigung zu »verhauen«, spukte er durch die Verhandlungssäle. Die Chancen der Angeklagten hingen auch davon ab, inwieweit sich die Gerichte von diesem Gespenst beeinflussen ließen. Ein weiteres Beispiel ist der Prozeß gegen den Franzosen Zacarias Moussaoui in den Vereinigten Staaten.

Nach einhelliger Meinung der Medien muß man sich vor Zacarias Moussaoui, dem Mann mit den kleinen Augen und dem rundlichen, kaffeebraunen Schädel, fürchten. Zum »Magier und Märtyrer Allahs« wurde er stilisiert und zu »einem der gefährlichsten Männer der Welt«. Die Beschreibung folgt dem allgemeinen Muster, die angeblichen Mittäter des 11. September zu wahren Supermännern des Bösen hochzujubeln. Geht's nicht eine Nummer kleiner?

Der im Jahr 2002 34jährige stammt aus einer marokkanischen Emigrantenfamilie in Frankreich. Die Eltern ließen sich scheiden, die Mutter putzte in Mulhouse, die Kinder kamen ins Waisenhaus – »als die einzigen Schwarzen mit elsässischem Akzent«, wie Moussaouis Bruder Abd Samad Moussaoui berichtete. Der Bruder beschreibt Zacarias Moussaoui als gebrochene Identität – weder marokkanisch noch französisch. In London wollte er »International Business« studieren und schloß sich dort der »radikalislamischen« Bewegung der Wahabiten an. Ab da weiß der Bruder nicht mehr viel über ihn.

Das Verfahren gegen Zacarias Moussaoui begann im Juli 2002, also noch vor den Prozessen gegen die deutschen Pseudokomplizen der 9/11-Attentäter. Moussaoui ist bis auf den heutigen Tag die einzige Person, die in den USA

Zacarias Moussaoui

wegen der Attentate vom 11.9.2001 vor Gericht stand. Kein einziger anderer mutmaßlicher Unterstützer, Quartiermeister, Wagenanmieter oder Finanzier der angeblichen Attentäter wurde in den Vereinigten Staaten angeklagt. Um so wichtiger ist die Antwort auf die Frage, ob wenigstens die US-Ankläger belegen konnten, daß ihre Annahmen Hand und Fuß hatten und Moussaoui etwas mit den Attentaten zu tun hatte.

Mitte August 2001 hatte Moussaoui geradezu darum gebettelt, daß endlich jemand die Polizei anrief. Er stolperte mit einem abgelaufenen Visum durch die Gegend, sein algerischer Ausweis war gefalscht, und bei seinem Flugunterricht gab er sich jede Mühe, aufzufallen: »Sein amerikanischer Lehrer erinnert sich mit Grauen an siebenundfünfzig Flugstunden mit dem ungelehrigen Schüler«, schreibt die *Netzeitung*. »›Er war starrköpfig, verbissen, er hörte nicht zu und klammerte mit aller Gewalt am Steuer‹, berichtet Flugtrainer Azim Suman. ›Und trotzdem sprach er immer davon, irgendwann große Maschinen zu fliegen.‹«

So etwas bleibt hängen. Am 14. August, bei der Einschreibung für ein Simulatortraining, wobei er weder seinen Namen nennen noch starten oder landen üben wollte, erbarmte sich endlich jemand und alarmierte die Polizei. Am 17. August 2001 wurde Moussaoui verhaftet. »Statt fünf entführen nur vier Männer knapp einen Monat danach den United-Airlines-Flug 93 auf dem Weg nach San Francisco«, hieß es.[48]

Nummer 20 darf nicht sterben

Moussaoui soll also der berühmte »zwanzigste Hijacker« des 11.9. gewesen sein, eine Rolle, für die im Laufe der Zeit mehrere Personen nominiert wurden, unter anderem auch der geheimnisvolle Ramzi Binalshibh. Der zwanzigste Hijacker ist eine Person, die, wie es der Mythos 9/11 will, zwar an den Planungen und Vorbereitungen der Anschläge beteiligt gewesen sein soll, aber anders als die anderen neunzehn aus verschiedenen Gründen an dem Unternehmen selbst nicht habe teilnehmen können.

Fragt sich nur, warum die Rolle des zwanzigsten Mannes unbedingt besetzt werden mußte. Die Wahrheit: Der zwanzigste Mann ist deshalb von so großer Bedeutung, weil er von den anderen neunzehn ablenkt. Solange sich Öffentlichkeit und Gerichte den Kopf über den zwanzigsten Mann zerbrechen, beschäftigen sie sich nicht weiter mit den neunzehn anderen. Oder noch besser: Solange ständig von Nr. zwanzig die Rede ist, sind die anderen neunzehn bereits gekauft. Getreu dem Motto: Prozessiere gegen einen und verurteile gleich neunzehn andere mit. Dabei geht es in Wirklichkeit gar nicht um Nr. zwanzig, auch nicht um Nr. neunzehn, Nr. zwölf oder meinetwegen um Nr. acht. In Wirklichkeit geht es darum, ob sich die Schuld auch nur eines einzigen angeblichen Attentäters des 11.9. beweisen läßt. In Wirklichkeit geht es also um Nr. eins: den ersten Tatverdächtigen, dessen Beteiligung an den Attentaten sich nachweisen läßt.

US-Justizminister John Ashcroft bezeichnete Moussaoui »als aktiven Teilnehmer der Anschläge, der die gleiche Ausbildung erhalten habe wie die Flugzeugentführer und ebenso geschworen habe, Amerikaner zu töten«.[49]

Beweise? Genaugenommen gab es keine, außer vielleicht die Überweisung von etwa fünfzehntausend US-Dollar (anderen Quellen zufolge soll es sich um D-Mark gehandelt haben) von der Atta-Gruppe in Hamburg an Moussaoui in die USA. Da aber nicht feststeht, wofür diese fünfzehntausend US-Dollar überwiesen wurden und ob irgendwelche Anweisungen damit verbunden waren, beweist das überhaupt nichts – außer vielleicht, daß Araber Geld überweisen können.

Die *Washington Post* teilte unter Berufung auf die Behörden mit, daß in der Todesmaschine von Pennsylvania (Flug 93) bei dem Todespiloten Ziad Jarrah einc Visitenkarte gefunden worden sei. Darauf befinde sich eine Nummer, die auch Moussaoui angerufen habe.[50]

Komplizierter geht's wohl nicht mehr – und was, bitte, soll das beweisen? Anrufe sind für sich genommen ebensowenig strafbar wie Überweisungen. Wobei die eigentliche Frage lautet, wie man bei Ziad Jarrah eine Visitenkarte finden konnte, wenn nicht einmal Ziad Jarrah gefunden wurde. Denn schließlich wurden die Leichname der Hijacker von Pennsylvania bis heute gar nicht identifiziert. Irgend etwas kann also nicht stimmen mit diesem Beweis.

Wirklich brisant waren denn auch nicht die Enthüllungen der Ermittler über Moussaoui, sondern jene Moussaouis über die Ermittler: »Die US-Regierung wisse, daß er keine Verbindung zu den Flugzeugattentätern gehabt habe«, berichtete die *Netzeitung*. Anfang Juli 2002 verlangte er sogar, vor dem US-Kongreß aussagen zu dürfen: »Er habe Wichtiges zu den Attentaten zu sagen«, sagte Moussaoui. »Moussaoui, den die US-Behörden für den ›zwanzigsten Attentäter‹ halten, beschuldigte die Bundespolizei FBI, mehr Hinweise als bisher zugegeben auf die Terroranschläge gehabt zu haben. In einer handschriftlichen Eingabe des 34jährigen an Bezirksrichterin Leonie M. Brinkema hieß es, das FBI habe ihn und die 19 mutmaßlichen Attentäter längere Zeit beobachtet.«[51]

Und nicht nur das. Moussaoui zufolge hätten die Fahnder absichtlich ihn und nicht Hani Hanjour (der angebliche Pilot von Flug 77, der ins Pentagon gestürzt sein soll) verhaftet, um die Entführer bei ihrer Aktion nicht zu stören. Die US-Regierung habe den 11. September zugelassen, um einen Vorwand zu finden, Afghanistan zu zerstören, erzählte Moussaoui und verlangte, diese Informationen vor dem US-Kongreß vortragen zu dürfen.[52]

Vermutlich war das nicht ganz das, was sich die Ankläger vorgestellt hatten. Allmählich sah so es aus, als beginne der Prozeß aus dem Ruder zu laufen. Der Angeklagte plauderte aus dem Nähkästchen, und es hörte sich ganz danach an, als hätten die mutmaßlichen Attentäter ihre Ränke geradewegs unter den Augen der US-Behörden geschmiedet. Ein Umstand, der bereits von der Hamburger »Terrorzelle« bekannt ist. Doch das war noch nicht das eigentliche Problem. Erst eine Forderung Moussaouis ließ die Ankläger die Notbremse ziehen. Diese Forderung muß so bedrohlich und unerfüllbar gewesen sein, daß sie die Abgabe des Verfahrens an eines der neu geschaffenen Militärtribunale erwogen. Vor einem solchen »Gericht« spielen Beweise und die Rechte eines Angeklagten praktisch keine Rolle mehr. Worin aber bestand die bedrohliche Forderung Moussaouis? Ganz einfach: Wie später seine deutschen »Mitangeklagten« beantragte er, den angeblich festgenommenen Boß der Anschläge, Ramzi Binalshibh, als Entlastungszeugen zu hören. Er sollte bezeugen, daß Moussaoui nicht in die Planung der Anschläge eingebunden gewesen sei. Hätte mit Binalshibh alles gestimmt, wäre das kein Problem gewesen. Doch dazu kam es nicht.

Warum konnte man den angeblich felsenfest überführten Ramzi Binalshibh nicht vorzeigen? Wenn er tatsächlich existierte und die Wahrheit sagte, dann konnte seiner Aussage in dem Prozeß gegen Moussaoui eigentlich nichts im Wege stehen. Mit diesem an sich banalen Vorgang schien es aber unüberwindliche Probleme zu geben. Die US-Regierung weigerte sich verbissen, Binalshibh aussagen zu lassen. Da aber auch in den USA ein Angeklagter das Recht hat, Entlastungszeugen vorzuladen, war damit ein massives Verfahrenshindernis geschaffen. Die Strafe folgte auf dem Fuße.

Am 2. Oktober 2003 erklärte die Bezirksrichterin Leonie M. Brinkema, »daß die Vereinigten Staaten im Verfahren keine Beweise oder Argumente präsentieren dürfen, wonach der Angeklagte in die Attacken des 11. September 2001 involviert war oder von ihrer Planung oder Ausführung wußte«.[53] Wenn dem Angeklagten die Chance auf Entlastung genommen wurde, dann durften die Ankläger in Zukunft auch keine Beweise mehr für seine Schuld in Sachen 9/11 vorlegen, so die zwingende Logik dieses Beschlusses. Damit waren drei Viertel der Vorwürfe gegen Moussaoui vom Tisch und das Desaster für die Anklage und die offizielle Version des 11. 9. perfekt. Die Regisseure des Prozesses ließen ihn lieber platzen, als Binalshibh vorzuführen. Sogar einen schweren Glaubwürdigkeitsverlust für die offizielle Version des 11. 9. nahmen sie in Kauf.

Warum? Was stimmt nicht mit diesem Binalshibh? Hätte er Moussaoui entlastet? Oder schlimmer: Hätte er gar sich selbst entlasten können? Hätte er gar Foltermale am Körper und im Gesicht getragen? Oder lebte der Mann möglicherweise nicht mehr?

Bezeichnenderweise waren die Prozesse nicht die erste Gelegenheit, bei der die US-Regierung Schwierigkeiten hatte, Binalshibh zu präsentieren. Schon als US-Justizminister John Ashcroft im Januar 2002 der Presse angeblich in Afghanistan gefundene Videos mit Bekenntnissen von Terroristen vorstellte, soll sich darunter auch ein Video mit Aufnahmen von Binalshibh befunden haben. Nur: Im Gegensatz zu anderen Videos spielte Ashcroft dieses Band der Presse nicht vor.[54]

Nun ist Binalshibh ja nicht irgend jemand, sondern eine zentrale Figur in der offiziellen Version des 11. 9. Er soll nicht nur die rechte Hand und Intimus Osama Bin Ladens gewesen sein. Darüber hinaus soll er auch ganz nah an dem ebenfalls verschollenen Mohammed Atta drangewesen und in Hamburg mit ihm zusammengewohnt haben. Schließlich wurde er durch sein angebliches Interview mit dem *Al-Dschasira*-Reporter Fouda zum Boß der Attentäter aufgebaut. Nur vorzeigen können die Behörden ausgerechnet diesen Mann unter keinen Umständen. Weder auf Videos noch im Gerichtssaal.

Am 19. Oktober 2003 kam heraus, daß das FBI ohnehin noch sie so recht an Moussaouis Schuld geglaubt hatte. »Das FBI war lange der Meinung, daß Moussaoui keine Rolle in dem 9/11-Plan gespielt hatte und nur ein kleines Licht bei Al-Qaida war«, berichtete das Nachrichtenmagazin *Time* an diesem Tag.

War also gar nicht so ernst gemeint, die Sache mit Moussaoui. Erstaunlich, denn schließlich war Moussaoui der wichtigste Angeklagte »bei dem Versuch der Vereinigten Staaten, Al-Qaida und Osama Bin Laden in den Augen der Weltöffentlichkeit zu verurteilen«, so die Nachrichtenagentur MSNBC am 14. Dezember 2001. Dieser Versuch war damit vorerst gescheitert. Erst am 22. April 2004 hob ein übergeordnetes Gericht die Entscheidung von Bezirksrichterin Brinkema auf. Die Regierung durfte fortan wieder die volle Anklage vorbringen, während Moussaoui im Gegenzug erneut das Recht zugestanden wurde, die geheimnisvollen »Kronzeugen« in Sachen 9/11 zu hören. »Alles auf Anfang« also.

Was ist demnach in den Gerichtsverfahren um den 11.9. herausgekommen? Alles in allem waren die Verfahren eine eindrucksvolle Bestätigung der Ergebnisse, die ich und viele Kollegen von mir im Rahmen unserer Recherchen zutage gefördert hatten. Die Prozesse lieferten nicht den Ansatz eines Beweises, daß ein paar Hamburger Studenten tatsächlich einen Anschlag auf die Supermacht Amerika geplant und ausgeführt hatten. Für die Beihilfe von Moussaoui, Motassadeq und Mzoudi gab es ebensowenig Beweise wie für den Ablauf der »Haupttat« selbst. Der Hunger nach Sühne und Gerechtigkeit ließ sich an den Angeklagten nicht stillen. Der 11.9., so wie er uns erzählt wurde und wird, entpuppt sich auch vor Gericht immer mehr als das, was er tatsächlich ist: ein Mythos.

Die Büchse der Pandora

Neben den Gerichten gab es einen zweiten Schauplatz, auf dem die Attentate des 11. 9. abgeklopft wurden, und das sind die beiden Untersuchungskommissionen, die danach berufen wurden. Spätestens seit dem Attentat auf Präsident John F. Kennedy am 22. November 1963 gehört eine »unabhängige Untersuchung« zum regulären »follow up« eines solchen Ereignisses. Sie hilft das Publikum zu beruhigen und den Eindruck zu erwecken, daß alles Mögliche getan werde, um eine im Grunde unerklärliche Katastrophe aufzuklären. Beim oberflächlichen Betrachter bleibt der Eindruck zurück, die Sache sei ja schließlich »untersucht« worden. Gewöhnlich steht der Umfang des Abschlußberichts in umgekehrtem Verhältnis zu seiner Aussagekraft. Der sogenannte Warren-Report (benannt nach dem Ausschußvorsitzenden Earl Warren) nach der Ermordung Kennedys beispielsweise brachte es auf stattliche 888 Seiten. Ergebnis: Präsident Kennedy starb durch die Kugeln eines Einzeltäters, der allein und ohne Hilfe von außen handelte.

Ab 1976 befaßte sich ein eigens gebildetes »House Select Committee on Assassinations« mit den Attentaten auf John F. Kennedy und Martin Luther King. Ergebnis: Mit hoher Wahrscheinlichkeit waren zwei Scharfschützen am Werk, Präsident Kennedy wurde höchstwahrscheinlich Opfer einer Verschwörung.

Das »Versagen« der Dienste

Nach dem 11. 9. beschäftigten sich zwei Untersuchungskommissionen mit den Anschlägen:

- eine gemeinsame Kommission der Geheimdienstausschüsse von Senat und Repräsentantenhaus (Kongreß), Bericht vom 20. Dezember 2002,

- die Nationale Kommission zur Untersuchung der Terroranschläge auf die Vereinigten Staaten (National Commission on Terrorist Attacks Upon the United States) aus fünf demokratischen und fünf republikanischen Abgeordneten.

Zu Beginn schien Anlaß zur Hoffnung zu bestehen. Offenbar zogen die Geheimdienstausschüsse des Kongresses der Regierung so richtig die Daumenschrauben an. Mehrfach stritten sie sich öffentlichkeitswirksam mit dem Weißen Haus um Unterlagen, alles sah nach einer schonungslosen Untersuchung der Geheimdienst-Versäumnisse vor dem 11.9. aus.

Und die Ergebnisse konnten sich auf den ersten Blick ja auch sehen lassen. Die Geheimdienstausschüsse hatten offenbar keine Mühen gescheut und präsentierten einen achthundertfünfzig Seiten starken Bericht, in dem die Sicherheitsbehörden nicht geschont wurden. »Die Nachrichtendienste und Ermittlungsbehörden haben aus einer Vielzahl von Gründen eine Reihe von Informationen nicht miteinander verknüpft und nicht vollständig gewürdigt, die die Chancen zur Aufdeckung und Verhinderung von Osama Bin Ladens Plan, die Vereinigten Staaten am 11. September 2001 anzugreifen, deutlich erhöht hätten«, kann man da lesen. Immer wieder ist von »Fehleinschätzungen«, »mangelnder Kommunikation und Kooperation«, »Versagen« und »versäumten Gelegenheiten« die Rede.[55] Einzelnen Hinweisen auf geplante Aktionen des »Terrornetzwerkes« sei nicht entschieden genug nachgegangen worden.

Bei genauerer Betrachtung allerdings handelte es sich bei dem Bericht um eine Mogelpackung. Denn der gesamte Report fußt nicht auf den Aussagen unabhängiger Zeugen, sondern praktisch ausschließlich auf den Erzählungen von Geheimdienstlern. Und wie es in der Natur der Sache liegt, sind diese »Zeugen« auch noch geheim. Fast alle Namen auf der einundzwanzig Seiten langen Zeugenliste des Berichts sind unkenntlich gemacht. Das heißt also: Hier hat man die Geheimdienste befragt, ob die Geheimdienste etwas falsch gemacht haben. Und die Antwort lautete: nicht doch. Oder besser: nicht wirklich.

Statt einer Verstrickung der Sicherheitsbehörden in die Attentate des 11.9. wirklich auf den Grund zu gehen, festigte das Konvolut die offizielle Version. Der Angriff von ein paar Arabern auf die Vereinigten Staaten wurde dadurch bestätigt, daß man behauptete, die Geheimdienste hätten bei seiner Aufdeckung versagt. Um den größeren Skandal zu vertuschen (nämlich, daß die ganze offizielle Version nicht stimmte), hielt man dem Publikum einen kleineren unter die Nase: das angebliche »Versagen« der Dienste. Der psychologische Trick bestand darin, daß die Öffentlichkeit einer solchen »Aufdeckung« eines »Skandals« kein Mißtrauen entgegenbringen würde. Skandale suggerieren schließlich Transparenz und Kontrolle.

An der Kernaussage des Berichts erkennt man das Bemühen, eine klare Grenze zwischen Versagen und Verstrickungen der Geheimdienste zu ziehen. Bei allen Anhaltspunkten auf die Attentate habe es keinen »eindeutigen Hinweis« auf sie gegeben.[56] Damit vermieden es die Ausschüsse, jene Linie zu überschreiten, jenseits deren man die Sicherheitsbehörden der Vereinigten Staaten selbst für die Attentate hätte haftbar machen müssen. Denn die Vernachlässigung eines »eindeutigen Hinweises« hätte die Dienste zu Mittätern gemacht.

Die eigentliche Funktion lag denn auch nicht in einer schonungslosen Aufklärung der Attentate. Vielmehr wurde die angeblich kritische Untersuchung der Dienste dazu genutzt, ebenjenen Diensten noch mehr Macht, Geld und Einfluß zu verschaffen. Denn, so die krude Logik, das alles konnte ja nur passieren, weil die Sicherheitsbehörden *noch nicht genug* Kontrolle und Einfluß hatten. Auf diese Weise wurde eine Schwäche der Dienste in eine Stärke umgewandelt, die Bürger der Vereinigten Staaten um eine wirksame Untersuchung betrogen und die angeblichen »Versager« für ihre »Fehlleistungen« belohnt.

Der böse Wolf und die Großmutter

Wie konnte es nur dazu kommen? Ganz einfach: Viele Mitglieder der beiden Geheimdienstausschüsse gehören exakt jener »Intelligence Community« an, deren Machenschaften sie eigentlich untersuchen sollen. Von diesen Gremien Aufklärung zu erwarten ist dasselbe, wie den Wolf nach dem Verbleib der Großmutter zu fragen. Werfen wir hierfür einen Blick auf die beiden seinerzeitigen Vorsitzenden des Geheimdienstausschusses des Repräsentantenhauses und des Senats, den Republikaner Porter Goss und den Demokraten Bob Graham. Die beiden sind nicht nur eng miteinander befreundet, sondern haben auch tiefe Wurzeln in ebenjener »Intelligence Community«, deren Rolle bei den Attentaten vom 11.9. die von ihnen geleiteten Ausschüsse abklopfen sollten.

Bob Grahams Halbbruder Philip absolvierte die Army Intelligence School in Harrisburg, Pennsylvania, und steuerte unter dem Decknamen »Mockingbird« die Infiltration der Medien durch die CIA. Als Ehemann von *Washington-Post*-Erbin Katherine Meyer, durch die Heirat nunmehr Katherine Graham, mußte er ja wissen, womit er es zu tun hatte. In ihrem Buch über die WP-Herausgeberin »Katharina, die Große« schrieb Deborah Davis: »In den frühen fünfziger Jahren besaß die CIA respektierte Mitglieder der *New York Times*, von Newsweek, CBS und anderen Kommunikationsapparaten, insgesamt vierhundert bis sechshundert.«[57] 1988 sagte die 2001 verstorbene Eigentümerin der *Washington Post* in einer Rede im CIA-Hauptquartier:

»Wir leben in einer schmutzigen und gefährlichen Welt. Es gibt einige Dinge, die die Öffentlichkeit nicht wissen muß und nicht wissen sollte. Ich glaube, dic Demokratie blüht auf, wenn die Regierung legitime Schritte zur Wahrung ihrer Geheimnisse unternehmen kann und wenn die Presse entscheiden kann, ob sie drucken soll, was sie weiß.«[58] Pressefreiheit à la *Washington Post* heißt also: Die Regierung kann für sich behalten, was sie will, und für die Presse gilt das gleiche.

Ausgerechnet am Morgen des 11.9. trafen der frühere Armee-, Geheimdienst- und CIA-Offizier Porter Goss und Bob Graham in Washington den pakistanischen Geheimdienstchef Mahmud Ahmad – ein reichlich pikantes Meeting, denn ein Mitarbeiter von Ahmad hatte einem Bericht der *Times of India* zufolge hunderttausend US-Dollar an niemand anderen als Mohammed Atta überwiesen.[59]

Eine der derzeit wichtigsten Fragen lautet, ob bei den bevorstehenden US-Wahlen im November 2004 diesem Filz die Macht entwunden werden kann. Wird zum Beispiel John Kerry die Präsidentschaftswahlen gewinnen? Vielleicht. Und wird er dem Treiben der Bush- und Geheimdienst-Mafia ein Ende setzen und die Ereignisse des 11.9. aufklären? Nicht unbedingt. Denn erstens fällt auf, daß Kerry demselben Yale-Geheimorden angehört wie George W. Bush und dessen Vater: Skull & Bones. Zweitens diente auch Kerry genau wie George W. Bushs Vater, Verteidigungsminister Rumsfeld und viele andere Akteure des 11.9. in der Navy. Und drittens fällt auf, daß praktisch alle nennenswerten demokratischen Präsidentschaftskandidaten für die Wahlen 2004 der Senate New Democrat Coalition angehören, die sich unter anderem für die »nationale Sicherheit« einsetzt: Joe Lieberman ebenso wie John Edwards und John Kerry. Und Vorsitzender der Senate New Democrat Coalition ist niemand anderer als Geheimdienstfreund Bob Graham aus Florida.[60]

Da wir gerade von Florida reden: der »sunshine state« scheint sehr beliebt zu sein, und zwar beileibe nicht nur bei Reiselustigen und amerikanischen Rentnern, sondern auch bei Personen, die mit der Vorgeschichte und den Nachwehen des 11. September zu tun hatten.

9/11-»Ermittler« Bob Graham, im Jahr 2002 Vorsitzender des Geheimdienstausschusses des Senats, war einer der Vorgänger (1979 bis 1987) von Präsidentenbruder Jeb Bush im Amt des Gouverneurs von Florida. Bob Graham stammt aus Dade County, 1984 wurde Jeb Bush dort Vorsitzender des Dade County Republican Committee.

In Florida pflegen oder pflegten die Bushs ihre Beziehungen zu ultrarechten Exilkubanern, die hier seit fast fünfzig Jahren konspirieren, um die Zuckerinsel zurückzuerobern. In Florida regiert George W. Bushs Bruder Jeb heute nicht nur als Nachfolger von Bob Graham, hier fanden auch jene Wahlmanipulationen statt, die George W. Bush im Jahr 2000 die Präsidentschaft sicherten. Aus Florida stammt auch der ehemalige CIA- und Army-Intelligence-Mann Porter Goss, im Jahr 2002 Vorsitzender des Geheimdienstausschusses des Repräsentantenhauses.

Und in Florida absolvierten die angeblichen Attentäter des 11.9. ihr dubioses Flugtraining. Bei genauerem Hinsehen stelle sich heraus, so der US-Journalist Daniel Hopsicker, »daß die gesamte Golfküste Floridas, von Naples im Süden bis Sarasota im Norden, die Aura eines internationalen Piratenreiches hat, in dem sich Männer tummeln, die die Totenkopfflagge hissen«.[61] Ob dazu auch George W. Bush gehört, wissen wir nicht. Ein bevorzugter Ferienort seiner Familie liegt jedenfalls mitten in diesem »Piratenreich«: Boca Grande – in direkter Nachbarschaft zu Charlotte County, nach Hopsickers Recherchen Mohammed Attas erster Aufenthaltsort in den USA. Von Boca Grande sind es nur fünfundzwanzig Meilen bis Venice, wo Atta und seine Mitstreiter im Jahr 2000 bei der Firma Huffman

Jeb Bush (oben Mitte) und Wallace J. Hilliard, laut Hopsicker der Eigner der »Terrorflugschule« Huffman Aviation (links daneben)

Aviation einen großen Teil ihrer Flugstunden nahmen. Die »Terrorflugschule« gehört laut Hopsicker einem Menschen, mit dessen Flugzeugen auch schon Präsidentenbruder und Florida-Gouverneur Jeb Bush transportiert wurde, und zwar zum Sonderpreis. Der Name des Mannes: Wallace J. Hilliard.[62] »Jeb Bush reist mit Terror Airways«, titelte entsprechend die Webseite unansweredquestions.org. Wie zum Dank ließ sich Jeb Bush sogar zusammen mit dem Eigner der Atta-Flugschule ablichten.

So klein ist also die Welt und so groß die Ironie der Geschichte. Doch damit nicht genug. In Florida war es auch, wo sich George W. Bush am Morgen des 11. September aufhielt. Möglicherweise, weil er sich hier, im Lande seines Bruders Jeb Bush, im Moment der bevorstehenden Staatskrise besonders sicher fühlte. Hier war es auch, wo Bush angesichts der Nachricht von den Anschlägen so ostentativ ahnungslos in die Kameras blickte – und zwar in der Emma-E.-Booker-Grundschule in Sarasota.

Ausgerechnet Sarasota. Das Seebad an der Golfküste war einer der Lieblingsorte des angeblichen Attentäters Mohammed Atta. Hier nahm er nicht nur Unterricht bei der Flugschule Jones Aviation. Zusammen mit seiner Freundin Amanda Keller, einer Teilzeitstripperin, trieb sich

Atta nach Hopsickers Recherchen hier auch gern in Clubs wie dem Striplokal Cheetah Lounge herum. Neben leichten Mädchen stand er auch auf schicke Klamotten, scharfe Drinks und harte Drogen.[63] Dirnen, Drinks und Drogen? Das entspricht nicht ganz dem Bild des islamistischen Fanatikers, der nichts anderes als den Kampf gegen den »Satan USA« im Kopf hat. Und vor allem entspricht es nicht dem Bild eines Menschen, der bereit ist, sein Leben für ein »idealistisches Ziel« zu opfern.

Aber zurück zu George W. Bush und dem Morgen des 11. September. Fast wirkte sein Auftritt in der Grundschule wie ein konstruiertes Alibi – oder warum sonst sollten sich so viele Fotografen und Fernsehleute zu einem derart belanglosen Lesestündchen zwischen dem ersten Analphabeten des Staates[64] und seinen Nachfolgern begeben? Und warum verharrte Bush in aufreizender Gelassenheit so lange vor den Linsen, bis das Desaster auch wirklich weitgehend abgewickelt war?

Bushs Visite in der Grundschule ist so faszinierend, daß ich einen Moment bei ihr verweilen will. Der Besuch in der Emma-E.-Booker-Grundschule in Sarasota war angeblich bereits seit August 2001 anberaumt, wurde aber erst am 7. September bekanntgemacht. Etwa zu dem Zeitpunkt also, an dem Termin und Ziele der Attentate festgestanden haben müssen. Denn nur einen oder zwei Tage vorher begannen Unbekannte an der Börse hohe Summen zu investieren, was sie sicher nicht getan hätten, wenn Art, Termin und Ausmaß der Angriffe noch nicht festgestanden hätten. Genauer: Die Dunkelmänner setzten Millionen auf den Verfall der Aktien von American Airlines, United Airlines und anderer von den Anschlägen betroffener Firmen – und sackten nach dem 11. 9. auf diese Weise stattliche Summen ein. Besonders gespenstisch: An demselben 7. September, als das Weiße Haus Bushs Visite nach Sarasota bekanntgab, reisten niemand anderer als Mohammed Atta und Marwan

Al-Shehhi nach Sarasota und nahmen keine zwei Meilen von Bushs späterer Unterkunft entfernt ein paar Drinks im Holiday Inn.[65] Was sie sonst noch dort trieben, ist unbekannt.

Obwohl Bush bereits von dem ersten Crash im World Trade Center um 8.45 Uhr wußte, setzte er sich am Morgen des 11. September um kurz nach neun Uhr vor die Kameras im Klassenraum und begann mit der Lesestunde – bis zu jener ebenso denk- wie merkwürdigen Szene, in deren Verlauf sich Bushs Sprecher Andrew Card zu ihm hinunterbeugte, um ihm etwas ins Ohr zu flüstern: die Nachricht von dem zweiten Einschlag in das World Trade Center und damit die Gewißheit, daß es sich um einen bewußten Angriff handelte. Diese Szene wirkte seltsam gekünstelt. Von den einhundertfünfzig Personen im Raum waren nur sechzehn Schüler, der Rest bestand aus Schulpersonal und Reportern. Diese Lesestunde schien also eine regelrechte nationale Sensation zu sein, und das wurde sie dann ja auch – nur: Wer konnte das vorher schon wissen?

Spätestens in dem Moment also, in dem sich Andrew Card hinunterbeugte und Bush die Nachricht vom zweiten Einschlag ins Ohr flüsterte, mußte der Oberbefehlshaber der Streitkräfte der Vereinigten Staaten, George W. Bush, annehmen, daß sich sein Land im Krieg befand. Indessen: Er blieb ganz einfach sitzen. Während im fernen Washington Secret-Service-Agenten seinen Vizepräsidenten Dick Cheney unterhakten und in einen Bunker schleiften, rührte sich der Präsident der Vereinigten Staaten von Amerika nicht von der Stelle. Kein Wunder, denn er hatte schließlich einen wichtigen Termin.

Bush selbst sagte später über diesen Moment: »Ich bin mir der Kameras voll bewußt. Ich versuche, diese Information in mir aufzunehmen. Ich kann mit niemandem reden. Ich sitze inmitten eines Klassenzimmers mit kleinen Kindern, höre ihnen zu und begreife gleichzeitig, daß ich der

Oberste Kommandeur bin und daß das Land einem Angriff gegenübersteht. (...) Es war keine Zeit für ein Gespräch oder irgendwas.«

Klar, natürlich kann man da nicht einfach aufspringen und sechzehn Grundschulkinder sitzen lassen, nur weil Amerika angegriffen wird. Das wäre schließlich flegelhaft. Also nahm Bush das Lesebuch und begann mit den Kindern zu lesen. »The – Pet – Goat« (die Hausziege), erklang es wie aus einem Munde: »A – girl – got – a – pet – goat. But – the – goat – did – some – things – that – made – the – girl's – dad – mad.« (»Ein Mädchen bekam eine Hausziege geschenkt, aber die Ziege tat Dinge, die den Vater ganz verrückt machten.«) Der Onkel aus Washington hörte nicht etwa nur höflich zu, weil seine Gedanken vielleicht doch irgendwie bei den Anschlägen waren. Nein, er war ganz bei der Sache und stellte den Kindern zwischendurch ein paar Fragen, um sie zu ermutigen. Der Mann weiß eben, was sich gehört: »Wirklich gute Leser, wow! Das müssen Sixthgraders sein!«

Diese Szene wirkt deshalb so bizarr, weil sie möglicherweise eine Inszenierung war. Sie könnte dem Zweck gedient haben, aller Welt zu zeigen, wie ein völlig ahnungsloser Bush von den Anschlägen des 11.9. erfuhr.

Ich will das an dieser Stelle nicht weiter vertiefen. Wer möchte, kann den atemberaubenden Artikel »Ein interessanter Tag: Präsident Bushs Bewegungen und Handlungen am 11.9.« von Allan Wood und Paul Thompson selbst lesen, aus dem auch die hier genannten Daten und Schilderungen stammen.[66]

Nur so viel: Es vergingen noch mehrere Minuten, bis sich der Präsident nach einem weiteren höflichen Frage-und-Antwort-Spiel von den Kindern loseiste und endlich seine Aufgaben als »Commander in Chief« wahrnahm. Allein das müßte unter normalen Umständen eigentlich für ein Amtsenthebungsverfahren reichen.

Die zweite Untersuchungskommission zum 11.9., die »National Commission on Terrorist Attacks Upon The United States«, wurde erst auf Druck einer Gruppe eingerichtet, die angeblich durch die Infragestellung der offiziellen Version des 11. September beleidigt wird: die Angehörigen der Opfer. Im Gefolge des 11.9. schlossen sich die Hinterbliebenen in einer ganzen Reihe von Organisationen zusammen: angefangen bei »Families of September 11th« über »Voices of September 11th« und »September 11th Advocates« bis hin zu »Families of Flight 93«. Schon im Herbst 2001 betrieb ein »Family Steering Committee« Lobbyarbeit zur Gründung einer unabhängigen Untersuchungskommission. Doch deren Einrichtung sollte sich noch ein Jahr hinziehen.

Vor allem auf Druck dieses Komitees hin unterzeichnete George W. Bush am 27. November 2002 das Gesetz zur Einrichtung der National Commission on Terrorist Attacks Upon the United States (Law H. R. 4628). Während Medien und Kritiker von »Verschwörungstheoretikern« behaupten, die Hinterbliebenen und ihre verstorbenen Angehörigen würden durch Zweifel am amtlichen Hergang des 11.9. verhöhnt, gekränkt und verletzt, ist genau das Gegenteil richtig: Erst auf Initiative der Angehörigen hin wurde eine weitere Kommission neben den Geheimdienstausschüssen des Kongresses mit der Untersuchung des 11.9. betraut. Warum auch sollten die Hinterbliebenen von Mordopfern ausgerechnet durch eine penible Untersuchung dieser Mordfälle beleidigt werden? Und worin ist eine bessere Sühne zu sehen als in der Bestrafung der *wahren* Täter?

Daher fühlen sich viele Hinterbliebene durch Fragen auch nicht beleidigt. Vielmehr haben sie genau dieselben Fragen: Warum wurden die auffälligen Insidergeschäfte vor dem 11.9. nicht von den Börsenbehörden entdeckt? Warum versagten die Luftaufsichtsbehörden und ließen vier Airliner bis zu einer Stunde lang unbehelligt im Luftraum der USA herumfliegen? An soviel Terroristenglück mag zum Beispiel Mindy Kleinberg von September 11th Advocates nicht glauben und stellt auch Fragen wie: Warum saß der Chef des Generalstabs während der Angriffe gemütlich in einem Routinemeeting? Warum wurde der Chef des Pentagon, Verteidigungsminister Donald Rumsfeld, erst aufgeschreckt, nachdem der dritte Flieger zur Landung in seinem eigenen Dienstgebäude angesetzt hatte? Warum saß der Präsident der Vereinigten Staaten noch nach dem Einschlag der beiden Flugzeuge seelenruhig mit Grundschulkindern in einem Klassenraum?[67]

Diese Fragen drücken einen massiven Vertrauensverlust der Angehörigen gegenüber der Regierung Bush aus. Viele Angehörige von Opfern ziehen die offizielle Version und das Verhalten der Bush-Regierung vor dem 11.9. in Zweifel – die einen radikaler, die anderen eher systemkonform, aber dennoch auf ihre Weise kompromißlos: »Ich glaube niemandem mehr. Wem können wir noch trauen?« sagte zum Beispiel Carmen Shardone dem US-Fernsehsender CNN. Ihr Bruder kam im World Trade Center ums Leben: »Ich klage die Regierung an«, sagte die Frau: »Wenn sie etwas gewußt haben, warum haben sie es uns nicht gesagt?«[68]

»Mein Bruder wurde ermordet, weil Bush und seine Regierung entschieden haben, die Informationen über Flugzeugentführungen von Al-Qaida zurückzuhalten«, sagte Stuart Zucker, dessen Bruder ebenfalls im World Trade Center starb. »Vielleicht hätten wir die Sicherheitsstandards erhöht, vielleicht wären die Teppichmesser nicht durchgekommen.«[69]

»Während ich Zeitungen gelesen und nächtelang CNN geschaut habe, während ich Bücher und das Internet nach

Informationen über Terrorismus durchsucht habe, wurde ich auch auf meine Regierung wütend«, sagte Stephen Push von der Organisation »Families of September 11th«, in der sich eintausendfünfhundert Familienangehörige zusammengeschlossen haben. Push hatte seine Frau Lisa an Bord von Flug American Airlines 77 (der angeblich ins Pentagon gestürzt ist) verloren. »Jene Regierung, die Lisa beschützen sollte, aber die dabei und beim Schutz der dreitausend anderen Opfer versagte, wie ich erfahren mußte. Zum Beispiel erfuhr ich, daß zwei der Entführer von Lisas Flugzeug der CIA fast zwei Jahre vor den Anschlägen bekannt waren, aber trotzdem in das Land einreisen, monatelang hier leben und unter ihren richtigen Namen an Bord der Flugzeuge kommen durften. (...) Ich bin nun davon überzeugt, daß diese Tragödie nicht hätte passieren dürfen. 9/11 war vorhersehbar, und es hätte verhindert werden können.«

Eine folgenschwere Vermutung. Dunkle Ahnungen bekämpft Stephen Push indessen mit einem fröhlichen Pfeifen im Walde: »Ich glaube nicht, daß irgend jemand in der Regierung etwas Genaueres darüber wußte, was am 11.9. passieren würde. Wenn es so einfach wäre, könnten wir das Problem sehr einfach lösen, indem wir ermitteln und die Verantwortlichen bestrafen.[70] »Im Zusammenhang mit den Angriffen des 11.9. wurde gesagt, die Geheimdienste hätten hundert Prozent der Zeit richtig liegen müssen, während die Terroristen nur einmal hätten Glück haben müssen«, sagte Mindy Kleinberg von September 11th Advocates: »Die Erklärung für die vernichtenden Attacken des 11. September ist oberflächlich betrachtet einfach, aber im Inneren falsch. Und zwar deshalb, weil die Terroristen nicht nur einmal Glück hatten – sie hatten wieder und wieder Glück.«[71]

Eigentlich hätten solche Töne unterbleiben sollen, denn die meisten Hinterbliebenen hatten Geld bekommen – viel Geld. Anders als in anderen Fällen zeigte sich die US-Regierung gegenüber den Angehörigen von Opfern des 11.9. besonders spendabel: »Für diese Leute wird sowieso schon viel mehr getan, als je für Hinterbliebene getan worden ist oder je wieder getan wird«, zitierte die *Washington Post* eine Mutter, deren Tochter bei dem Bombenanschlag von Oklahoma 1995 ums Leben kam.[72]

Das war wohl nicht übertrieben. Rund sechs Milliarden Dollar wollte sich die Bush-Regierung das Wohl der 9/11-Angehörigen kosten lassen – oder war es doch ein Schweigen, das sie damit erkaufen wollte? Denn mit Klagen gegen die US-Regierung wegen etwaiger Versäumnisse in Sachen 9/11 war es nach der Annahme der millionenschweren Wohltaten in der Regel vorbei. Den Familien der siebenundsechzig britischen Terroropfer zum Beispiel wollte die US-Regierung je nach Größe und Einkommen der Familie zwischen hundertsiebenundsechzigtausend Pfund und 2,7 Millionen Pfund zukommen lassen. »Wer das Angebot annehme, müsse allerdings auf alle weiteren rechtlichen Schritte gegen die US-Regierung verzichten«, zitierte die *Netzeitung* den Verwalter des Hilfsfonds, Kenneth Feinberg, am 22. Juni 2002.

Am Ende dürften die allermeisten Angehörigen auf diese Weise ruhiggestellt worden sein. »Der Fonds«, so die *Netzeitung*, »ist heftig umstritten, weil die Angehörigen als Gegenleistung auf alle Ansprüche an die Fluglinien oder die für die Sicherheit zuständigen Stellen verzichten müssen.«

»Bisherige Zahlungen aus dem Fonds an die Angehörigen von Todesopfern reichten den Angaben der US-Regierung zufolge von zweihundertfünfzigtausend bis 6,9 Millionen Dollar.« Bei den Anschlägen Verletzte »erhielten Beträge zwischen fünfhundert und 7,9 Millionen Dollar«.

Erkleckliche Summen also. Und während Regierungen weltweit knausern, schüttete die US-Administration das Füllhorn über die Hinterbliebenen des 11.9. aus. Die Fondsverwalter scheuten keine Mühen, um auch noch den letzten Entschädigungsberechtigten aufzutreiben und ihm die Staatsmillionen anzudienen: Im Sommer 2003 starteten sie eine regelrechte PR-Kampagne, »um mehr Familien und überlebende Opfer zu Anträgen zu bewegen«.[73]

Guten Abend, mein Name ist Hase

Während die Regierung versuchte, sie mit Geld ruhigzustellen, lehnten einige Hinterbliebene ab und kämpften weiter für eine unabhängige Untersuchung des 11. September. Leider erfolgte die nicht durch eine Kommission, wie sie sich die Angehörigen der Opfer vorgestellt hatten. Zunächst einmal dauerte es ein ganzes Jahr, bis die Kommission ins Leben gerufen wurde. Und dann zeichnete sich ihre Arbeit durch notorische Oberflächlichkeit und quälende Langsamkeit aus. »Ich möchte Ihnen allen gegenüber meine tiefe Sorge über den schleppenden Fortschritt dieser Kommission ausdrücken«, schimpfte beispielsweise Mary Fetchet von Voices of September 11th gegenüber dem Gremium.[74] Der naheliegende Wunsch, auch Hinterbliebene in die Kommission aufzunehmen, wurde abgeschmettert. Kriminalistische Fragen nach der Identifizierung der Flugzeuge, der Opfer oder der Tatsache, daß sich vier Airliner bis zu einer Stunde lang im amerikanischen Luftraum bewegen konnten, wurden gleich gar nicht untersucht.

Zeugen aus der Armee und aus den Geheimdiensten durften sich bei der Kommission in besten Händen fühlen und ihre persönlichen Krankengeschichten und Erinnerungen an den 11.9. in epischer Breite schildern. Technische und kriminalistische Informationen wurden dagegen kaum gegeben. Etwa eine Antwort auf die Frage, ob die Betreffenden am 11. September 2001 zufällig eine große Boeing 757 im Pentagon gesehen hatten: »Guten Abend, mein Name ist Shawn Kelley«, führte sich zum Beispiel ein Angehöriger der Feuerwehr von Arlington County ein, die zu den ersten gehörte, die am Pentagon eintrafen. Das, was am 11.9.2001 am Pentagon geschehen sei, habe man sich nicht vorstellen können, beteuerte der Mann vom Arlington County Fire Department: »Wie die meisten Feuerwehren in der Region nahm auch das Arlington County Fire Department an lokalen Katastrophenübungen teil, bei denen zum Beispiel Schwelbrände in Schulen und Krankenhäusern, Unfälle im öffentlichen Nahverkehr und sogar Gebäudezusammenbrüche simuliert wurden. Aber an ein Training für einen Zwischenfall, der einen Flugzeugabsturz in ein großes Gebäude, einen Gebäudezusammenbruch und ein großes Feuer umfaßt, haben wir niemals gedacht.«

Auf diese Aussage komme ich noch zurück. Ansonsten gab Feuerwehrmann Shawn Kelley, dessen Wache sich mit dem Slogan »Helden am Pentagon, 11. September 2001« schmückt, statt persönlicher Wahrnehmungen vom Unfallort lediglich eine nichtssagende Presseerklärung zum besten: »Die zweihundertsiebzigtausend Pfund Metall und Flugzeugtreibstoff, die in die solide Masse des Pentagon schossen, entsprechen in etwa einer Diesellokomotive – abgesehen davon, daß sie sich mit vierhundert Meilen pro Stunde bewegten. Mehr als sechshunderttausend Bolzen und Nieten und sechzig Meilen Kabel verwandelten sich mit einem Schlag in ein weißglühendes Schrapnell. Der Aufschlag, das Eindringen und der brennende Treibstoff hatten katastrophale Auswirkungen auf die fünf Stockwerke und drei Ringe rund um die Pentagon-Korridore vier und fünf. Dieser Akt des Bösen kostete das Leben von einhundertneunundachtzig Personen: einhundertvierundachtzig unschuldige Opfer und fünf terroristische Täter der kriminellen Attacke.«[75]

Der ganz normale Wahnsinn

»Wenn man irgend etwas verantwortlich machen kann«, sagte Craig W. Sincock vor der Kommission, ein alter Pentagon-Mann, »dann sind es unsere Systeme, unsere Bürokratien und unsere mangelnde Flexibilität gegenüber dem Wandel. Das ist normal für Bürokratien und große Systeme. Das ist das, was am 11. 9. passierte.«[76] Der ganz normale Wahnsinn also. Punktum. Immerhin von Anfang an verlangte Informationen, wie etwa Unterlagen der Luftverkehrs- und Überwachungsbehörden FAA und NORAD, lagen auch ein Jahr nach Gründung der Kommission noch nicht vor.

Doch bedauerlicherweise spielte man mit dieser Kommission im wesentlichen dasselbe Spiel wie mit dem Untersuchungsausschuß des Kongresses. Personen aus der Mitte des politischen und geheimdienstlichen Establishments, fünf demokratische und fünf republikanische Kongreßabgeordnete, sollten genau dieses Establishment kritisch untersuchen. Noch genauer: Fünf Demokraten und fünf Republikaner waren hier angetreten, um die Fehler von Demokraten und Republikanern bei der Terrorismusbekämpfung zu untersuchen – der Bock als Gärtner. Hier wie dort waren das Ergebnis zunächst ein gehöriger Theaterdonner und ein lustloses Geblaffe und Gezerre, bei dem der eine dem anderen nicht wirklich weh tun wollte. »Eine Medienkampagne scheint gestartet worden zu sein, die die Kommission als eine kritische, gegen die Bush-Administration gerichtete Stimme präsentiert«, schreibt der kanadische Ökonomieprofessor und 9/11-Forscher Michael Chossudovsky. »Präsident Bush wird beschuldigt, die Untersuchung zu behindern und ihr Budget zu beschneiden. Der frühere Gouverneur von Jersey Thomas Kean, Vorsitzender der Kommission, wird als ehrliches und kompromißloses Individuum präsentiert, das mutig gegen die US-Regierung vorgeht.« – »Ohne bessere Kooperation können wir den Job, den wir tun sollen, nicht tun«, wird Kean beispielsweise zitiert.

In Wirklichkeit war Kean nicht ganz der richtige Gärtner – oder etwa genau der richtige? Hinterbliebene des 11. September hatten zwei frühere Geschäftspartner Keans als Finanziers des Terrors verklagt.

Bei allen Verstrickungen würden die Medien den Eindruck vermitteln, die Kommission befinde sich mit der Bush-Administration im Krieg, bemängelte Chossudovsky. Dabei sei genau das Gegenteil richtig. Ein Beispiel sei auch Philip Zelikow, jener Mann, der bei der Kommission für Alltagsaufgaben wie die Einstellung von Mitarbeitern und die Koordination der Ermittlungen zuständig sei. Derselbe Zelikow sitze im Foreign Intelligence Advisory Board des Präsidenten, das den Chef des Weißen Hauses im Umgang mit Geheimdienstinformationen über das Ausland berät. Zelikow habe auch eine enge berufliche Beziehung zu Bushs Sicherheitsberaterin Condoleezza Rice, die sich unter anderem deshalb bei ihrer Vernehmung durch die Kommission in besten Händen fühlen durfte.

Kommissionsmitglied Jamie S. Gorelick wiederum arbeite eng mit CIA-Direktor George Tenet zusammen, also einem der Architekten des »Krieges gegen den Terror«. Der stellvertretende Kommissionsvorsitzende Lee H. Hamilton sei Mitglied in einer Reihe von Beratungsgremien für die Armee, den Präsidenten, den Verteidigungsminister und die CIA und habe bereits dabei geholfen, den Deckel auf der

Iran-Contra-Affäre zu halten. Darüber hinaus sitzt oder saß er – wie auch andere Kommissionsmitglieder – in exakt jenem Geheimdienstausschuß des Repräsentantenhauses, der sich bei der Untersuchung des 11. 9. ebenfalls nicht mit Ruhm bekleckerte. Chossudovsky faßt die in der angeblich unabhängigen Kommission vereinten Interessen und Hintergründe wie folgt zusammen:

- Pentagon: John F. Lehman
- CIA: Jamie S. Gorelick
- Homeland Security: Timothy J. Roemer
- White House and NSC: Fred F. Fielding and Philip Zelikow
- Senate and House Intelligence Committees: Timothy J. Roemer
- Council on Foreign Relations: Thomas Kean, Lee H. Hamilton, Jamie S. Gorelick, John F. Lehman
- Henry Kissinger: John F. Lehman[77]

Henry Kissinger, der die Kommission zunächst leiten sollte, war wegen diverser offenbar gewordener Interessenkonflikte zurückgetreten. Über seinen Vertrauten John F. Lehman fand er aber doch noch eine Hintertür in das Gremium.

Exakt diese Herrschaften spielten mit den Angehörigen der 9/11-Opfer von Anfang an Hase und Igel. Immer wenn Hinterbliebene bei Kongreß und Regierung um Hilfe bei der Aufklärung offener Fragen nachsuchten, rief die Geheimdienst-Gemeinde nach Art des schlauen Igels: »Ich bin schon da!« So dockten die Mitglieder des Family Steering Committee im Herbst 2001 von Anfang an bei Leuten wie Joseph Lieberman und Tim Roemer an, Männer, die über gute Verbindungen zu den Geheimdienstausschüssen des Senats und des Repräsentantenhauses verfügen.

Der Kampf der Angehörigen

Angesichts der spärlichen Ergebnisse der Untersuchungskommissionen ist es wohl tatsächlich nicht übertrieben, von einer Verhöhnung der Hinterbliebenen des 11. 9. zu sprechen. Allerdings erfolgte die nicht durch irgendwelche »Verschwörungstheoretiker«, sondern durch den Geheimdienst- und Militärapparat der Vereinigten Staaten, der von Anfang an Katz und Maus mit den Angehörigen spielte. »Ich weiß nicht, ob mein Magen eine weitere Sitzung durchsteht, die am Kern der Sache vorbeigeht«, sagte beispielsweise Mindy Kleinberg von September 11th Advocates, deren Mann im WTC umgekommen war.[78] Von Anfang an zappelten die Hinterbliebenen wie Fische im Netz der vielgerühmten »Intelligence Community« und hatten praktisch niemals eine Chance, aus diesem allgegenwärtigen Gespinst herauszukommen. Dieselbe Community schuf ihnen mit der National Commission on Terrorist Attacks eine Spielwiese, die ihre Kräfte und ihr Engagement aufzehren sollte und in der sich die Bemühungen, der Wahrheit auf die Spur zu kommen, totlaufen sollten.

Post für POTUS

Bisweilen allerdings haben diese Regisseure die Rechnung ohne den Wirt gemacht, oder besser: ohne die Wirtin. Die hieß in diesem Fall Ellen Mariani. Sie verlor ihren Mann als Passagier von Flug United Airlines 175 und tischte Präsident Bush ein Gericht auf, an dem er noch eine Weile zu kauen haben dürfte. Am 26. November 2003 schrieb sie POTUS (President of the United States) einen offenen Brief. »Mr. Bush«, heißt es da kühl:

»Dieser ›offene Brief‹ kommt aus meinem Herzen. Ich möchte, daß Sie wissen, daß ich weder ein Republikaner noch ein Demokrat bin und daß dies kein Versuch ist, ›die Regierung zu prügeln‹.

Sie, Mr. Bush, sollten verantwortlich und haftbar gemacht werden für jedwede und alle Maßnahmen, die im Rahmen der Vertuschung der tragischen Ereignisse des 11. September 2001 begangen wurden. Als Präsident haben Sie die Pflicht, das amerikanische Volk zu beschützen. Am 11. September haben Sie Ihren Stab nicht angewiesen, eine(n) landesweite(n) Warnung/Alarm herauszugeben, um uns über die Angriffe auf Amerika zu informieren. Wir mußten die Meldung von den Anschlägen aus den Nachrichten entgegennehmen. In den Monaten vor den Anschlägen wurden Sie wiederholt auf einen möglichen Anschlag auf amerikanischem Boden hingewiesen. Während Ihrer täglichen Geheimdienst-Briefings wurden Sie über die Entdeckung der sehr realen Möglichkeit informiert, daß bestimmte unerwünschte Elemente zivile Flugzeuge benutzen könnten, um bestimmte ›Ziel‹-Gebäude zu zerstören. Sie haben das amerikanische Volk niemals über diese mögliche Bedrohung informiert. Wen haben Sie geschützt?

Während Sie Ihre Verantwortung zum Schutz des amerikanischen Volkes vor Angriffen nicht wahrnahmen, haben Sie mit Sicherheit jenen Eid nicht befolgt, den Sie bei Ihrem Amtsantritt gesprochen haben. In diesem Eid haben Sie gelobt, die Verfassung der Vereinigten Staaten zu achten.

Am Morgen der Anschläge waren Sie und Ihr Stab sich der Ereignisse voll bewußt, dennoch zogen Sie es vor, in der Emma-E.-Booker-Schule mit einem geplanten Ereignis und Fototermin fortzufahren. Während unser Land angegriffen wurde, schienen Sie weder mit der Wimper zu zucken noch eine Träne zu vergießen. Sie fuhren fort, als handele es sich um ›business as usual‹. In den Tagen nach dem Angriff wurde jeglicher Flugverkehr gestoppt, und die Amerikaner, mich eingeschlossen, strandeten, wo immer sie sich gerade befanden. Ich landete am Midway Airport in Chicago, ohne meine Reise zur Heirat meiner Tochter in Kalifornien fortsetzen zu können. Stellen Sie sich meine Überraschung vor, als ich später erfuhr, daß während dieser ›No-fly‹-Periode eine Anzahl von Leuten das Land an Bord einer Boeing 747 mit arabischen Lettern auf dem Rumpf verließ. Keiner von diesen Leuten wurde von irgendwelchen lokalen, staatlichen oder bundesstaatlichen Behörden befragt. Warum wurde ihnen erlaubt, das Land zu verlassen, und wer genau befand sich an Bord dieses Fluges? Wir wissen, daß einige Leute auf diesem Flug Angehörige der königlichen Familie von Saudi-Arabien oder der Familie von Bin Laden waren oder zu diesen Familien Beziehungen unterhielten. Wurde diesen Personen die Ausreise wegen der langanhaltenden Beziehungen erlaubt, die Ihre Familie zu diesen beiden Familien unterhält? Ich glaube, daß Sie 9/11 absichtlich geschehen ließen, um öffentliche Unterstützung für Ihren ›Krieg gegen den Terrorismus‹ zu erhalten. Diese Kriege in Afghanistan und im Irak haben die von Ihnen genannten Ziele nicht erreicht. Warum haben Sie Osama Bin Laden nicht festgenommen? Wo sind Saddam Husseins Massenvernichtungswaffen? Alles, was geschah, ist die Präsentation einer Rechnung über siebenundachtzig Milliarden Dollar im Kongreß für den Wiederaufbau dessen, was Sie in tausend Stücke geschossen haben. Als Amerikanerin, die einen Angehörigen im ›Krieg gegen den Terror‹ verloren hat, unterstütze und bete ich für unsere Truppen, die von Ihnen nach Afghanistan und in den Irak geschickt wurden. Diese Truppen werden für Ihre Lügen sterben. Als Amerikanerin kann ich dies sagen, da es den Anschein hat, als würden Verbündete Ihrer Familie vom Wiederaufbau Iraks und Afghanistans profitieren. Mr. Bush, die Zeit ist reif, Ihre Kontrolle über uns zu beenden. Hören Sie auf, die Freigabe von bestimmten, von der 9/11-Kommission entdeckten Dokumenten und Beweisen zu blockieren, wenn Sie nichts zu verbergen haben und beweisen wollen, daß Sie nicht versäumt haben, zu handeln und die Anschläge des 11. 9. zu verhindern. Ihre Begründung, dieses Material nicht freizugeben, lautet, daß es sich um eine Angelegenheit der ›Nationalen Sicherheit‹ handelt – während ich glaube, daß Sie in Wirklichkeit um Ihre persönliche Vertrauenswürdigkeit und Sicherheit besorgt sind. Sie möchten nicht, daß die Öffentlichkeit vom ganzen Ausmaß Ihrer Verantwortung und Verstrickung erfährt.

Nach dem 11.9. wurden der Patriot Act und der Homeland Security Act verabschiedet. Beide erlauben der Regierung, Telefone abzuhören, Wohnungen zu durchsuchen und nach Lust und Laune alles zu beschlagnahmen. Sie kann dies ohne Haftbefehl oder Aufsicht eines Richters machen. Ich glaube, daß dies in direktem Widerspruch zu unseren Rechten in der Verfassung und in der Bill of Rights steht.

Wir, die Familien des 11. September, müssen die folgenden Fragen beantwortet bekommen:

- Warum wurden neunundzwanzig Seiten im Bericht des 9/11-Ausschusses auf Ihre persönliche Anweisung hin zensiert?
- Wo sind die Flugschreiber von Flug 11 und Flug 175?
- Warum bekommen wir keinen Zugriff auf die vollständigen Aufzeichnungen der Flugsicherung von Flug 11 und Flug 175?
- Wo sind die Bänder der Flughafenkameras, die die Passagiere beim Boarding der todgeweihten Flüge zeigen?
- Wann werden die vollständigen Passagierlisten aller Flüge veröffentlicht?
- Warum begab sich Ihr Bruder Jeb (der Gouverneur von Florida) zu den Büros der Huffman Aviation und gab die Anweisung, Flugaufzeichnungen und Akten zu entfernen? Diese Akten wurden dann in ein C130-Regierungsflugzeug geschafft und aus dem Land gebracht. Wo wurden sie hingeschafft, und wer gab dazu die Anweisung?

Es sind nun mehr als zwei Jahre vergangen, und Hunderte von ›Überresten‹ unserer vermißten Angehörigen warten noch immer auf ihre Identifizierung und werden in einer Deponie bei Fresh Kill gelagert. Wir wollen, daß unsere Helden zurückgebracht werden und ihnen eine öffentliche und stolze Ruhestätte gegeben wird, wo wir alle ihnen unseren Respekt zollen und sie ehren können. Diese unschuldigen Menschen hatten keine Chance, als sie an diesem traurigen Septembertag von uns genommen wurden. Im Gerichtshof der öffentlichen Meinung werden Ihre Lügen jeden Tag aufs neue aufgedeckt, Mr. Bush. Mein Mann, alle anderen Opfer und ihre Familien sowie unsere Nation als Ganzes wurden durch Ihre versagende Führung vor und nach dem 11. 9. zu Opfern gemacht! Dies werde ich in einem Prozeß vor dem Strafgerichtshof beweisen!

Ellen M. Mariani«[79]

Gleichzeitig mit der Veröffentlichung ihres Briefes lud Mariani zusammen mit ihrem Anwalt Philip J. Berg dreitausend Journalisten zur Pressekonferenz nach Philadelphia, den Geburtsort der amerikanischen Verfassung, um ihre Klage gegen Bush bekanntzugeben: Ellen M. Mariani verklagte den Präsidenten der Vereinigten Staaten und sein Kabinett wegen seiner Verstrickung in den Fall 9/11 und bezog sich dabei auf den Racketeer Influenced and Corrupt Organizations Act. Dieses Gesetz gegen Gangster und korrupte Organisationen war ursprünglich zur Verfolgung bestechlicher Konzernchefs und Mafiabosse verabschiedet worden. Im Laufe des Verfahrens will Mariani beweisen, daß Präsident Bush, Vizepräsident Cheney, Justizminister Ashcroft, Verteidigungsminister Rumsfeld und Fondsverwalter Feinberg

- über Vorwissen und Warnungen hinsichtlich der Attentate verfügten, aber nichts zu ihrer Verhinderung unternahmen,
- die Wahrheit über den 11. 9. vertuscht
- und auf diese Weise die Gesetze der Vereinigten Staaten verletzt haben.[80]

Eine faustdicke Sensation, sollte man meinen – doch damit stand man in den USA ziemlich allein. Von den dreitausend eingeladenen Medienvertretern und Journalisten soll sich gerade mal ein Kamerateam des Propagandasenders Fox News in den Saal geschleppt haben, und auch das nur, um die Aufnahmen anschließend im Archiv verschwinden zu lassen.[81]

Dennoch gelang es den Angehörigen, die Untersuchungskommission und mit ihr George W. Bush immer mehr unter Druck zu setzen. Im März 2004 sah sich die Kommission gezwungen, maßgebliche Entscheidungsträger der Clinton- und Bush-Administration, darunter Präsident und Ex-Präsident, zu einer Aussage aufzufordern. Das Thema sollten Warnungen der US-Dienste im Vorfeld des 11. 9. sein, Al-Qaida plane eine größere Attacke. Während Clinton und sein ehemaliger Vize Gore schnell zustimmten, fing Bush an zu mauern. Obwohl diese Fragestellung äußerst eingeschränkt war und mit dem offiziellen Mythos konform ging, wollte Bush nicht öffentlich und nicht mit dem gesamten Gremium reden, sondern nur mit dem Kommissionsvorsitzenden und seinem Stellvertreter, und das auch nur eine Stunde lang.

Am 23. und 24. März 2004 gaben sich der frühere Generalstabschef und jetzige Außenminister Colin Powell, Verteidigungsminister Donald Rumsfeld, CIA-Direktor George Tenet und Angehörige der Clinton-Regierung im Senat die Klinke von Saal 216 in die Hand. Außenminister Powell, erprobt in der Präsentation gefälschter Beweise vor höchsten internationalen Gremien, beteuerte, selbst eine Festnahme Osama Bin Ladens vor dem 11. September hätte die Angriffe nicht verhindert.[82] Das darf man ihm durchaus glauben, denn ob Bin Laden überhaupt etwas mit den Anschlägen zu tun hatte, ist mehr als zweifelhaft. Schließlich wird er nicht einmal vom FBI wegen der Attentate vom 11. September gesucht.

Welche Hinweise die Administration vor dem 11. September auf Anschläge mit Flugzeugen gehabt habe, lautete eine andere Frage. Besonders erstaunt gab sich der frühere Navy-Captain der Reserve, Verteidigungsminister Donald Rumsfeld. Ein Passagierflugzeug als Waffe? Keine Ahnung,

»jedenfalls nicht, seit ich wieder in der Regierung bin«. Lässig drehte sich Rumsfeld zu Generalstabschef Richard »Dick« Myers um und sagte: »Ich kann mich nicht daran erinnern. Du vielleicht, Dick?« Allgemeines Achselzucken.

Der Hinweis auf seine Rückkehr in die Regierung (am 20. Januar 2001) schützte Rumsfeld vor etwas, das man als Lüge hätte werten können. Seinen Generalstabschef Richard »Dick« Myers aber weniger. Denn der antwortete geradeheraus: »Nein, ich erinnere mich nicht.«[83] Dabei trafen sich, während Mohammed Atta und seine Truppe in Florida noch das Fliegen übten, vom 24. bis zum 26. Oktober 2000 in einem Konferenzraum des Verteidigungsministers Pentagon-Beamte, Feuerwehr und Katastrophenpersonal, um mit Hilfe eines Modells den Absturz eines Flugzeuges in das Pentagon durchzuspielen.

Elf Monate vor den Anschlägen probte Pentagon-Personal den Katastropheneinsatz nach dem Einschlag eines Flugzeuges

»Feuer und Rauch von dem abgestürzten Passagierflugzeug steigen aus dem Innenhof des Pentagon. Sicherheitspolizei des Pentagon riegelt die Absturzstelle ab. Armeemediziner, Krankenschwestern und Ärzte eilen umher, um die Hilfe zu organisieren. Ein Hauptmann der Feuerwehr von Arlington verteilt seine Ausrüstung an die betroffenen Bereiche.« Sätze, die einem vertraut vorkommen. Doch sie stammen nicht aus einer Reportage über den 11.9.2001, sondern aus einem Artikel der Miltärzeitschrift *Pentagram* über die Katastrophenübung.

Der Autor Dennis Ryan schildert darin ein Szenario, in dessen Verlauf ein Passagierflugzeug auf das Verteidigungsministerium stürzt. Kaum anzunehmen, daß der spätere Pentagon-Chef Rumsfeld darüber nicht im Bilde gewesen sein soll, von seinem Generalstabschef Myers ganz zu schweigen, der seinerzeit immerhin schon stellvertretender Generalstabschef war. Aber wie sich bei dieser Gelegenheit herausstellte, durfte die 9/11-Kommission ohnehin über jede Menge Erinnerungslücken staunen. Bei einem früheren Hearing der Kommission, am 1. April 2003, hatte sich auch Feuerwehrmann Shawn Kelley beim besten Willen nicht an diese Übung erinnern können, obschon seine Feuerwache Arlington dabei eine wichtige Funktion innehatte. »An ein Training für einen Zwischenfall, der einen Flugzeugabsturz in ein großes Gebäude, einen Gebäudezusammenbruch und ein großes Feuer vereint, haben wir nie gedacht«, beteuerte Kelley treuherzig vor der Kommission.[84]

Aber ziemlich genau zweieinhalb Jahre vor diesem Auftritt, im Oktober 2000, hatte sein Kollege Robert W. Cornwell exakt bei einer solchen Übung eine Hauptrolle gespielt: »Unsere Rolle besteht in Feuerlöschen und Rettung«, sagte er anläßlich des Pentagon-Katastrophen-Szenarios im Oktober 2000: »Wir beobachten die verschiedenen Rollen und Verantwortlichkeiten und wie ein jeder vorgeht. Für so etwas muß man planen, sehen Sie sich nur mal den ganzen Verkehr hier an.«

Daß also der Einsatz für einen Flugzeugabsturz ins Pentagon am 11. September 2001 längst geprobt war und als Plan möglicherweise fix und fertig in der Schublade lag, wurde der Kommission verschwiegen.

Operation Clarke

Während die Familien des 11. September auf Aufklärung hofften, diente die Untersuchungskommission gänzlich anderen Zielen: Mit Hilfe der vermeintlichen Aufdeckung von »Nachlässigkeiten« und »Versäumnissen« wurde die offizielle Version vom Angriff einer gewissen »Al-Qaida« auf die Vereinigten Staaten weiter festgezurrt. Auch diese Kommission war ein Beispiel dafür, wie solche Untersuchungen als Begründung offizieller Mythen dienen. Je mehr derartige Untersuchungen stattfinden, um so mehr gerinnt die offizielle Version unter Abscheidung von Pseudoskandalen zu einem festen, starren Bild. Unter der erstarrten Masse bleibt nur eine Pfütze von nicht integrierbaren Skandalen zurück, der Rest der Lügen ist in dem großen Kuchen des 9/11-Mythos geronnen.

Beispielhaft dafür ist der aufsehenerregende Auftritt des ehemaligen Antiterrorberaters der Bush-Administration Richard A. Clarke vor der Kommission. Dreißig Jahre lang diente der Mann verschiedenen Regierungen als Geheimdienstler und Terrorismusexperte, er galt als der »Anti-Terror-Zar« schlechthin, und nun sollte er sich plötzlich zum großen Kritiker der Anti-Terror-Politik von George W. Bush gemausert haben. Angeblich, weil er mit dem Vorgehen der Regierung in Sachen Terror nicht mehr einverstanden gewesen sei, verließ er im Januar 2003 die Administration und bosselte seitdem an einem Buch mit dem Titel

»Against all Enemies« (Gegen alle Feinde). Ein eingefleischter Geheimdienstler wandelte sich also vom Saulus zum Paulus, verläßt vor lauter Gewissensbissen die Regierung und schreibt mit gramverzerrter Stirn ein Enthüllungsbuch, in dem er mit seiner verantwortungslosen Regierung abrechnet!

Diese »Operation Clarke« diente erkennbar folgendem Ziel. Sie sollte dem bedrohlichen Widerstand der Angehörigen die Spitze nehmen. Denn die waren bisher mit dem Mut der Empörung und der Unverwundbarkeit der Helden gegen die Regierung vorgegangen und hatten die Kommission zu einer intensiven Untersuchung des Falles 9/11 gedrängt. Das Gegensteuern war um so notwendiger geworden, da Bush in seinen Wahlkampfspots im Frühjahr 2004 nun auch noch mit dem 11.9. hausieren ging. Der Mann, der Amerika offenbar von ein paar wild gewordenen Arabern hatte angreifen lassen, verkaufte sich nun als Garant der Sicherheit. Dabei war den Vereinigten Staaten ein solches Desaster seit dem Überfall der Japaner auf die Marinebasis Pearl Harbor nicht mehr widerfahren. Höhepunkt der Geschmacklosigkeit: George W. Bush, dessen Regierung zumindest versagt hatte, wenn nicht sogar in die Attentate verstrickt war, posierte für seine Wahlkampfspots vor den rauchenden Trümmern des World Trade Centers.

»Das ist völlig daneben«, sagte Bill Doyle, dessen 25jähriger Sohn im World Trade Center starb. »Er hat dreitausendfünfhundert Tote auf dem Zähler.« Nichtamerikaner nicht mitgezählt, versteht sich. Ron Willett, der seinen 29jährigen Sohn am 11. September verlor, sagte, er sei angewidert: »Vor Bush würde ich sogar noch Saddam Hussein wählen.« Viele Angehörige verbanden ihre Abneigung gegen die Bush-Kampagne mit der Weigerung des Präsidenten, öffentlich vor der 9/11-Kommission auszusagen.[85]

Mit seinem Buch und seinen Statements vor der 9/11-Kommission baute sich Clarke zum Helden der Angehörigen auf. Bush habe von Anfang an nur an den Irak gedacht und dabei den Kampf gegen den Terror »unterminiert«. Er, Clarke, sei so frustriert gewesen, daß er bereits im Juni 2001 um Versetzung auf eine andere Stelle gebeten habe, bevor er dann Anfang 2003 endgültig das Handtuch geworfen habe. »Die Regierung hat Sie im Stich gelassen, und ich habe es auch«, entschuldigte sich Clarke bei seinem Auftritt vor der Kommission bei den Angehörigen.

Das war eine Taktik, die prompt verfing: »Mr. Clarke ist der erste Mensch, der sich bei den Familien entschuldigt hat und sich selbst für verantwortlich und haftbar erklärt hat«, erklärte den Tränen nah Kristen Breitweiser von September 11th Advocates, die ihren Mann im World Trade Center verloren hat: »Und ich muß ehrlich sagen: Als Angehörige, die zweieinhalb Jahre versucht hat, unsere gewählten Vertreter und Behörden und andere Angehörige der Regierung zur Verantwortung zu ziehen, indem sie ganz einfach sagen: Sehen Sie, das habe ich alles gemacht, ich habe mein Bestes getan, das habe ich gelernt, und darum können Sie Vertrauen haben, daß das nie wieder passiert – Mr. Clarke ist der erste, der das getan hat, und dafür ich bin ihm unwahrscheinlich dankbar.«[86] Damit war dem Widerstand der Angehörigen die emotionale Spitze genommen.

Das zweite Ziel bestand darin, das Phantom Al-Qaida endgültig als Verantwortlichen des 11. September festzuklopfen. Bei aller Kritik an der Regierung wegen ihres aus Clarkes angeblicher Sicht unsinnigen Irak-Krieges hörte man in seinen Zeugenaussagen und aus seinem Buch vor allem die Worte »Al-Qaida, Al-Qaida, Al-Qaida« heraus. Der Präsident habe im Kampf gegen »Al-Qaida« versagt, er habe »so gut wie nichts gegen Al-Qaida unternommen«, er habe »Al-Qaida« nicht ernst genommen. Aus dem Munde eines Mannes, der gerade erst die Seite gewechselt hatte, klang das sehr glaubwürdig. In Wahrheit ist »Al-Qaida« eine Fiktion: »Das von westlichen Geheimdiensten, Politikern und Medien in einem Horrorgemälde porträtierte Szenario einer weltumspannenden, monolithisch aufgebauten ›Terrororganisation Al-Qaida‹, die die ›westliche Zivilisation‹ bedrohe, stimmt so nicht, ist weit überzeichnet, basiert zum großen Teil auf geheimdienstlichen Desinformationen«, schreibt der Autor und Geheimdienstexperte Michael Opperskalski, Herausgeber des Magazins *Geheim*.[87]

»Personen und Organisationen, die an erster Stelle mit Al-Qaida identifiziert werden, sind fast ausnahmslos Mosaiksteine, Führungsfiguren, Strandgut oder Randfiguren westlicher Geheimdienstoperationen, die spätestens in den siebziger Jahren im Rahmen des sogenannten Kalten Krieges angelaufen waren«, so Opperskalski. »Ohne ihre Auftraggeber und Ausrüster in den Führungsetagen westlicher Geheimdienste, vor allem der CIA und des Mossad, wäre vieles, was heute unter Al-Qaida durch die Medien geistert, so nie entstanden, hätte vor allem keinerlei dynamische Entwicklung erfahren. Auch seit dem 11. September sind Teile dieses Netzwerkes noch in diesem Sinne aktiv und werden von westlichen Geheimdiensten im Interesse geostrategischer Schachzüge instrumentalisiert. Genau das ist auch der Hintergrund, in dem ... Osama Bin Laden nachweislich jahrzehntelang zu finden war. Nachweislich wimmelt es in Berichten über Al-Qaida, Terroranschläge und ihre angeblich verantwortlichen Hintermänner nur so von geheimdienstlich gesteuerten Desinformationen, Überinterpretationen, Lügen und Verzerrungen. Auf ihnen basiert jedoch der ›Kampf gegen den internationalen Terrorismus‹, in dessen Namen Kriege geführt und vorbereitet werden, in allen westlichen Staaten massiv demokratische Rechte abgebaut und Repressionsinstrumentarien ausgebaut werden.«[88]

Am 15. März 2004 rezensierte die *Süddeutsche Zeitung* ein französisches Sachbuch mit dem Titel »Chronique des années de sang. Algérie: Comme les services secrets ont manipulés les groupes islamistes« (deutsch: Chronik der blutigen Jahre. Wie die Geheimdienste die islamistischen Gruppierungen manipuliert haben). Verfaßt wurde es von dem Ex-Geheimdienstler Mohammed Samraoui, früher die Nummer zwei der algerischen Spionageabwehr DCE.

Für die Islamisten habe der Geheimdienstler nie Sympathien gehegt, so *SZ*-Rezensent Rudolph Chimelli: »Auch nicht für die gemäßigten. Aber er weiß, wovon er redet: Samraouis These ist, die (islamistischen, Anm. d. V.) Terrorgruppen im Untergrund seien vom algerischen Geheimdienst im Auftrag von Generälen herangezüchtet und manipuliert worden. Ohne Rücksicht auf die gebrauchten Mittel sollte die öffentliche Meinung in Algerien und in der Welt gegen die ›Barbarei der Islamisten‹ mobilisiert werden.« Die These sei nicht neu, doch Samraoui habe »eindrucksvolle Belege«, »wie sie kein anderer Enthüller vor ihm liefern konnte«. Die islamistischen Terrorgruppen seien lediglich »Vogelscheuchen in Händen der Dienste« gewesen.[89]

Clarkes Auftritt vor der Kommission war nicht nur ein Auftritt gegen die Bush-Administration, sondern vor allem »für« Al-Qaida.

Das Ganze diente der Maxime: Gestehe einen (vermeintlichen) Skandal und vertusche einen viel größeren (nämlich den, daß es sich bei Al-Qaida alles in allem um ein Phantom handelt), auch wenn dabei die Regierung Bush Schaden nimmt. Denn das eigentliche Ziel ist ja nicht die Regierung Bush, sondern der globale Sonnenstaat unter amerikanischer Führung und der Zugriff auf die Ölquellen. Da rückt es durchaus in den Bereich des Möglichen, den rücksichtslosen Bush und seine Truppe abzuwatschen und den scheinbar moderaten »Demokraten« Kerry in Bereitschaft zu halten, der ja in dieselben Zusammenhänge eingebunden ist wie Bush und seine Unterstützer (Skull &

Bones, Navy, Senate New Democrat Coalition). Die Angehörigen der Opfer hatten einen zu hohen Druck aufgebaut, und als die Hinterbliebenen von »Heroes« sind sie ganz einfach unantastbar.

Nicht zufällig brachte sich nun auch Präsidentschaftskandidat John Kerry in Stellung, erklärte den 11. 9. zur Chefsache und warf Bush vor, Zeugen und Dokumente vor der Untersuchungskommission zurückzuhalten. Er stellte eine in dieser Publizität im Grunde genommen tödliche Frage: »Warum mauert diese Regierung und sträubt sich gegen die Ermittlungen über das größte Sicherheitsversagen in der Geschichte unseres Landes?«[90]

Damit hatten die Fragen in Sachen 9/11 ihre bisher lauteste Stimme gefunden. Die Zweifel am 11. 9. wurden jetzt in Augenhöhe des »Präsidenten« geäußert. Zweieinhalb Jahre voller Fragen, Zweifel und Anklagen hatten diese Administration nicht in Bedrängnis gebracht. Möglicherweise braucht eben auch die Büchse der Pandora einen angemessenen Dosenöffner. Wenn dem so ist und wenn John Kerry die Büchse weiter öffnen will, könnte dies tatsächlich das Ende der Bush-Regierung bedeuten. Unter anderem deshalb, weil die Kommission während des Wahlkampfs 2004 noch mehrmals tagen und möglicherweise unangenehme Schlagzeilen produzieren wird. Das Datum für die Veröffentlichung des Abschlußberichts liegt ausgerechnet auf dem 26. Juli 2004, dem ersten Tag des Wahlparteitags der Demokraten. So könnte das Papier Kerry weitere Munition liefern.

Die Frage ist nur, wie weit die Büchse der Pandora dabei geöffnet wird. Denn an der wirklichen Aufklärung des 11. September dürften auch Bushs Skull-&-Bones-Bruder John Kerry und seine Demokraten kein Interesse haben. Im Gegenteil: Auch sie wollen aus dem 11. 9. Profit schlagen und die Welt mit Hilfe des Mythos 9/11 weiter in einen Krieg gegen den Terrorismus und damit zum Schulterschluß mit den Vereinigten Staaten zwingen. Mit der Art und Weise, wie George W. Bush mit der Welt umspringt, sind sie im großen und ganzen zufrieden. Wie der Kalte Krieg werde auch der Kampf gegen den Terrorismus nicht Jahre, sondern Jahrzehnte dauern, heißt es in einem Papier des Progressive Policy Institute, einem »Think Tank« der Demokraten. Das heißt: Auch die Demokraten bekennen sich zur Ersatzfunktion des Krieges gegen den Terror und wollen den Globus so unter der US-Knute halten, wie es früher mit dem Kalten Krieg möglich war. Auch die Demokraten wollen einen Feind heraufbeschwören, so wie es in den sechziger, siebziger und achtziger Jahren mit der Sowjetunion geschehen ist, als man Angst hatte, jeden Moment könne der Atomkrieg beginnen. Auch die Demokraten wollen die Menschen der Welt mit dieser Strategie der Spannung gefügig machen. Die Bekenntnisse in dem Papier reichen vom »unerschrockenen Einsatz amerikanischer Macht« bis zur »energischen Führung« der USA: »Die Demokraten sind der Überzeugung, daß eine energische US-Führungsrolle unverzichtbar ist, um die Welt entsprechend unseren Interessen und Werten zu formen. Eine Weltordnung entsteht nicht spontan. Sie muß durch kollektive Aktion der führenden Mächte organisiert werden – insbesondere der führenden Demokratien. Die Hauptverantwortung in der globalen Führung fällt Amerika zu als erste unter gleichen.«[91] Wer sich also einen fundamentalen Wandel in der US-Außenpolitik im Falle eines demokratischen Wahlsieges erwartet, »wird eines Besseren belehrt« werden, schrieb die *Junge Welt* am 9. 3. 2004.

Die Bush-Administration ist kein Selbstzweck. Hauptsache ist vielmehr, die Welt schluckt endlich den »Krieg gegen den Terror« und das »Al-Qaida«-Phantom, also die Fiktion einer nach dem McDonald's-Prinzip aufgebauten Terrororganisation, die plötzlich überall auf der Welt Filialen haben und den immer gleichen Terror produzieren soll. Wie sagte doch der *Al-Dschasira*-Reporter Yosri Fouda: »Al-Qaida wird wie ein internationaler Konzern geführt. Osama Bin Laden ist der Präsident, Khalid Sheikh Mohammed war der Vorstandsvorsitzende, der Mann der Tat, und Ramzi Binalshibh war der gute Geist der Firma, derjenige, der am Morgen als erster da ist und am Abend als letzter geht. Al-Qaida betreibt Terror als Business.«[92] Wenn insbesondere Foudas letzter Satz wahr wäre, schlösse das eine radikal islamistische und fundamentalistische Organisation aus, und wir hätten es mit einer Organisation von ideologiefreien Auftragskillern zu tun – also was nun?

Aber dieser unsichtbare und unfaßbare Feind ist als Ersatz für die untergegangene Sowjetunion absolut unentbehrlich, um Kriegswirtschaft und Totalisierung der Vereinigten Staaten und der Welt zu rechtfertigen. Die Idee einer solchen »McDonaldisierung« des Terrorismus ist eine typisch westliche Organisationsidee, die in den Industriestaaten vielleicht einleuchtet, aber nicht zu den heterogenen, chaotischen und in sich zerstrittenen Strukturen der islamistischen Szene paßt. Gegenüber der Sowjetunion hat dieser Feind enorme Vorteile und enorme Nachteile. Die Vorteile bestehen hauptsächlich in seiner Beliebigkeit und Unsichtbarkeit – ein Kontrahent, der jederzeit und immer verfügbar ist, bringt das Kriegssystem der Vereinigten Staaten nicht in Gefahr, plötzlich ohne Feind dazustehen. Deshalb liegt auch der allergrößte Vorteil von »Al-Qaida« in ihrer prinzipiellen Unbesiegbarkeit – ein Vorteil, über den die Sowjetunion bekanntermaßen nicht verfügte, was wiederum die Vereinigten Staaten in Rechtfertigungszwang brachte. Der Nachteil liegt in der mangelnden Authentizität. Eine Luftnummer wie Al-Qaida ist natürlich viel eher vom »Zusammenbruch« bedroht als ein realer Feind.

Das sind die Überlegungen, die dem Terrorstrategen Clarke in Wirklichkeit durch den Kopf gehen dürften. Und damit haben wir einen Zeitgenossen vor uns, der einer Spezies angehört, die derzeit fröhlich ihre Auferstehung feiert, nämlich die des funktionalen Enthüllers. Richard Clarke ist ebenso ein funktionaler Enthüller wie der *Al-Dschasira*-Mann Yosri Fouda oder der *Washington-Post*-Reporter Bob Woodward, von dem noch die Rede sein wird. Funktionale Enthüller haben die Aufgabe, scheinbare oder vergleichsweise rudimentäre Skandale aufzudecken, damit sie in die Schlagzeilen gespült werden und der eigentliche Skandal bei dem ganzen Lärm völlig untergeht. Dem funktionalen Enthüller steht der dysfunktionale Enthüller gegenüber. Gegenüber seinen Recherchen gibt es zwei Verfahrensweisen: erstens totschweigen, und wenn das nicht hilft, eine negative Medienkarriere. Wenn die Ermittlungen von dysfunktionalen Enthüllern nicht zu verbergen sind, wird teilweise ein ähnlicher Medienrummel veranstaltet wie bei funktionalen Enthüllern – ein in diesem Fall allerdings äußerst unfreundlicher Medienrummel. Auf diese Weise wird gezeigt, daß die Ermittlungen nicht erwünscht sind. Die Unterscheidung in funktionale und dysfunktionale Enthüller hilft, den manchmal verwirrenden Medienrummel zu verstehen und nicht auf Rattenfänger hereinzufallen.

Im Fall Richard Clarke geht es nicht um Aufklärung, sondern darum, den weich gewordenen Boden des 11. September auf niedrigerem Niveau festzustampfen. Denn schließlich waren Clarkes Enthüllungen zwar aufsehenerregend, bezogen sich aber im Vergleich zu dem, was in Sachen 9/11 noch im Raume steht (eine Verstrickung der US-Regierung), nur auf ein »Kavaliersdelikt« – nämlich die Nachlässigkeiten bei der Verhinderung der Attentate vom 11. September. Demgegenüber steht die Bush-Administration weltweit zumindest im Verdacht, daß sie die Attentate bewußt geschehen ließ, wenn sie nicht sogar auf die eine oder andere Weise in ihre Inszenierung verstrickt gewesen ist. Jedenfalls kann man schon Wetten darauf abschließen, daß wir Clarke gegebenenfalls als Antiterrorstrategen einer Kerry-Administration wiedersehen werden. Denn schließlich war die Sache mit Al-Qaida ja sein Baby. Al-Qaida wurde ja nicht in irgendwelchen Höhlen oder Schluchten von Afghanistan gegründet, sondern in Köpfen wie jenem von Clarke – und zwar als Idee einer allgegenwärtigen und unfaßbaren Terrorganisation, die in der Lage ist, die Sowjetunion als Gegner zu ersetzen. Niemand anderer als Clarke sei es gewesen, der zusammen mit einem anderen Antiterrorexperten namens O'Neill Bin Laden als einen globalen Terroristen »entdeckt« habe, schreibt der Journalist Chaim Kupferberg: »Richard Clarke schuf die Legende von 9/11 und Osama.« – »Vermutlich half Clarke dabei, Bin Laden zu vermarkten – denn Bin Laden seinerseits würde schon bald genug sein Mediendebüt als der erklärte Feind amerikanischer Interessen in der ganzen Welt geben und auf diese Weise der einzigen Supermacht der Welt einen plausibel ausgeklügelten Feind liefern, der die Anstrengungen von einem fanatischen Moslem (Ramzi Yousef, World Trade Center, 1993) oder eines rechtsradikalen Spinners (Timothy McVeigh, Oklahoma, 1995[93]) überschatten würde. (...) Mit anderen Worten: Wollte man sich theoretisch Agenten vorstellen, die am meisten für die Durchführung einer hoch abgeschirmten ›Operation‹ zur Entwicklung einer globalen Legende von Osama Bin Laden geeignet wären, könnte man niemand bequemer Verfügbaren finden als Richard Clarke und John O'Neill.«[94]

»Die Bush-Administration«, schrieb der französische Autor Thierry Meyssan, »versucht die Welt in ›Zivilisationen‹ aufzuteilen, um sie besser zu dominieren. Mit der Instrumentalisierung der Attacken vom 11. September 2001 konstruiert sie eine weltweite ›islamistische Verschwörung‹, um einen globalen Kreuzzug zu rechtfertigen.«[95]

Die Statements der dunklen Dame

Im April 2004 schien sich der Daumen über der Bush-Administration zu senken. Diesmal hing es mit einem Auftritt von Bushs Sicherheitsberaterin Condoleezza Rice am 8. April 2004 vor der Kommission zusammen. Nicht daß die dunkelhäutige Dame mit der zwanghaften Frisur nicht eloquent gewesen wäre. Im Gegenteil. Mit eisigem Charme spulte sie ihr vorbereitetes Statement ab und beantwortete die wachsweichen Fragen der Kommissionsmitglieder, die sich in vorauseilendem Verständnis für die Komplexität der Regierungsarbeit beinahe überschlugen – fast so, als hätten sie schon selbst Angst vor Guantanamo. Überraschend an dem Rice-Auftritt waren vielmehr die Bestimmtheit und Starrheit, mit der sie jegliches Vorwissen des Präsidenten und der Administration über mögliche Anschläge mit Flugzeugen leugnete. Auch öffentlich hatte sie erklärt, ein Terroranschlag mit Flugzeugen sei »jenseits des Vorstellbaren« gewesen.

Dabei bevölkerte das Szenario von Flugzeugen, die in Gebäude stürzen oder gelenkt werden, nicht nur hauseigene Katastrophenübungen des Pentagon, sondern seit vielen Jahren auch Literatur und Bedrohungsphantasien in den Vereinigten Staaten. Schon 1975 publizierte Thomas Harris (bekannt durch »Das Schweigen der Lämmer«) seinen Roman »Black Sunday«, in dem eine Gruppe palästinensischer Terroristen mit einem Pralluftschiff (Blimp) einen Anschlag auf das Meisterschaftsspiel im Profifootball plant. Solche Romane sind weit mehr als Schall und Rauch. Oftmals verarbeiten derartige Bücher Geheimdienstinformationen, die anders nicht dargestellt werden können.

Spätestens seit 1980 sind die sogenannten »Turner Diaries« auf dem Markt, ein Lieblingsroman der rechtsextremen Szene, dessen Protagonist Earl Turner mit einem Flugzeug ein Selbstmordattentat auf das Pentagon begeht. In

Tom Clancys Thriller »Executive Orders« aus dem Jahr 1996 steuert ein japanischer Terrorist eine Boeing 747 in das Kapitol und vernichtet damit das Oberste Gericht, den Kongreß und den Präsidenten, der dort gerade eine Rede hält. Gleichzeitig bedrohen die Iraner das Land mit dem Ebola-Virus. Ersetzt man Kapitol durch World Trade Center und Ebola durch Anthrax, hat man im wesentlichen das, was sich am und nach dem 11. 9. abspielte.

Besonders interessant ist die Geschichte des Romans »State of the Union« von David Callahan[96] (deutsch: »Im Herzen der Macht«, 1998). Der Mann schrieb eigentlich keine Romane, sondern nur politische Sachbücher. Nur für dieses 1997 erschienene Buch wählte er die Form der Fiktion, was Sachbuchautoren immer dann tun, wenn der Stoff für eine dokumentarische Wiedergabe zu brisant ist. Irgendwie müssen Clancy und Callahan auf dieselben Quellen zurückgegriffen haben, denn die Handlung ist ähnlich. Zwei Hisbollah-»Söldner« steuern einen mit Sprengstoff vollgepackten Firmenjet Richtung Kongreßgebäude, in dem der Präsident soeben eine Rede hält. Nach einem Crashkurs auf einem Flugsimulator müssen die beiden Söldner die Maschine nur in die Luft bringen, den Rest erledigt der vorprogrammierte Bordcomputer der Maschine. Gleichzeitig wird der verfassungsmäßige Nachfolger des Präsidenten von Killern aus dem Weg geräumt. Die Pläne für einen »Vergeltungskrieg« gegen Iran, Libyen und den Sudan liegen schon in der Schublade. Die Angreifer sind zwar »arabische Terroristen« – aber die Hintermänner sitzen nirgendwo anders als im Pentagon.[97]

Eine solche Operation liegt also praktisch seit Jahren in der Luft, und das ist alles andere als eine Überraschung. Wer auch immer auf die Idee kommt, mit Sprengstoff vollgepackte Lieferwagen in Gebäude zu steuern, der könnte auch den Gedanken haben, dasselbe mit einem Flugzeug zu tun. Und wie ich vorhin geschildert habe, hielt das Pentagon im Oktober 2000 eine Katastrophenübung ab, in deren Verlauf ein Flugzeug in das Verteidigungsministerium stürzte. Nur vor der Kommission wollte sich partout niemand an derartige Szenarien erinnern – weder der zuständige Feuerwehrmann noch die »Sicherheitsberaterin« Condoleezza Rice.

»Jenseits des Vorstellbaren«? Diese energische Festlegung von Rice ließ das Gefühl entstehen, hier lehne sich jemand unvorsichtig weit aus dem Fenster. Während sich Donald Rumsfeld bei seinem Erscheinen vor der Kommission noch überwiegend in Erinnerungslücken geflüchtet hatte, bestand Rice darauf, daß auch in dem Memo des täglichen Präsidentenbriefings vom 6. August 2001 nichts über solche Bedrohungen enthalten sei. Das Interesse an dem Papier war durch dessen Titel geweckt worden: »Bin Laden zu Anschlag in den Vereinigten Staaten entschlossen«.

Vor dem Ausschuß behauptete Rice, es habe sich dabei nur um eine »historische Betrachtung« der Lage gehandelt, nicht um die Analyse einer aktuellen Bedrohung. Man wurde das Gefühl nicht los, daß Rice hier in eine aufgebaute Falle tappte beziehungsweise daß es sich bei ihrem Auftritt vor dem 9/11-Ausschuß nur um den ersten Akt einer Inszenierung handelte. Und tatsächlich enthüllte die *New York Times* wie bestellt nur zwei Tage später, am 10. April, das Memo des Präsidentenbriefings vom 6. August 2001: Es habe sowohl Warnungen vor Sprengstoffanschlägen als auch vor Flugzeugentführungen der Al-Qaida oder von Bin Laden in den Vereinigten Staaten enthalten. Wörtlich heißt es dort: »Berichte geheimer Art, von ausländischen Regierungen sowie der Medien weisen darauf hin, daß (Osama) Bin Laden seit 1997 terroristische Angriffe innerhalb der Vereinigten Staaten zu führen beabsichtigt. (...) Al-Qaida-Anhänger – darunter einige, die US-Staatsbürger sind – wohnen schon seit Jahren in den USA. (...) Informationen des FBI (...) zeigen ein Muster verdächtiger Aktivitäten in diesem Land, die mit Flugzeugentführungen oder anderen Arten von Angriffen zusammenhängen, einschließlich des jüngst erfolgten Ausspähens von Bundesgebäuden in New York.«[98] Wieder ein echter PR-Knaller für Al-Qaida und Bin Laden also. Als Aufreger eines (Pseudo-)Skandals prägten sich diese Begriffe besonders gut ein. Und hatte die Regierung nicht versucht, dieses Memo zu verbergen? Und enthielt das Papier nicht jetzt, da es herauskam, die reine Wahrheit und nichts als die Wahrheit?s Ein schöner PR-Trick für die offizielle Version.

Die *New York Times* ist ja auch keine unabhängige Institution. Seit dem 11. September 2001 hat sie unermüdlich am Mythos 9/11 mitgestrickt und sich praktisch jede kritische Frage verboten. Die *New York Times* ist eines der journalistischen Flaggschiffe des politischen Establishments, und man kann getrost darauf vertrauen, daß derartige Enthüllungen zuvor von den oberen Etagen ebenjenes Establishments abgesegnet wurden. Überdies fällt auf, daß die Stoßrichtung dieselbe ist wie jene beim Erscheinen Richard Clarkes vor der Kommission – der Boden wird auf einem niedrigeren Niveau festgestampft. Ein Pseudoskandal dient als Schluckhilfe für einen viel größeren. Denn natürlich lautete auch hier die Botschaft: Al-Qaida, Al-Qaida, Al-Qaida. Vor lauter Streit, ob der Präsident etwas von dem bevorstehenden Angriff von Al-Qaida auf die USA wußte oder nicht, wurde die Frage, ob es für die offizielle Version auch nur die geringsten Beweise gibt, völlig vergessen. Die Frage nach Bushs Zukunft war ja auch viel spannender. Tatsächlich schien das Schicksal seinen Daumen über den Präsidenten zu senken, aber in Wahrheit war es natürlich nicht das Schicksal, sondern es waren gewisse Eliten, die Bush eine Zeitlang ein bißchen anrempelten, um damit in der Öffentlichkeit zu punkten.

In Wirklichkeit handelte es sich – wie auch bei der Operation Clarke – um den Versuch, die Al-Qaida-Version fest-

MURDER OF U.S. NATIONALS OUTSIDE THE UNITED STATES; CONSPIRACY TO MURDER U.S. NATIONALS OUTSIDE THE UNITED STATES; ATTACK ON A FEDERAL FACILITY RESULTING IN DEATH

USAMA BIN LADEN

Aliases: Usama Bin Muhammad Bin Ladin, Shaykh Usama Bin Ladin, the Prince, the Emir, Abu Abdallah, Mujahid Shaykh, Hajj, the Director

DESCRIPTION

Date of Birth Used:	1957	**Hair:**	Brown
Place of Birth:	Saudi Arabia	**Eyes:**	Brown
Height:	6'4" to 6'6"	**Sex:**	Male
Weight:	Approximately 160 pounds	**Complexion:**	Olive
Build:	Thin	**Citizenship:**	Saudi Arabian
Language:	Arabic (probably Pashtu)		
Scars and Marks:	None known		
Remarks:	Bin Laden is believed to be in Afghanistan. He is left-handed and walks with a cane.		

CAUTION

Usama Bin Laden is wanted in connection with the August 7, 1998, bombings of the United States Embassies in Dar es Salaam, Tanzania, and Nairobi, Kenya. These attacks killed over 200 people. In addition, Bin Laden is a suspect in other terrorist attacks throughout the world.

REWARD

The Rewards For Justice Program, United States Department of State, is offering a reward of up to $25 million for information leading directly to the apprehension or conviction of Usama Bin Laden. An additional $2 million is being offered through a program developed and funded by the Airline Pilots Association and the Air Transport Association.

SHOULD BE CONSIDERED ARMED AND DANGEROUS

IF YOU HAVE ANY INFORMATION CONCERNING THIS PERSON, PLEASE CONTACT YOUR LOCAL FBI OFFICE OR THE NEAREST AMERICAN EMBASSY OR CONSULATE.

[New York Field Office] [Most Wanted Terrorists]
[FBI Home Page] [FBI Field Offices]

Steckbrief Osama Bin Laden

zuklopfen. Auch der Name Bin Ladens wurde wieder bemüht. Wie heuchlerisch das ist, zeigt sich in der Tatsache, daß Bin Laden nicht einmal vom FBI wegen der Anschläge des 11. 9. gesucht wurde. Sein Steckbrief vermerkt lediglich zwei Bombenanschläge auf US-Botschaften sowie den Verdacht auf »weitere Terroranschläge in der ganzen Welt« als Fahndungsgrund. Vor der Untersuchungskommission wurde dennoch so getan, als sei Bin Laden nach wie vor der große Bösewicht.

Die theatralischen Auftritte vor der erhöht sitzenden Kommission, das Heben der Hand zum Schwur – diese Inszenierungen hatten auch noch einen anderen Sinn: Sie sollen – wie schon bei der Untersuchung der Geheimdienstausschüsse des Kongresses – den Geheimdienstapparat stärken. Werfen wir hierzu einen Blick auf CIA-Chef George Tenet, der am 14. April 2004 vor der Kommission aussagte. Offenbar wurde der Mann doch arg gerupft: »11. September: Scharfe Kritik an CIA«, titelte beispielsweise die Süddeutsche Zeitung Online: »Der Chef des US-Geheimdienstes CIA, George Tenet, ist am Mittwoch vom Untersuchungsausschuss zum 11. September in massiver Form kritisiert worden. Die unabhängige Kommission warf ihm und der Behörde insgesamt eine ganze Serie schwerer Fehler und Mängel vor und stellte fest, daß ohne dieses Versagen das Komplott vom 11. September hätte aufgedeckt werden können.« Das Al-Qaida-Komplott, versteht sich.

Der artige Junge Tenet räumte Fehler ein, freilich nicht, ohne bei den netten Onkels vom Ausschuß postwendend seine Wunschliste zu deponieren. Er führte die Fehler auf »mangelnde technologische Ausrüstung, fehlende Finanzmittel und zu geringen Personalbestand« zurück, so die *Süddeutsche Zeitung*. Mangelnder Personalbestand – und das bei den größten Stasibehörden der Welt! »Gebt mir fünf Jahre«, lautete sinngemäß Tenets Motto vor dem 9/11-Ausschuß. So lange will der CIA-Chef seine Krakenbehörde weiter ausbauen – um der Terrorgefahr begegnen zu können, selbstverständlich.[99]

Niemand anderer als die USA hat jene »radikal islamistischen Gruppen« unterstützt, die heute als Al-Qaida vermarktet werden. »Nicht ich habe die gemeinsame Linie verlassen, sondern die Amerikaner und die Europäer machten den Schwenk – einst waren sie doch alle für den heiligen Krieg, Dschihad gehörte zu ihren Lieblingsvokabeln«, plauderte jüngst der ehemalige pakistanische Geheimdienstchef Hamid Gul, Vorgänger von Mahmud Ahmad, aus dem Nähkästchen. »In den Achtzigern, als es gegen die Sowjets in Afghanistan ging, konnten sie nicht genug Waffen an die Mudschaheddin liefern, und auch später mit den Taliban haben sie noch gedealt.« Und: »Einige CIA-Kollegen, US-Militärs und der israelische Mossad müssen in das Attentat auf die Twin Towers eingeweiht gewesen sein.« Warum wären die Jets sonst nicht von Jägern abgefangen worden?[100]

Das klingt einleuchtend. Aber um bei der Untersuchungskommission zu bleiben: Wie auch schon bei der gemeinsamen Untersuchung von Senat und Repräsentantenhaus besteht der nächste Schritt darin, immer mehr von dem zu fordern, was bisher schon nicht geholfen hat – nämlich mehr Geld, Macht und Einfluß für die Geheimdienste. So entpuppten sich die beiden »Untersuchungskommissionen« zum 11. 9. als Werbeveranstaltung für den »Krieg gegen den Terror« und eine Stärkung des Geheimdienstapparates. Gleichzeitig geht es um einen Prozeß der Totalisierung unter dem Vorwand der Terrorismusbekämpfung.

Geführt wird der Feldzug unter dem Banner der Demokratie. Das ist in etwa so beruhigend wie die Tatsache, daß die Schlächtereien der Kreuzzüge unter dem Deckmantel des Christentums stattfanden.

Zweiter Teil:
Der Wahrheit auf der Spur

Die Lebenden und die Toten

Der Kampf um die Wahrheit war bislang vergeblich. Das heißt, nicht ganz. Ein Ergebnis hat er ganz sicher gezeitigt: Die offizielle Version ließ sich weder in Gerichtsverfahren noch vor Untersuchungskommissionen erhärten. Das heißt: Die Spurensuche muß weitergehen. Die ungeklärten Fragen bleiben weiterhin im Raum stehen.

Zum Beispiel: Was ist mit den angeblich überlebenden Hijackern? Eine Hypothese, die im Sommer 2003 besonders heiß diskutiert wurde, lautete, daß einige der angeblichen Hijacker des 11.9. möglicherweise gar nicht tot waren. Bald nach den Attentaten wurde in zahlreichen Zeitungsmeldungen behauptet, einige der vermeintlichen Flugzeugentführer hätten sich quicklebendig aus ihren Heimatorten in Saudi-Arabien oder sonstwo gemeldet. Anschließend wurde das von anderen Medien vehement wieder in Abrede gestellt. Was stimmt denn nun? Oder besser: Wie konnte es zu dieser Verwirrung kommen? Die eigentliche Ursache dafür kann nur darin bestehen, daß die Hijacker an den »Absturzstellen« offenbar nicht zweifelsfrei identifiziert werden konnten. Eine zweifelsfreie Identifizierung hätte keine Fragen offengelassen und zugleich verhindert, daß die angeblichen Flugzeugentführer als geheimnisvolle Untote durch die Medienlandschaft geistern.

Leben die Hijacker nun? Sind sie tot? Oder gibt es etwa noch etwas dazwischen? Um diese Frage zu beantworten, ist es notwendig, den Verbleib der Entführer zu klären, unabhängig davon, ob sie tot oder lebendig sind. Bei einer vermißten Person spielen folgende Fragen eine Rolle:

- Ist die Person »da«, das heißt: Wurde sie kürzlich lebend gesehen?
- Oder ist sie »weg«, das heißt: Wurde sie nirgendwo mehr lebend gesehen?

- Wenn sie »weg« ist: Wurde sie tot aufgefunden?
- Wenn nein: Lassen andere Umstände mit an Sicherheit grenzender Wahrscheinlichkeit annehmen, daß sie tot ist?
- Auch nicht? Dann gibt es noch eine dritte Möglichkeit: Wenn eine Person über längere Zeit weder lebend noch tot gesehen wurde, dann gilt sie rechtlich zunächst als verschollen – jedenfalls aber nicht als tot.

So lassen sich die Grundregeln der verschiedenen Verschollene betreffenden internationalen Gesetze zusammenfassen. Um herauszufinden, welchen Status die angeblichen Hijacker des 11.9. gegenwärtig haben, genügt es, die aufgeführten Fragen zu beantworten.

Nehmen wir an, es stimmt, daß die neunzehn für die Attentate des 11.9. verantwortlich gemachten Personen »nicht da« sind, also sich nach dem 11.9. nicht lebend gemeldet haben oder nicht von Angehörigen oder anderen Menschen gesehen wurden: Sind sie dann tot?

Neben der Identifizierung gibt es einen weiteren Weg, diese Frage mit an Sicherheit grenzender Wahrscheinlichkeit hinreichend zu beantworten. Und zwar dann, wenn feststeht, daß der Betreffende am Unfallort war und danach nicht mehr auftauchte. Am besten gelingt das bei Flugzeugkatastrophen. Denn je zuverlässiger dokumentiert (Tickets, Boarding etc.) ist, daß jemand an Bord eines Verkehrsmittels war, um so sicherer darf angenommen werden, daß er bei dem Unglück ums Leben kam – auch wenn keine Leiche gefunden wurde. Aber dieser Weg bleibt im Fall 9/11 verschlossen, denn erstaunlicherweise gibt es nicht den geringsten Beweis, daß die angeblichen Attentäter an Bord der Maschinen gewesen sind: Die Verdächtigen standen nicht auf den Passagierlisten, und bis jetzt hat sich kein Angehöriger des Bodenpersonals gemeldet, der ihr Boarding in eine der Todesmaschinen bestätigt hätte. Auch die Boardingunterlagen der Betreffenden sind bis heute nicht aufgetaucht.

Umgekehrt könnte man dies als Beweis werten, daß die Betreffenden *nicht* an Bord der Maschinen waren. Die letzte Möglichkeit, ihre Anwesenheit in den vier Flugzeugen doch noch zu bestätigen, wäre eine Identifizierung.

Beginnen wir mit Flug American Airlines 77, der ins Pentagon geflogen sein soll, und mit Flug United Airlines 93, der angeblich bei Shanksville (Pennsylvania) abstürzte.

Die vier Hijacker der Pennsylvania-Maschine (Flug 93) sollen zwar identifiziert worden sein, aber nicht so zuverlässig, daß man ihre Namen in amtliche Dokumente hätte übernehmen können. Ein »bißchen identifiziert« also? Das ist absurd. Entweder kann man eine Leiche identifizieren oder nicht. Fakt ist denn auch, daß diese angeblichen Leichname der Hijacker Totenscheine auf den Namen »John Doe« ausgestellt bekamen – die amerikanische Chiffre für »unbekannter Toter«.[101] Aber ein Totenschein, also die Bescheinigung, daß eine bestimmte Person tot ist, kann nur nach einer Identifizierung ausgestellt werden. Ein Totenschein für einen unbekannten Toten ist ein Widerspruch in sich.

Die Identifizierung der Opfer von Flug 77 und aus dem Pentagon besorgte dasselbe Armed Forces Institute of Pathology (AFIP), das auch die Hijacker von Shanksville »identifiziert« haben will. Die Schilderung der Identifizierungsoperation mit dem Codenamen »Noble Eagle« (»edler Adler«) beansprucht ein ganzes Heft des *The AFIP-Letter*, der Hauspostille des Instituts. Aber merkwürdigerweise sind die Ergebnisse der Identifizierung den Autoren kein einziges Wort wert. Man erfährt weder etwas über die Anzahl der identifizierten Passagiere und Crewmitglieder noch etwas über über die Anzahl der identifizierten Hijacker. Ausgerechnet das Ergebnis der ganzen Operation fehlt also.

Und auch in einer Pressemitteilung des Armed Forces Institute of Pathology ist nur von »Passagieren« und »Opfern«, nicht aber von »Hijackern« die Rede. Gemäß diesem Papier wurden »alle bis auf einen der Passagiere von Flug 77 identifiziert«.[102] In einer Anfrage vom 4. Februar 2004 wollte ich vom Armed Forces Institute of Pathology (AFIP) wissen, ob irgendwelche Passagiere, Besatzungsmitglieder oder Hijacker von Bord von Flug 93 und Flug 77 namentlich identifiziert worden sind. Auf diese Fragen erhielt ich keine Antwort.

Das große Indianerehrenwort

Um angebliche Überreste der mutmaßlichen zehn Hijacker in den World-Trade-Center-Flügen (fünf in Flug AA 11, fünf in Flug UA 175) entwickelte sich ein merkwürdiges Versteckspiel: »Von den Hijackern, die in den zwei Boeing-Jets gegen die Twin Towers stürzten, konnten die Mediziner nur drei aussortieren«, schrieb *Spiegel Online* am 5. September 2003. Der Artikel bezieht sich dabei auf die Sprecherin der New Yorker Leichenbeschauer, Ellen Borakove. Aber »aussortieren« ist nicht »identifizieren«. Und zweitens: Die DNA von weiteren fünf Hijackern sei »ebenfalls unleserlich« und »von der ihrer Opfer nicht zu unterscheiden«. »Ebenfalls unleserlich«? Das kann also nur heißen, daß die DNA der ersten drei »aussortierten« Hijacker in Wirklichkeit auch nicht leserlich gewesen sein kann. Unleserliche DNA bedeutet in diesem Fall: keine Identifizierung. Ohne Identifizierung ist es überhaupt reine Fiktion, von »Hijackern« zu reden und dabei auch noch irgendwelche Zahlen zu nennen.

Denn erst wenn eine Person identifiziert ist, kennt man ihre Identität. Und erst wenn man ihre Identität kennt, kann man sich überlegen, ob diese Person der Gruppe der

»Hijacker« zuzurechnen ist. Ohne Identifizierung sind diese Hijacker reine Phantasie.

Doch am 28. Februar 2003 wartete die *Netzeitung* mit einer dicken Sensation auf: »US-Mediziner haben zwei Attentäter identifiziert, die an dem Anschlag auf das World Trade Center beteiligt waren. Es ist der erste Beweis dafür, daß sie an Bord der entführten Flugzeuge waren.« Angesichts der Meldung, die ursprünglich aus den USA stammt, muß ein Aufatmen durch so manchen Pentagon- und Geheimdienstflur gegangen sein: Endlich ein Beweis, daß die Hijacker an Bord waren, endlich ein stichhaltiges Argument gegen all das Geraune von ausgetauschten Maschinen und ferngesteuerten Flugzeugen (Drohnen). Die fehlenden Leichen der Hijacker waren bisher die Schwachstelle der offiziellen Version. Denn wie man als eifriger *Tatort*-Zuschauer weiß, ist ohne Leiche nun mal kein Staat zu machen, zumindest aber kein »Fall«. »Auch der Fall 9/11 steht und fällt mit den Toten«, habe ich in »Operation 9/11« geschrieben. »Ohne Leiche kein Mord, keine Anklage – gar nichts. Das gilt auch für den 11. September. Daß sich in den Gebäuden Leichen befanden, ist wohl unumstritten – aber wie ist es mit den Flugzeugen? Ohne einwandfrei identifizierte Leichen in den Maschinen gibt es den 11. September nicht – jedenfalls nicht so, wie er uns erzählt wird.« Nachrichten wie diejenige aus der *Netzeitung* waren deshalb von strategischer Bedeutung für die offizielle Version.

Die Quelle dafür war offenbar CNN. »Überreste von zwei 9/11-Hijackern identifiziert«, meldete der Sender am 27. Februar 2003: »New Yorker Leichenbeschauer haben die Überreste von zwei der zehn Selbstmord-Hijacker, die am 11. September 2001 mit Passagierflugzeugen in das World Trade Center flogen, mit Hilfe von DNA-Proben identifiziert, sagten Beamte am Donnerstag. Das FBI stellte den Leichenbeschauern DNA-Profile der zehn Hijacker zur

Verfügung, sagte Ellen Borakove, eine Sprecherin des Büros der New Yorker Leichenbeschauer.« Dem Bericht zufolge hätten FBI-Beamte den Leichenbeschauern zu Vergleichszwecken also DNA-Profile der zehn Hijacker überlassen. Das heißt also, irgendwelche DNA-Proben aus dem sogenannten Ante-mortem-(Vor-dem-Tod-)Umfeld: zum Beispiel Zellmaterial aus gebrauchter Wäsche, Zahnbürsten, Kämmen und so weiter. Erst kürzlich sei es gelungen, zwei der Vergleichsprofile am Unglücksort gefundenen Überresten zuzuordnen.

Alles klar also? Nicht ganz. Denn: »Die Leichenbeschauer konnten nicht sagen, die Überreste welcher Hijacker sie gefunden hatten, weil ihnen das FBI nicht gesagt hatte, welche der Vergleichsproben zu welchem Hijacker gehört.«[103] Das FBI hatte den Medizinern also zehn verschiedene DNA-Profile gegeben, verbunden mit dem großen Indianerehrenwort, daß dies alles Vergleichsproben der angeblichen Hijacker seien. Namen wurden dabei aber nicht genannt. Ob die zehn Proben daher wirklich Vergleichsproben von den angeblichen Hijackern sind, kann niemand wissen. Schließlich gäbe es keinen Grund, die Namen zu verheimlichen.

Der Eiertanz ist also immer derselbe. Identifizierung: Ja. Namen: Nein. Ohne Namen gibt es aber keine Identifizierung.

Auch ein dritter Bericht über angeblich drei identifizierte Hijacker vom World Trade Center nennt keine Namen – bis auf den von Mohammed Atta. Allerdings sagt der Bericht nicht explizit, daß Atta identifiziert worden sei, sondern lediglich, daß man Attas DNA-Material auf persönlichen Gegenständen in seinem Koffer gefunden habe. Das wäre also Material, das nicht von seiner Leiche stammt, sondern zum Beispiel von Zahnbürsten, Kämmen oder getragener Wäsche. Das kann ja sein – aber aussagekräftig wäre das nur, wenn man genau diesen DNA-Code auch bei irgendeiner Leiche oder einem Leichenteil am World Trade Center gefunden hätte. Das wird in dem Bericht, der sich auf Quellen aus dem Bereich der New Yorker Gerichtsmedizin beruft, aber nicht behauptet.

Es sieht so aus, als wollten hier verschiedene Medien den Eindruck erwecken, Hijacker aus den beiden am World Trade Center zerschellten Todesmaschinen seien identifiziert worden. Und dabei berufen sie sich auch noch auf die Pressesprecherin des Chief Medical Examiner in New York, Ellen Borakove. Das ist um so erstaunlicher, als sie selbst dies gar nicht behauptet – ganz im Gegenteil.

Am 23. Januar 2004 schickte ich Ellen Borakove ein Fax. Darin stellte ich die Frage, ob irgendwelche Hijacker aus den beiden Flugzeugen am World Trade Center namentlich identifiziert worden seien. Die Antwort von Frau Borakove war ebenso knapp wie erfrischend: »No.« Ebenso interessant war für mich aber die Frage nach der Crew oder den Passagieren der beiden World-Trade-Center-Maschinen. Zur Sicherheit fragte ich auch noch nach der namentlichen Identifizierung von »Insassen« allgemein. Die Antwort: »Wenn wir die Namen von identifizierten Opfern herausgeben, sagen wir nicht, woher die Opfer stammen.« Danach hatte ich aber nicht gefragt. Meine Frage lautete, ob überhaupt Insassen (also Crewmitglieder, Passagiere, Hijacker) aus den WTC-Flügen identifiziert worden seien. Wäre dies der Fall gewesen, wäre die Antwort doch denkbar einfach gewesen: »Yes.« Diese Antwort aber gab Frau Borakove nicht.

Zumindest über die mutmaßlichen Attentäter des 11. 9. kann man daher folgende Rechnung aufmachen:

- Es gibt keine Nennung auf den Passagierlisten,
- es gibt keine Beweise für das Boarding,
- und es gibt keine Identifizierung am Absturzort.

Das läßt nur eine Schlußfolgerung zu: Es waren keine Entführer an Bord.

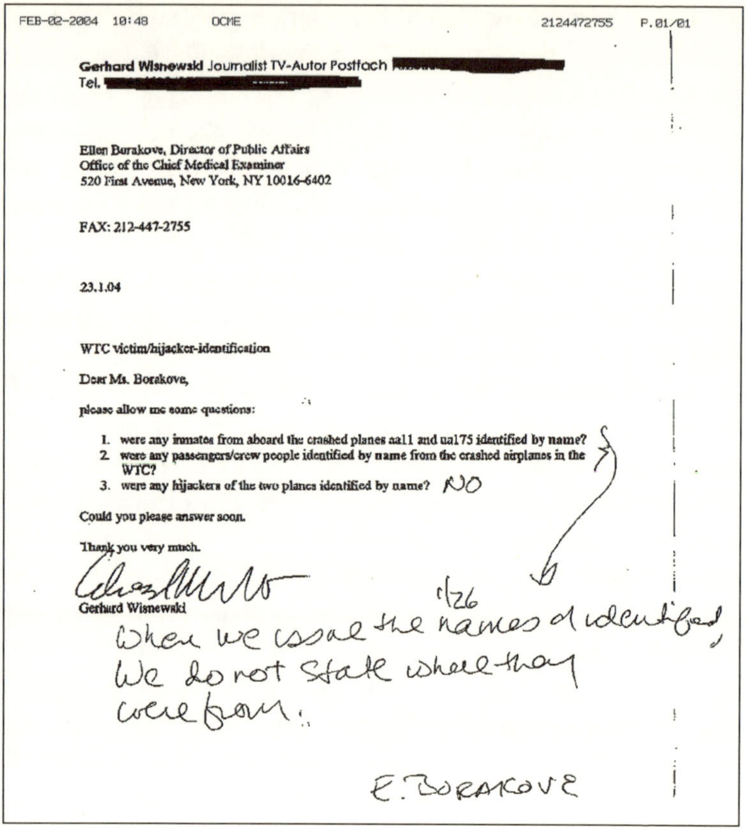

FEB-02-2004 10:48 OCME 2124472755 P.01/01

Gerhard Wisnewski Journalist TV-Autor Postfach [redacted]
Tel. [redacted]

Ellen Borakove, Director of Public Affairs
Office of the Chief Medical Examiner
520 First Avenue, New York, NY 10016-6402

FAX: 212-447-2755

23.1.04

WTC victim/hijacker-identification

Dear Ms. Borakove,

please allow me some questions:

1. were any inmates from aboard the crashed planes aa11 and ua175 identified by name?
2. were any passengers/crew people identified by name from the crashed airplanes in the WTC?
3. were any hijackers of the two planes identified by name? NO

Could you please answer soon.

Thank you very much.

Gerhard Wisnewski

1/26
When we issue the names of identified, We do not state where they were from.

E. BORAKOVE

Fax von Ellen Borakove an den Autor vom 2.2.2004

Es mehren sich die Anzeichen, daß man eine ähnliche Rechnung auch für die übrigen Flugzeuginsassen aufmachen kann, deren Identifizierung Frau Borakove nicht bestätigen wollte.

Aber ist das angesichts eines derartig schwer zerstörten Gebäudes nicht normal? Nein, ist es nicht. Im World Trade Center wurden an die zwanzigtausend menschliche Körperteile gefunden, und darunter soll sich kein einziges eines Hijackers, vielleicht nicht einmal eines Passagiers, befunden haben?

Wie man sieht, hatten die Meldungen über angeblich überlebende Attentäter durchaus eine gewisse Grundlage. Im Fall 9/11 können die mutmaßlichen Attentäter nach bisher gültigen Maßstäben nicht als tot gelten. Erstens natürlich, weil sie nicht identifiziert wurden. Und zweitens, weil es keine Beweise gibt, daß sie sich an Bord der Flugzeuge befanden.

Das alles klingt äußerst merkwürdig und ganz so, als müßten die Identifizierungsergebnisse im Fall 9/11 generell dringend überprüft werden, auch was die Passagiere angeht. Zum Glück gibt es dafür eine erfolgversprechende Methode. Nach Lage der Dinge kann das nur die Exhumierung der Leichname und Leichenteile sein, die die Angehörigen der Passagiere von den Behörden zurückbekommen haben. Um die Authentizität der Leichenteile festzustellen, müßte die DNA aus dem exhumierten Material mit der DNA der mutmaßlichen Verwandten verglichen werden.

Das Phantom von Shanksville

Ein weiterer Zankapfel ist die »Absturzstelle« von Shanksville. Hier soll sich die einzige Maschine, die am 11. 9. kein Ziel erreicht haben soll, in den Boden gebohrt haben: United Airlines Flug 93. Zunächst hieß es, die Passagiere hätten die Maschine zum Absturz gebracht, bevor sie Schaden anrichten konnte. Daraufhin wurden die Passagiere zu Helden erklärt. Etwa eineinhalb Jahre später hieß es, es seien doch die Hijacker gewesen, die das Flugzeug in den Boden gelenkt hätten. Wenn sie aber die Kontrolle über den Jet hatten, warum sind sie dann nicht gleich in ein Ziel geflogen, statt die Maschine in Wald und Wiese zu bohren?

Doch das sind nur die einfachsten Ungereimtheiten. Weil der Fall soviel Aufsehen erregte, möchte ich ihn näher betrachten. Dabei werde ich sämtliche bekannten Informationen auf Spuren und Hinweise für den Absturz einer Boeing 757 abklopfen.

Am Anfang stehen die Ereignisse am Morgen des 11. 9. in der Gegend des kleinen Örtchens Shanksville, Somerset County (Pennsylvania).

An diesem Morgen war dort Susan McElwain, damals 51, mit ihrem Minivan unterwegs, als in der Nähe einer Kreuzung plötzlich ein Flugzeug über sie hinwegschoß. Das muß Flug 93 gewesen sein, eine Boeing 757 der United Airlines. War es aber nicht, sondern es war ein kleiner weißer Jet, der ganz im Gegensatz zu einer Boeing 757 auch noch fast geräuschlos flog: »Er flog direkt über mir, ich schätze höchstens zwölf bis fünfzehn Meter über meinem Minivan. Er flog so niedrig, daß ich mich instinktiv duckte. Er war sehr schnell, aber machte kaum ein Geräusch. Dann verschwand er hinter ein paar Bäumen. Ein paar Sekunden später hörte ich diese große Explosion und sah diesen Feuerball hinter den Bäumen aufsteigen, so daß ich annahm, der Jet sei abgestürzt. Der Boden wackelte richtig. Ich rief also 911 an [die Notrufnummer in den USA] und sagte ihnen, was passiert war. Ich wußte nichts von den anderen Anschlägen.«[104] Mit dem Bild des weißen Jets im Kopf fuhr Susan McElwain nach Hause. Erst dort erfuhr sie aus dem Fernsehen, daß sich kein weißer Jet, sondern eine Boeing 757 in der Nähe von Shanksville aufgehalten und dort abgestürzt sein soll. Nun gut, vielleicht hatte McElwain die riesenhafte Boeing eben übersehen. Merkwürdig ist nur, daß die Behörden die Anwesenheit eines anderen Flugzeuges außer der Boeing in Abrede stellen.

Ergebnis: Ein Flugzeug, das jemand gesehen hatte, verschwand und wurde durch ein anderes ersetzt, das niemand gesehen hatte – nämlich Flug 93. So wurde ein realer Jet zum Phantom und ein Phantom zum realen Jet. Moment – Phantom? Gab es da nicht jede Menge Zeugen, die die große Boeing 757 vor ihrem Absturz beobachtet hatten?

Tatsächlich erwecken eine Fülle von Zeugenaussagen, die immer wieder im Zusammenhang mit dem Geschehen von Shanksville zitiert werden, den Eindruck, am Absturz von Flug United Airlines 93 in einem Wald bei Shanksville gebe es keinen Zweifel. Angesichts von so überzeugenden Aussagen wie der von Frau McElwain stellt sich nur die Frage: Haben die in den Medien zitierten anderen Zeugen das wirklich gesagt? Oder wurde es uns nur suggeriert? Was für ein Flugzeug war es denn nun, das von den Leuten in Somerset County beobachtet worden war?

Nehmen wir zum Beispiel Terry Butler und Homer Barron, Autoverwerter aus Stoystown, sechs Meilen nördlich von Shanksville. Sie sprachen nicht von einer Boeing, sondern nur von einem »Flugzeug«: »Es fiel aus den Wolken, zu niedrig für eine Passagiermaschine«, sagte Butler laut *Pittsburgh Post Gazette.* »Das Flugzeug stieg etwas, versuchte Höhe zu gewinnen, anschließend ›kippte es nach rechts und dann gerade nach unten‹.«[105]

Terry Butler tauchte auch in der Sendung »Täuschung oder Wahrheit« des WDR vom 10.9.2003 auf, in der meine Thesen widerlegt werden sollten. Wieder sagt Butler im Originalton nichts von einer Boeing:

»Ich habe ein Flugzeug gehört. Dann hab ich mich umgedreht, und da war es.

Frage: Und was hat es gemacht?

Terry Butler: Es ist da drüben geflogen, ziemlich gerade, dann ging es etwas hoch, und dann machte es eine Rechtskurve, und dann kam es runter, und das ist das letzte, was ich gesehen hab.«

Erst der Filmtext behauptet über Butler: »Einen *großen silbernen Passagierjet* konnte er erkennen.« Butler selbst hatte das in dem O-Ton nicht gesagt.

Ein anderer Zeuge in der Sendung ist Lee Purbaugh. Am 11.9.2001 arbeitete er auf dem Schrottplatz von Rollock

Inc., nur einige hundert Meter von der »Absturzstelle« entfernt. Diesen Job hatte er erst am Tag zuvor angetreten.

Purbaugh wurde auch in einer *Spiegel*-Titelgeschichte (8.9.2003) über die »Verschwörungstheoretiker« zitiert:

»Der Moment, der ihm ›wie eine Ewigkeit‹ erschien, hat sich tief in sein Gedächtnis eingebrannt. (...) Ein ›unvorstellbar lautes Grollen‹ habe ihn zum Himmel blicken lassen, und da hing das riesenhafte Flugzeug ›praktisch über meinem Kopf‹. Sekunden später, 10.06 Uhr, bohrte sich die Boeing in den Boden.«

In der Zeitung *Independent* wird Purbaugh wie folgt zitiert:

»Es gab ein unglaublich lautes Donnern, und da war es, genau über meinem Kopf, vielleicht fünfzehn Meter hoch ... ich sah, wie es von einer Seite auf die andere schwankte, plötzlich kippte es nach vorn und bohrte sich mit einer großen Explosion in den Boden. Ich wußte sofort, daß wahrscheinlich niemand überlebt haben würde.« [106]

Wundersamerweise ist in diesem Zitat von einer »Boeing« oder einem »riesenhaften Flugzeug« gar nicht die Rede, und tatsächlich: Sieht man sich das *Spiegel*-Zitat genauer an, sind diese Worte gar nicht in Anführungszeichen gesetzt, gehören also nicht zu den wörtlichen Zitaten von Lee Purbaugh. Der eilige Leser würde freilich Stein und Bein schwören, von einem Zeugen gelesen zu haben, der eine »Boeing« und ein »riesenhaftes Flugzeug« gesehen habe. Tatsächlich aber hat Purbaugh in dem Zitat weder von dem einen noch von dem anderen gesprochen. Denn sonst wären wohl auch diese Teile als wörtliche Zitate ausgewiesen worden (eine ausführliche Auseinandersetzung mit der Titelgeschichte des *Spiegel* befindet sich auf meiner Webseite www.operation911.de).

Auch andere Medien erweckten einen falschen Eindruck von den Wahrnehmungen des Augenzeugen. Der *Daily*

Mirror vom 13. 9. 2001 zitiert ihn wie folgt: »Ich hörte dieses sehr laute Geräusch über mir. Ich sah hinauf, und es war Flug 93, gerade mal fünfzehn Meter über mir. Er kam in einem Winkel von fünfundvierzig Grad herunter und kippte von einer Seite auf die andere. Dann senkte sich plötzlich die Nase, und er krachte in den Boden. Es gab diesen großen Feuerball und eine große Rauchwolke.«

Diesmal erkannte der Zeuge angeblich sogar, daß es sich um Flug 93 handelte, obwohl dies eine abstrakte Bezeichnung ist, die man dem Flugzeug von außen nicht ansieht. Das ist aber noch nicht das Erstaunlichste an dieser Zeugenaussage. Bemerkenswert ist vor allem der Umstand, daß der Zeuge noch lebt. Stellen Sie sich einmal vor, eine riesige Boeing 757 würde fünfzehn Meter über Ihrem Kopf in einem Winkel von fünfundvierzig Grad auf den Boden zuschießen: Wie lange würde sie wohl brauchen, um die fünfzehn Meter Höhenunterschied zu überwinden, und wie weit würde sie dann wohl von Ihnen entfernt sein? Jeder weitere Kommentar zu dieser vermeintlichen Zeugenaussage erübrigt sich. Es ist also nicht ausgeschlossen, daß Purbaugh hier nicht korrekt wiedergegeben wurde, denn auch in den anderen oben zitierten Aussagen nimmt Purbaugh keinen Bezug auf eine Boeing oder gar auf »Flug 93«.

Lee Purbaugh ist nicht irgendein Zeuge. Laut Medienberichten war er überhaupt der einzige, der den Absturz angeblich selbst beobachtet hatte[107] – alle anderen sahen das unbekannte Flugzeug nur aus ihrem Gesichtsfeld verschwinden.

Im Herbst 2003 habe ich selbst versucht, mit Lee Purbaugh Kontakt aufzunehmen, um ihn zu dieser Sache zu befragen – vergeblich. An seiner damaligen Arbeitsstelle (im Jahr 2001) bei Rollock Inc. war er nicht mehr aufzutreiben, und sein Arbeitgeber, Mr. Kordell, wußte auch nicht, wo er sich jetzt aufhält.

Die Boeing oder das »große Passagierflugzeug« tauchten also in den Einfügungen der Journalisten auf, nicht aber in den Originalzitaten der Zeugen. Dennis Decker und Rick Chaney zum Beispiel sprachen ebenfalls nur von einem »Jet«, durch eine kleine Einfügung aber entsteht der Eindruck, hier könne von Flug 93 die Rede gewesen sein: »Sobald wir nach oben schauten (nachdem sie den Crash von Flug 93 gehört hatten), sahen wir einen mittelgroßen, niedrig und schnell fliegenden Jet«, werden sie vom *Bergen Record* zitiert, einer Tageszeitung aus Bergen, New Jersey. Wobei die Bemerkung in der Klammer selbstverständlich nicht von den Augenzeugen, sondern von den Journalisten stammt. Erst im weiteren Verlauf des Artikels wird dann doch noch deutlich, daß die beiden nicht Flug 93 meinen, sondern daß auch sie eher so etwas gesehen haben wie Susan McElwain. Laut *Bergen Record* beschrieben Decker und Chaney die Maschine als einen »Lear-Jet-Typ« mit den Triebwerken am Heck und ohne Markierungen: »Es war ein Jet, und er muß ziemlich nahe gewesen sein, als diese 757 herunterkam. Wenn ich das FBI wäre, würde ich herauszufinden versuchen, wer am Steuer dieses Flugzeuges saß.«[108]

»Er muß ziemlich nahe gewesen sein, als diese 757 herunterkam«? Das hört sich nicht so an, als hätten die beiden die Boeing selbst gesehen.

Auch Tim Thornsberg, der in einem nahe gelegenen Tagebau arbeitete, berichtet in einem von dem Fernsehsender WPXI Channel wiedergegebenen Zitat nicht von einer Boeing oder einem United-Airlines-Jet. Er sagt nur »es«: »Es kam ganz niedrig über den Bäumen daher und fing an zu wackeln. Dann drehte es sich auf den Rücken und flog für einige Sekunden mit der Oberseite nach unten... dann schien es, als würde die Strömung abreißen, und es kippte über den Bäumen mit der Nase nach unten.«[109] Was aber ist »es«? Wir wissen es immer noch nicht, aber »es« wurde auch von Eric Petersen gesehen, der im *Spiegel* vom 8.9.2003 als zweiter Kronzeuge für den Absturz von

Flug 93 genannt wird. Auch bei ihm heißt die angebliche Boeing nur »es«: »Als es herunterkam, war es an einem Stück. Es flog niedrig, wirklich niedrig«, sagte er dem *Pennsylvania Newspaper.* »Wir konnten nicht hinter die Bäume sehen, aber wir wußten, daß es abstürzte. Ich glaubte nicht, daß es da wieder herauskommen würde. Es sah aus, als würde es sich überschlagen.«[110]

Es fällt, wie gesagt, nicht nur auf, daß in diesen Zitaten kein Zeuge von einer Boeing berichtet, sondern auch, daß niemand von einem Aufprall spricht – bis auf Purbaugh. Alle anderen reden nur davon, wie ein Flugzeug hinter den Bäumen verschwand.

Auch Jim Stop aus Somerset sah keinen Absturz. Er war in der Nähe beim Fischen: »Ich hörte das Triebwerk heulen und kreischen«, sagte er dem *Pennsylvania Newspaper* am 12. 9. 2001. Dann hörte er eine Explosion und sah einen Feuerball. Das ist aber kein Absturz, sondern – wenn überhaupt – nur dessen Ergebnis.

Die über 80jährige Lucy Menear gar hat überhaupt nichts gesehen und nur etwas gehört: »Der Aufprall klang wie Dynamit«, sagte sie laut *Pittsburgh Post Gazette.* »Es war, als würde alles auseinanderfallen.«[111] Obwohl sie nur eine halbe Meile vom »Aufprallort« entfernt wohnt, ist von ihr keine andere Wahrnehmung, zum Beispiel das Triebwerksgeräusch eines Passagierflugzeugs, überliefert. Das Wort »Aufprall« dürfte nur eine Interpretation dessen sein, was man ihr hinterher über das Ereignis erzählte.

Aus all diesen Zeugenaussagen lassen sich zwei Dinge nicht herauslesen:

1. die Anwesenheit einer Boeing 757
2. der Absturz einer Boeing 757

Was aber flog durch die milde Morgenluft bei Shanksville? Zunächst einmal begegnen wir bei dieser Frage Ernie Stull wieder, jenem Mann, den ich im März 2003 zusammen mit Willy Brunner selbst interviewt habe und der damals sagte, an der Unfallstelle hätte sich kein Flugzeug befunden. Ernie Stull ist keineswegs ein strikter Anhänger der offiziellen Version. Vielmehr hat er in Shanksville noch mehr mitbekommen, was überhaupt nicht zu dieser offiziellen Version paßt. Zum Beispiel weiß Ernie Stull »von zwei Leuten – ich will keine Namen nennen –, die ein Geschoß gehört haben. Sie wohnen ganz nah beieinander, ein paar hundert Yards. Der eine von ihnen diente in Vietnam, er hat sie damals gehört, und er hörte sie auch an diesem Tag«, erzählte er der *Philadelphia Daily News*.[112] Ein »Geschoß« (Missile) oder eine »Rakete« sind freilich militärische Geräte. Mit der Vorstellung von einer zivilen Boeing 757 passen sie überhaupt nicht zusammen. Auch Michael Merringer machte eine Wahrnehmung, die sich nur schwer mit einem zivilen Flugzeug in Einklang bringen läßt. Als der »Crash« geschah, befand er sich etwa zwei Meilen entfernt auf einer Mountainbiketour mit seiner Frau. Laut dem Fernsehsender ABC sagte er: »Ich hörte zweimal das Maschinengewehr und dann einen lauten Knall.«[113]

Ziehen wir eine Zwischenbilanz: Vor dem »Crash« wurde in der Nähe der angeblichen Absturzstelle in Pennsylvania keine Passagiermaschine gesehen, sondern ein kleines Flugzeug, das sich für einen großen Jet untypisch verhielt: Es flog niedrig und schnell, es machte enge Kurven, es »kippte«. Ein bevorstehender Absturz ist nur eine mögliche Interpretation eines solchen Verhaltens. Die andere läßt den Schluß zu, daß es sich um einen Kampfjet bei einem militärischen Manöver handelte. Schließlich hat außer Purbaugh auch keiner einen Absturz gesehen, sehr wohl aber Detonationen, Geschosse oder gar Maschinengewehrfeuer wahrgenommen.

Am genauesten hat Susan McElwain das Flugzeug beschrieben: »Es hatte zwei rückwärtige Triebwerke, eine

A-10 Thunderbolt

große, hintere Flosse, wie der Spoiler am Heck eines Autos, und zwei senkrechte Flossen an den Seiten. Ich habe so etwas nicht im Internet gefunden. Es war definitiv kein Geschäftsflugzeug.«[114] Dies ist die einzige genaue optische Beschreibung des Flugzeuges von Shanksville, die mir bekannt ist. Und sie schließt eine Boeing 757 definitiv aus. Dafür findet man ein solches Flugzeug durchaus im Internet. Es könnte ein Erdkampfflugzeug vom Typ A-10 Thunderbolt sein.

Auch das Flugverhalten der Maschine paßt zu einer A-10 Thunderbolt, nicht aber zu einer Boeing: »Es flog direkt über mir, ich schätze, zwölf bis fünfzehn Meter über meinem Minivan. Es war so niedrig, daß ich mich instinktiv duckte. Es flog wirklich sehr schnell, aber machte kaum Geräusche«, so McElwain.[115] »Kaum Geräusche« ist etwas zu leise für den ohrenbetäubenden Lärm einer tieffliegenden Boeing 757, und fünfzehn Meter sind definitiv zu nahe, um noch die Nerven zu behalten. Wäre es wirklich ein großer Airliner gewesen, hätte McElwain mit ihrem Minivan wohl vor Schreck einen Unfall gebaut – wenn er von der

Druckwelle nicht umgeworfen worden wäre. Immerhin können solche Maschinen allein durch ihre Wirbelschleppen andere Flugzeuge zum Absturz bringen. Zumindest hätten McElwain und ihr Kleinlaster also ordentlich gerupft werden müssen.

Dieser geisterhafte Jet aber verschwand einfach »hinter einigen Bäumen. Ein paar Sekunden später hörte ich diese riesige Explosion und sah diesen Feuerball über den Bäumen hochsteigen, deshalb dachte ich, das Flugzeug sei abgestürzt. Der Boden wackelte richtig.«[116] Sie sah also nicht, daß das Flugzeug abstürzte, sie *dachte* es nur.

Insgesamt haben die Zeugen das folgende Flugverhalten beschrieben:

- Es flog nahezu geräuschlos in fünfzehn Meter Höhe.
- Es fiel aus den Wolken.
- Es kippte nach rechts und dann gerade nach unten.
- Es kippte von einer Seite auf die andere.
- Es kam niedrig über den Bäumen angeflogen und fing an zu wackeln.
- Es drehte sich auf den Rücken.
- Es kippte über den Bäumen mit der Nase nach unten.
- Es sah aus, als würde es sich überschlagen.

Absturz oder militärisches Manöver? Zum einen klingt ein solches Flugverhalten schon für sich genommen nicht nach einem großen Passagierflugzeug, auch dann nicht, wenn es in Not geraten sein sollte. Gegen einen Absturz spricht aber noch eine andere Kleinigkeit, nämlich daß das Flugzeug weiterflog, nachdem es den Feuerball verursacht hatte. »Ich sah das weiße Flugzeug«, sagte Tom Spinelli, ein Angestellter des nahe gelegenen Yachthafens von Indian Lake laut *Daily Mirror* vom 13.9.2001. »Es flog über der ganzen Gegend herum, als würde es nach etwas Ausschau halten. Ich sah es vor und nach dem Crash.«

Auch Jim Brandt aus Somerset County habe ein kleines Flugzeug ohne Kennzeichen etwa zwei Minuten über der Absturzstelle herumfliegen sehen, bevor es davongeflogen sei, berichtete der Pittsburgh Channel am 12. 9. 2001.

Dennis Decker und Rick Chaney sahen das von ihnen beobachtete »mittelgroße« Flugzeug ebenfalls weiterfliegen: »Es sah aus, als würde es einen Looping drehen oder einen Teil eines Kreises, dann drehte es schnell und flog davon.«[117] Damit können wir uns von der Absturzthese endgültig verabschieden. Das Flugverhalten der Maschine paßt vielmehr exakt zu einem Bombenabwurf: »Eric Peterson, 28, arbeitete gestern morgen in seinem Laden in dem Somerset-County-Städtchen Lambertsville, als er ein Flugzeug hörte, hinaufsah und es ungewöhnlich niedrig vorbeifliegen sah. Das Flugzeug flog weiter bis hinter einen nahe gelegenen Hügel und verschwand hinter den Bäumen. Dabei schien es sich auf den Kopf zu stellen. Dann sagte Peterson, er habe einen Feuerball gesehen, eine Explosion gehört und einen Rauchpilz in den Himmel steigen sehen.«[118]

»Man konnte mehr vom Rücken als vom Bauch der Maschine sehen«, sagte Peterson: »Es lag auf der Seite.«[119] Genau das kennt man von einem Bombenabwurf der A-10 Thunderbolt.

Der Bombenabwurf einer A-10 Thunderbolt (links); der Einschlagkrater bei Shanksville (rechts)

Der Rauchpilz von Shanksville (links) und der Rauchpilz eines Bombenabwurfs über Afghanistan (rechts)

Susan McElwain ist sich ihrer Wahrnehmung absolut sicher. Später sagte sie: »Ich habe mir dieses Flugzeug auf keinen Fall eingebildet. Es flog so niedrig, es war regelrecht über meinem Kopf. Es war weiß und ohne Kennzeichen, aber definitiv militärisch, es sah ganz einfach danach aus. (...) Das FBI kam und sprach mit mir und sagte, daß dort kein Flugzeug gewesen sei... Aber ich habe es gesehen, es war da vor dem Crash, und es war zwölf Meter über meinem Kopf. Sie wollten meine Geschichte nicht – niemand hier wollte sie.«[120] Bisher schwebten also buchstäblich zwei Maschinen im Raum:

- ein weißer Militärjet, der von den Augenzeugen vor Ort gesehen wurde,
- und eine Boeing, die nicht gesehen wurde, deren Anwesenheit aber bis auf den heutigen Tag von den Medien und Behörden behauptet wird.

Zunächst versuchten die Menschen von Somerset, diese beiden Flugzeuge unter einen Hut zu bringen. Dabei half ihnen eine dritte Komponente: die Berichte über bis zu sechs Meilen vom Krater bei Shanksville entfernte »Trümmerfelder«: Was, wenn der unbekannte weiße Jet die

Boeing verfolgt und abgeschossen hätte? Wären dann nicht tatsächlich schon vor dem Aufprall Trümmer auf die Erde geregnet? Schon, aber es handelte sich bei diesen »Trümmern« nur um undefinierbare Schnipsel, zudem müßte es zwischen den einzelnen Trümmerfeldern und dem Aufschlagkrater eine Trümmerspur geben, und außer dem weißen Jet hätte jemand auch die Boeing sehen müssen. In diesem Fall hätten Zeugen auch die Verfolgungsjagd und den Abschuß sehen müssen. Und schließlich stellt sich die Frage, warum der weiße Jet anonym unterwegs war. Ein Flugzeug ohne Kennzeichen ist ebenso dubios wie ein Auto ohne Nummernschild. Warum sollte ein Militärjet, der eine wenn auch dramatische Rettungsaktion durchführt – nämlich die USA vor einer weiteren Attacke durch ein entführtes Verkehrsflugzeug zu schützen –, seine Identität verbergen? Anders gefragt: Spricht das Fehlen der Kennzeichen eher für eine legale oder für eine illegale Aktion?

»Dummerweise« muß man sich für eine von beiden Maschinen entscheiden – den Militärjet oder die Boeing. Denn nach dem »Absturz« stellten die Behörden klar, daß es keine zweite Maschine in der Gegend gegeben habe. Nachdem jedoch keine Boeing, sondern ein kleiner weißer Jet gesehen und sogar detailliert beschrieben wurde, kann das wohl nur heißen, daß das zweite Flugzeug, das es nicht gab, die Boeing 757 der United Airlines war.

Mom, hier spricht Mark Bingham

Es gab keine Boeing 757? Und was ist mit den Telefonanrufen? Tatsächlich wurde nach dem 11.9. der Eindruck erweckt, bei den vier Todesflugzeugen habe es sich nicht um Passagiermaschinen, sondern um fliegende Postämter gehandelt, so viele Telefonanrufe sollen aus diesen Maschinen geführt worden sein. Leider ist all das nicht verbürgt und äußerst unwahrscheinlich. Es ist nämlich gar nicht so einfach, aus einem Passagierflugzeug zu telefonieren, da Hijacker dies aufgrund zu befürchtender technischer Störungen wohl kaum geduldet hätten. Wenn dies schon im normalen Flugverkehr verboten ist, warum hätten die Flugzeugentführer dies bei einer Kaperung mit anschließenden Präzisionsanflügen hinnehmen sollen?

Handytelefonaten aus einer fliegenden Passagiermaschine stehen auch beträchtliche technische Probleme gegenüber. Im wesentlichen aufgrund der Abschirmung durch den Flugzeugrumpf, der Höhe und der Geschwindigkeit solcher Maschinen ist es äußerst unwahrscheinlich, stabile Verbindungen zu bekommen. Bei Geschwindigkeiten von mehreren hundert Stundenkilometern müßte das Mobiltelefon alle paar Sekunden eine Verbindung zu einer neuen Zelle aufbauen. Erst jetzt wird an technischen Ausrüstungen gearbeitet, die Handytelefonate aus Flugzeugen künftig ermöglichen sollen. Diese »Wireless Cabin« soll die Funksignale von Handys und Laptops in der Kabine aufsammeln und anschließend über einen Satelliten an den Boden abstrahlen – also nicht etwa direkt zu Mobilfunkmasten auf der Erde.[121] In den USA ist man von einem solchen System noch weiter entfernt als in Europa. Wie also Passagiere der vier Todesflüge mit ihren Handys längere Gespräche geführt haben sollen, bleibt einstweilen rätselhaft. Bis heute wurden die Telefonanrufe auch nicht mit Hilfe der Abrechnungen verifiziert oder nachvollzogen, obwohl dies zur kriminalistischen Aufarbeitung zwingend notwendig gewesen wäre. Immerhin hätte man hier über die Uhrzeiten Erkenntnisse über den Ablauf der Entführungen gewinnen können und vielleicht sogar über die verschiedenen in Anspruch genommenen Mobilfunkzellen Erkenntnisse über die Flugrouten erhalten.

Aber auch das, was die Passagiere und Flugbegleiter angeblich sagten, ist buchstäblich zweifelhaft. Um 9.37 Uhr beispielsweise soll ein gewisser Jeremy Glick von Flug 93 aus seine Frau angerufen haben. Dabei habe er die Entführer als »nahöstlich«, »iranisch« aussehende Typen beschrieben. Sie hätten rote Stirnbänder angelegt, seien aufgestanden, hätten gebrüllt und seien in das Cockpit gerannt.[122] Kein Islamist würde sich ein rotes Stirnband aufziehen, denn die heilige Farbe des Islam ist grün. Rot gilt im Islam als eher unziemlich. Die Farbe Rot ist vielmehr ein Klischee für Blutvergießen, mit kampfbereiten »Islamisten« haben rote Stirnbänder nur wenig zu tun. Überdies hätten »iranisch aussehende Typen mit roten Stirnbändern« im Cockpit eines Passagierjets eine Begleiteskorte der Luftabwehr maximal alarmiert (daß diese Begleiteskorte nie kam, steht auf einem anderen Blatt). »Iranisch aussehende Typen mit roten Stirnbändern« mögen in drittklassigen Hollywooddrehbüchern vorkommen, als Hijacker sind sie nicht geeignet.

Ein anderer Passagier von Flug 93 soll sich seiner eigenen Mutter am Telefon mit den Worten vorgestellt haben: »Mom, hier spricht Mark Bingham.«[123]

Besonders merkwürdig ist der angebliche Anruf von Barbara Olson, der Ehefrau des Generalstaatsanwalts Ted Olson, aus Flug American Airlines 77 (Pentagon). Ted Olson war eine der zentralen Figuren auf George W. Bushs Weg ins Weiße Haus. Nach den Wahlmanipulationen von Florida boxte der Jurist Bushs Präsidentschaft vor dem Supreme Court durch. Zuvor hatte er Schmutzkampagnen gegen Präsident Clinton geführt. Generalstaatsanwalt wurde er erst aufgrund seiner Verdienste um Bush. Er könne sich eine Vielzahl von Gelegenheiten vorstellen, hatte Olson einmal erklärt, bei der ein Amtsträger gezwungen sein könnte, zu lügen. Und derselbe Ted Olson sorgte nun für einen der zentralen Bausteine im offiziellen Mythos 9/11. Er ist die einzige Quelle für diesen Anruf. Laut Ted Olson soll Barbara von einem Sitztelefon der Boeing 757 aus angerufen haben. In ihren Boeing 757 führt American Airlines allerdings keine Sitztelefone mit. Deshalb spricht vieles dafür, daß diese Geschichte erfunden ist. Wenn aber dieser Anruf erfunden wurde – was ist dann mit den anderen? Warum sollte jemand wie Olson einen Anruf »erfinden«, wenn es doch genügend »echte« gibt?

Fragen über Fragen. Solange sie nicht geklärt sind, kann man nicht von der Authentizität der Telefonanrufe ausgehen.

Running toward Danger

Aber geben wir der Boeing noch eine zweite Chance – den Absturzort. Vielleicht taucht die »riesige Passagiermaschine« ja noch auf. Schließlich verfügen wir über einen professionellen Beobachtungstrupp: die Reporter. An einem aktuellen Katastrophenort sind sie wie Spürhunde. Zeit ist Geld, jeder Schritt entscheidet. Rennen, fotografieren, rennen. Rennen, filmen, rennen. Erst »schießen«, dann fragen: Was ist das? Reporter sind unsere Augen und Ohren. Je mehr sie sehen und filmen, desto besser werden sie bezahlt, um so eher bekommen sie neue Jobs. Sie stürmen über das Feld und »ballern« alles ab, was ihnen in die Quere kommt – so schnell kann kein Mensch aufräumen. Wenn es überhaupt Spuren einer abgestürzten Maschine gab, dann mußten Reporter sie festgehalten haben.

Zum Beispiel Scott Spangler von der *Tribune Review* aus Greensburg: »Ich rannte mit dieser Fünfzig-Pfund-Tasche, einem Handy in meiner linken Hand und einer Kamera mit einer langen Linse in meiner rechten Hand«, berichtet er in dem Buch »Running toward Danger – Stories behind the breaking news of 9/11«: »Der Boden war fest. Ich versuchte auf meine Schritte zu achten, während ich rannte und gleichzeitig Bilder machte. Ich glaubte nicht, am richtigen

Ort zu sein. Ich schaute nach einer Tragfläche oder einem Heck. Da war nichts, nur diese Bergwerksgrube. Ich schwenkte mit meinen Kameras für ein Panorama, um eine Nahaufnahme auf diesem Vierhundert-Yard-Areal zu bekommen. Ich hielt Ausschau nach irgend etwas, das sagte: Heck, Flügel, Flugzeug, Metall. Da war nichts.«[124] – Eine »Bergwerksgrube« also. Andere nennen dies einen »Absturzort«.

Auch Jon Meyer von WJAC-TV sah nichts. WJAC-TV ist ein Lokalsender aus Johnstown, nur wenige Meilen vom »Absturzort« entfernt. »Da war nur ein großes Loch im Boden«, erzählt Jon Meyer in »Running toward Danger«. »Alles, was ich sah, war ein Krater, gefüllt mit kleinen verkohlten Flugzeugteilen. Nichts, was einem sagen würde, daß es das Flugzeug war. Ich konnte sagen, daß irgend etwas Großes abgestürzt war und daß es stark nach Jet-Sprit roch. Sie können einfach nicht glauben, daß ein ganzes Flugzeug in diesem Krater verschwand. Mein erster Gedanke war: ›Ich muß aufschreiben, was ich hier sehe.‹ Ich konnte ein paar verkohlte Bäume und Rauch sehen, der im Wald aufstieg. Es ging nur um Minuten, bevor die Polizei sagte: ›Sie müssen hier weg.‹ Es gab keine Koffer, keine erkennbaren Flugzeugteile, keine Leichenteile. Der Krater war etwa zwölf Meter tief. (...) Dann kam die Polizei und sagte: ›Sie müssen hier weg, oder Sie werden eingesperrt.‹ Anschließend richteten sie einen Bereich für die Medien ein, und wir mußten dort hingehen, man konnte die Absturzstelle nicht mal sehen. Danach kontrollierte das FBI den Zugang zu dem Unglücksort sorgfältig.«[125]

Der Reporter Joe Little von WWCP/WATM-TV, einem Ableger von Fox und ABC, ebenfalls aus Johnstown, erzählt in dem Buch »Covering Catastrophe – Broadcast Journalists Report September 11«: »Wir kamen an der Stelle an, wo das Flugzeug angeblich abgestürzt sein sollte, aber da war kein Rauch, keine sichtbaren Wrackteile, gar nichts ... Ich sah einen großen Krater, ungefähr fünf Meter tief und zehn Meter lang, nahe am Waldrand. Auf der anderen Seite des Loches schmorte es etwas. Ich betrachtete die Bäume auf der anderen Seite des Kraters. Sie waren schwarz. Ich konnte immer noch kein Feuer sehen, von einem Flugzeug ganz zu schweigen. Was zum Teufel ging hier vor? ... Es mußte ein kleines Flugzeug mit einem Piloten gewesen sein, oder so etwas. Es gab keinen Brand oder sichtbare Trümmer.«[126]

Littles Kollege Erik Grant berichtet: »Ich dachte: ›Das ist alles?‹ Ein paar Leute standen um mich herum und sagten, es müsse wohl eine kleine Maschine gewesen sein, die hier abgestürzt war.«[127]

Noch ein dritter Mann von WWCP/WATM-TV ist vor Ort, der Kameramann Michael Reed: »Irgendwann zwischen dem Zeitpunkt, als ich den Ort das erste Mal sah und als ich ein paar hundert Yards entfernt war, änderten sich meine Gedanken dramatisch«, erzählt er. »Nichts als ein schmorendes Loch, nichts übrig, was nur im entferntesten als Flugzeug zu identifizieren gewesen wäre, und die schreckliche Erkenntnis, daß Dutzende von Seelen, Leben, zu einem entsetzlichen Ende gekommen waren. Was sich hier vor mir befand, war ein Friedhof, geheiligte Erde. Was machte ich da: Hinrennen und versuchen, eine große Story zu bekommen?«[128]

Exakt das, was diese Profis in ihren Schilderungen beschreiben, war anschließend auch auf den Aufmacherfotos der Tageszeitungen und in den Fernsehnachrichten zu sehen: nämlich nichts. Nur ein leerer Krater. Scott Spanglers Foto zeigt den Krater mit zwei Fahrzeugen daneben, einem Feuerwehrwagen und einem privaten Van, sonst nichts: keine Leichenwagen, keine Krankenwagen. Besonders interessant ist die vollkommen saubere Wiese rund um das Loch: keine Kleidungsstücke, Gepäck- oder Leichenteile, keine Papierschnipsel, Wrackteile, gar nichts.

Der Krater bei Shanksville

Ein Flugzeug in der Einkaufstüte

Einer der beiden Zeugen, die identifizierbare Trümmerteile und sogar Kleidungsstücke in Shanksville gesehen haben wollen, ist Eric Peterson. Der andere ist ein gewisser Charles Sturtz. Allerdings ging es auch hierbei nicht etwa um das, was man sich unter einem Wrackteil vorstellt: »Das Größte, was man finden konnte, war vielleicht einen guten Meter lang«, sagte Charles Sturtz. »Die meisten Stücke konnte man in eine Einkaufstüte packen. Von den Bäumen hingen Kleidungsstücke.«[129]

Diese beiden Zeugen mußten noch bessere Augen haben als die versammelten Fotoprofis, denn bis heute ist kein einziges Foto eines solchen Kleidungsstückes aufgetaucht. Entweder hatten sie etwas sehr Exklusives gesehen, etwa, weil nur ganz wenige Kleidungsstücke da waren – so wenige, daß sie sogar von Reportern mit den größten Teleobjektiven übersehen wurden. Oder diese Zeugen interpretierten irgendwelche bunten oder weißen Fetzen als Kleidungsstücke, was angesichts der allgegenwärtigen Berieselung mit dem Mythos vom Absturz eines Flugzeuges nahelag. Immer wieder wurde »Wissen« aus den Medien mit eigenen

Wahrnehmungen vermengt, was die ganze Analyse des Geschehens noch erschwert.

Eine weitere Zeugin ist die ehemalige Feuerwehrfrau Nena Lensbouer. Sie befand sich zum Zeitpunkt des Crashs knapp dreihundert Meter entfernt. Auch sie gehörte zu den ersten an der »Unfallstelle«.

»Mein Instinkt sagte mir: hinlaufen und helfen«, sagte Lensbouer, »aber ich kam hin, und da war nichts – nichts als Holzkohle.«[130] Wie das in einer Bergwerksgrube nun mal üblich ist.

»Es gab nur einen Krater im Boden«, bekräftigte sie diese Schilderung in *The New Journal* vom 14. 9. 2001. »Es war nur ein großes Loch. Sie hätten nicht sagen können, daß dies ein Flugzeugabsturz war, wenn sie es nicht gewußt hätten.«

»Da war ein Loch im Boden – das war alles«, erinnert sich auch Yates Caldwell, der die »Unfallstelle« mit einem Geschäftsflugzeug überquerte. »Es gab keine Möglichkeit festzustellen, was das war ... Ich wußte nicht, daß sich dort ein Absturz ereignet hatte, bis ich in Johnstown gelandet war.«[131] Wo man ihn wahrscheinlich über die Natur des Beobachteten »aufgeklärt« hat.

Terry Butler, Homer Barron und Jeff Phillips fuhren von einem nahe gelegenen Autoschrottplatz aus zu der Unfallstelle. Einige Feuerwehrleute pumpten bereits Wasser in den Krater. Barron: »Es sah nicht aus wie ein Flugzeugabsturz, weil es nichts gab, was wie ein Flugzeug aussah.« Phillips: »Es gab ein brennendes Teil von einem Sitz, das war etwas, was man erkennen konnte.« Barron: »Ich habe nichts dergleichen gesehen, es war einfach wie ein großer Haufen Holzkohle.«[132]

Auch in der WDR-Sendung *Täuschung oder Wahrheit* vom 10. 9. 2003 erzählte Phillips nicht, daß er ein Flugzeug sah, sondern daß er nichts sah: »Als wir zur Einschlagstelle kamen, haben wir erst einmal gesucht. Wir waren über zwanzig Leute, die Rettungskräfte und die Feuerwehr, und wir haben uns alle angesehen und gefragt: Wo sind die Leute, wo ist das Flugzeug? Alles, was da war, waren kleine Stücke. Das größte, was wir auf dem Boden gefunden haben, war gerade mal so groß [macht eine tellergroße Handbewegung]. Wir haben gesucht und uns gefragt, wo ist der Rest von dem Flugzeug?«

Auch Ron Delano, der zu der »Absturzstelle« geeilt war, nachdem er von dem angeblichen Crash gehört hatte, konnte nichts entdecken, was ihn an ein Flugzeug erinnerte: »Wenn sie uns nicht gesagt hätten, daß hier ein Flugzeug abgestürzt sei, hätte man es nicht gesehen. Es sah aus, als wäre es aufgeschlagen und hätte sich aufgelöst.«[133]

»Ich dachte, wir würden hinkommen und ein großes brennendes Flugzeug und Opfer finden«, erzählte Feuerwehrmann Keith Custer der *Pittsburgh Post Gazette*. »Aber als wir hinkamen, waren da bloß kleine Teile. Ich möchte so etwas nie wieder sehen, angesichts des großen Verlustes an Menschenleben.«[134]

»Als es aufschlug, hat sich alles zerlegt«, meinte Polizeisprecher Thomas Spallone. »Es gab nur Metallschrott. Das längste Teil, das ich sah, war sechzig Zentimeter lang.«[135]

»Im Boden gibt es nichts zu sehen«, bestätigte Captain Frank Monaco von der Pennsylvania State Police. »Es sieht aus wie winzige Trümmerteile.«[136]

»Wir haben nichts gesehen, was größer war als ein Telefonbuch, bestimmt nichts, was als Teil eines Flugzeuges durchgehen könnte«, meinte Frank Monaco.[137]

Nichts außer verbrannten Bäumen

Der Ölkaufmann Mark Stahl aus Somerset saß gerade am Computer, als er den »Crash« hörte. Er folgte dem dichten Rauch und traf mit seiner Digitalkamera etwa fünfzehn

Minuten nach dem »Absturz« an Ort und Stelle ein: »Ich hörte den Knall, folgte dem Rauch und kam hier an«, sagte er Reportern an der Unfallstelle. Etwa dreißig Feuerwehrleute seien da bereits anwesend gewesen. Er erkannte nicht, daß hier ein Passagierjet abgestürzt war, bis es ihm die Feuerwehrleute erzählten. »Es ist unglaublich«, sagte er.[138] »Es war schockierend. (...) Da befindet sich ein ausgehöhlter Krater im Boden, das Flugzeug hat sich ziemlich weitgehend zerlegt. Außer verbrannten Bäumen ist nichts übrig.«[139] Etwa fünfzehn Minuten nach dem »Absturz« schoß Mark Stahl ein weltbekanntes Bild. Darauf sieht man: nichts.

»You couldn't see anything«, sagte Nick Tweardy aus Stoneycreek Township: »Wir konnten nicht sagen, was wir da sahen. Da ist nur ein großer Krater im Wald.«[140]

Der stellvertretende Feuerwehrchef von Shanksville, Rick King, war ebenfalls unverzüglich am Unfallort: »Als ich hinkam, habe ich zu mir selbst gesagt: ›Was ist das?‹ ... Das Flugzeug hatte sich ganz einfach vollkommen zerlegt.«[141] An anderer Stelle sagte er: »Als wir ankamen, haben wir sofort erkannt, daß es keine Überlebenden gab. Einige kleine Brandherde kokelten auf dem, was von dem Flugzeug übriggeblieben war. Es war die totale Zerstörung. Nicht in meinen wildesten Träumen hätte ich mir vorstellen können, daß ein großer 757-Jet so aussehen könnte – es war

Mark Stahl und sein Foto

unmöglich zu sagen, ob es sich um ein Flugzeug gehandelt hatte. Winzige Trümmerteile lagen verstreut auf den Feldern und in den Wäldern herum und wurden sogar fünf Meilen entfernt gefunden.«[142]

»Wo waren die Menschen, wo waren die Leichen?«, fragt Jere Longman in seinem Buch »Todes-Flug UA 93«: »King war ratlos. Er hoffte, Passagiere retten zu können, aber er sah keine Menschenseele. Niemand lief benommen durch den Wald, niemand war im Rumpf eingekeilt, kein Mensch war zu sehen, weder tot noch lebendig. Wallace Miller, der Coroner [Leichenbeschauer] des Bezirks Somerset, traf ein und schritt mit King das Areal ab. Von den Bäumen fielen schmelzende Plastikteile und zischten in der unheimlichen Stille. Eine Stunde lang gingen sie umher und fanden fast keine menschlichen Überreste.«[143] Kings Begleiter Wallace Miller ist ein sachlicher Mann, der schon eine Menge in seinem Leben gesehen hat. Als Leichenbeschauer von Somerset County wurde er schon an viele Unfallstellen gerufen. An diesem Tag aber war er »fassungslos, wie klein der Aufschlagkrater war, als habe jemand einen Müllwagen genommen, ein drei Meter tiefes Loch gegraben und anschließend den ganzen Schrott hineingekippt«. Sobald er fähig war, das Gesehene in sich aufzunehmen, »habe ich nach zwanzig Minuten aufgehört, Leichenbeschauer zu sein, weil dort keine Leichen waren. Es war wie eine gigantische Beerdigungsfeier«.[144]

»Wenn man es nicht gewußt hätte«, sagte Miller, »man hätte glauben können, das Flugzeug sei leer gewesen. Man hätte meinen können, sie hätten die Passagiere woanders abgesetzt.«[145]

Diese Aussagen sind eigentlich deutlich genug. Doch nachdem Miller zunächst »nichts, was auch nur darauf hingedeutet hätte, daß sich jemand an Bord dieses Flugzeuges befand«, gefunden hatte, tauchten erstaunlicherweise doch noch Leichenteile auf. Es ist nicht ganz klar, wann das geschah – ob bereits am selben Tag oder erst am nächsten. Mit diesen Leichenteilen stimmte allerdings etwas nicht. »Keine Leichen wurden dort geborgen, zumindest nichts, was wir normalerweise unter Leichen verstehen«, schrieb geheimnisvoll der *Arizona Daily Star* am 11. September 2001.

»Nichts, was wir normalerweise unter Leichen verstehen?« Was soll das nun wieder heißen? Welche Überraschung hielt diese ohnehin schon äußerst merkwürdige Unfallstelle noch bereit?

Die erste Eigentümlichkeit war die geringe Menge menschlicher Überreste: »Das Gesamtgewicht der vierundvierzig Menschen an Bord betrug laut Coroner Miller dreitausendsiebenhundertfünfzig Kilogramm. Es wurden jedoch nur dreihundert Kilogramm menschliche Überreste geborgen, Hände und Füße und Finger, weil sie durch Sehnen und Bänder zusammengehalten waren, Hautstücke, Knochenfragmente, Teile eines Rumpfes, ein maskenartiges Gesicht, zertrümmerte Zähne.«[146]

Daraus ergibt sich, zweitens, daß sich darunter offenbar keine einzige erhaltene Leiche befand, gerade einmal ein Torso oder Rumpf scheint übriggeblieben zu sein. Das heißt: Nicht nur die Maschine, auch die Insassen sollen sich beim Aufprall weitgehend aufgelöst haben. Nicht nur die Maschine war nicht rekonstruierbar, auch die Menschen sollen vollkommen ihre Gestalt verloren haben. Nun darf man sich eine abstürzende Maschine aber nicht vorstellen wie einen Fleischwolf. Daß nach einem Flugzeugabsturz so wenig von den Menschen übrigbleibt, »kann ich mir nur schwer vorstellen«, sagt der renommierte Gerichtsmediziner Professor Wolfgang Eisenmenger aus München. Denkbar wäre das vielleicht dann, »wenn ein Flugzeug mit hoher Geschwindigkeit gegen eine Felswand prallt. Da zieht es die Leute förmlich aus der eigenen Haut, so daß das von den Bergungskräften nicht unbedingt von der Felswand abgekratzt wird.« Bei Flugzeugkatastrophen, zu denen er hinzugezogen wurde, war demgegenüber »noch das meiste vorhanden«, so Professor Eisenmenger. Ein paar Prozent des Körpergewichts kommen Eisenmenger »wenig vor«. Das gilt auch dann, wenn das Flugzeug beim Aufschlag explodiert sein und gebrannt haben sollte: »Nur bei einem stundenlangen Kerosinbrand wäre es nicht ausgeschlossen, daß man kaum noch etwas findet.« Ein solcher Brand war aber bei Shanksville nicht zu beobachten.

Um sicherzugehen, fragte ich auch die Gerichtsmedizinerin Edith Tutsch-Bauer aus Salzburg. Sie leitete unter anderem die Identifizierung der Opfer des verheerenden Tunnelbrandes von Kaprun. Ich wollte wissen, was sie von so minimalen Körperresten hält. »Erstaunliches hat sich … nach dem Zusammenstoß der beiden Flugzeuge über dem Bodensee gezeigt«, antwortete sie. »Hier waren die meisten Opfer nach dem Absturz soweit äußerlich unverletzt, daß noch eine Identifizierung über die Angehörigen möglich gewesen wäre, was aber, soweit mir bekannt, wegen der psychischen Belastung so nicht erfolgt ist.« Die Leichen waren nach diesem gewaltigen Aufprall also nicht nur noch »am Stück« erhalten, sondern sogar so wenig entstellt, daß man eine Identifizierung durch die Angehörigen in Erwägung zog. Dazu muß man wissen, daß die beiden Maschinen in gut zehntausend Meter Höhe zusammengestoßen waren und anschließend zu Boden stürzten. »Die eigene Erfahrung mit Opfern von Flugzeugabstürzen spricht eindeutig dagegen, daß es hier zu so weitgehenden Zerstörungen des Körpers wie von Ihnen zitiert kommt«, schrieb mir Edith Tutsch-Bauer in einer E-Mail am 21. 3. 2003.

Das plötzliche Auftauchen, die geringe Anzahl der Leichenteile und ihr hoher Zerstörungsgrad waren aber noch nicht die einzige Merkwürdigkeit. Vielmehr wiesen diese auch noch eine ganz besondere Eigentümlichkeit auf, wie man sie normalerweise nicht an Unfallstellen findet: »Ich habe eine Menge Autounfälle mit zerstückelten Leichen gesehen«, sagte Leichenbeschauer Miller. »Das Interessante an diesem speziellen Fall ist, daß ich bis zum heutigen Tag, elf Monate später, keinen einzigen Tropfen Blut gesehen habe. Keinen Tropfen.«[147] In dem Buch »Todes-Flug UA 93« wird diese Aussage Millers bekräftigt: »Ich habe keinen Tropfen Blut gesehen, nicht einmal am ersten Tag.«[148] Ich habe Miller selbst in einem Telefonat nach der Korrektheit dieser Zitate gefragt, und er hat sie bestätigt. Wenn Menschen bei lebendigem Leibe zerrissen werden, fließt Blut normalerweise in Strömen: Also sind diese Menschen nicht bei lebendigem Leibe zerrissen worden. Also saßen diese Menschen nicht an Bord eines abstürzenden Flugzeuges. Also handelt es sich um alte Leichenteile.

Für diese Annahme spricht auch eine weitere Merkwürdigkeit: »Die forensische Medizin war nicht in der Lage, den genauen Todeszeitpunkt der einzelnen Insassen festzustellen«, schreibt Longman in »Todes-Flug UA 93«.[149] Der Todeszeitpunkt wird normalerweise über verschiedene »biologische Uhren« ermittelt, die im Moment des Ablebens zu ticken beginnen – zum Beispiel über die Entwicklung der Körpertemperatur, der Leichenstarre oder der Leichenflecken, aber auch über die Ansiedlung von verschiedenen Organismen (Insekten). Daß die Ermittlung des Todeszeitpunktes hier nicht möglich war, deutet darauf hin, daß all diese biologischen Uhren abgelaufen waren, daß es sich also um alte Leichenteile handelte.

Dafür könnte auch sprechen, daß an diesen Leichenteilen Schnitt- und Stichwunden festgestellt wurden. Eigentlich wäre das genau das, wonach die Fahnder suchten. Denn hier sollte es sich ja um eine angeblich mit Hilfe von Teppichmessern entführte Maschine handeln. Derartige Wunden wären also exakt die Beweismittel, die zur genauen Rekonstruktion dieses Verbrechens erforderlich wären. Normalerweise sind das deshalb exakt die Verletzungen, auf die Kriminalbeamte und Pathologen ganz »heiß« sind. Doch die anwesenden FBI-Pathologen interessierten sich überhaupt nicht für die Leichenteile: »Fahnder machten FBI-Pathologen auf mögliche Stich- und Schnittwunden von der Absturzstelle aufmerksam, sagte der Somerset-County-Leichenbeschauer Wallace Miller gestern«, berichtete die *Pittsburgh Post Gazette* am 20.12.2001. »Aber das FBI antwortete, daß ›die katastrophale Natur des Crashs und die Zerstückelung der Leichen‹ es ihnen nicht ermögliche, Schlüsse zu ziehen.«

Zumindest nicht die Schlüsse, an denen diese Pathologen interessiert waren. Denn natürlich drängen sich hier sofort ganz andere Schlußfolgerungen auf: Wenn es sich hier um alte Leichenteile handelte, dann hatten die Schnitt- und Stichwunden wahrscheinlich gar nichts mit einer Flugzeugentführung zu tun, sondern entweder mit einem anderen Verbrechen, das hier nicht zur Debatte stand, und/oder mit der Zerstückelung der Leichen.

Letztere wurde ganz bestimmt nicht von einer United-Airlines-Stewardess vorgenommen. Eine Möglichkeit wäre, daß hier irgendwelche alten Leichenteile aus Pathologien oder Asservatensammlungen abgelegt wurden.

Das wirft die Frage auf: Wo waren dann die Passagiere? War Wally Millers erster Eindruck etwa richtig, das Flugzeug sei ohne Passagiere gewesen (die man »woanders abgesetzt« hatte)? Und welchen Sinn würde das alles machen? Dazu später mehr.

Interessant ist zu guter Letzt aber noch eine andere Ebene. Ein Flugzeugabsturz ist eine ungeheure Katastrophe. Eine riesige Maschine und die in ihr sitzenden Menschen werden in kurzer Zeit vernichtet. Wo das Flugzeug auf den Boden auftrifft, sterben Menschen. Überall liegen Trümmerteile, vor allem aber auch menschliche »Accessoires« wie Kleidungsstücke, Taschen, Brillen, Schuhe, Hüte, Computer, Geldbörsen und natürlich Leichen und Leichenteile. Die Gewalt eines solchen Ortes hat eine prägende Ausstrahlung. Man kann sie spüren. Allerdings nicht in Shanksville. Wally Miller zum Beispiel »interessierte sich stark für den amerikanischen Bürgerkrieg und sagte, am Schlachtfeld von Gettysburg habe er die ›Sinnlosigkeit der Geschichte‹ gespürt. An der Absturzstelle von Flug 93 empfand Miller nicht die gleiche Gewalt«, schreibt Jere Longman.[150] Nicht die gleiche Gewalt wie auf einem einhundertvierzig Jahre alten Schlachtfeld? Aber Miller steht mit diesem Eindruck nicht allein. »Als wir die Stelle erreichten, war ich überrascht, wie gewöhnlich es dort aussah. Sie wirkte eher wie eine Baustelle als wie der Schauplatz eines Flugzeugabsturzes«, berichtete Lisa, die Witwe des Passagiers Todd Beamer, später. »Im Vergleich mit den grauenhaften Szenen der Verwüstung auf Ground Zero und am Pentagon wirkte dieser Ort beinahe friedlich.«[151]

Beinahe friedlich? Damit hatte die Boeing jedenfalls auch »ihre zweite Chance« verpaßt. Weder war sie vor dem Absturz gesehen oder identifiziert worden, noch fanden sich danach überzeugende Spuren von ihr oder ihren Insassen. »Vielleicht war es doch keine Passagiermaschine«, referiert Longman[152] diese Eindrücke. Die ganz vereinzelten Schrott- und Leichenteile können nicht auf den Absturz eines großen Verkehrsflugzeuges zurückzuführen sein. Tatsächlich wiesen auch die sogenannten Trümmerteile exakt jene Symptome auf wie die menschlichen Überreste: sie waren stark zerkleinert und alt. Auf den seltenen Fotos von den angeblichen Wrackteilen ist zu erkennen, daß diese bereits weitgehend korrodiert waren und es sich damit um exakt das handelte, was einige Zeugen bereits angesprochen hatten: Schrott. Insbesondere erinnern die wenigen Bilder exakt an das, was Wally Miller durch den Kopf ging, als er den Krater das erste Mal sah: »... als habe jemand einen Müllwagen genommen, ein drei Meter tiefes Loch gegraben und anschließend den ganzen Schrott hineingekippt.«

Undefinierbarer Kleinschrott: die »Trümmer von Shanksville«

Die ungewöhnlichste Unfallstelle der Welt

Wenn man die verschiedenen Befunde über die »Absturzstelle« von Shanksville Revue passieren läßt, meint man, sich mitten in einer Folge der Serie *Akte X* zu befinden: Ein riesiger Airliner verschwindet, und an seiner angeblichen Absturzstelle findet man nur undefinierbaren Schrott und ebenso undefinierbare Leichenteile, die zudem nicht bluten. Tatsächlich scheint also der Wald bei Shanksville die ungewöhnlichste Absturzstelle der Welt zu bergen.

Da ich wirklich nichts übergehen will, gebe ich der Absturzthese aber noch eine dritte »Chance«: die Untersuchung des »Absturzes« durch die zuständigen Behörden.

Zunächst fällt hier das ungewöhnlich hohe Maß an Geheimhaltung auf. Während Journalisten normalerweise erst an der sogenannten Pietäts- und Persönlichkeitsgrenze aufgehalten werden, also dort, wo Persönlichkeitsrechte und/oder die Würde von Opfern und Angehörigen verletzt werden könnten, war für die Berichterstatter im Fall Shanksville schon kurz nach dem Ereignis sehr viel früher Schluß. Während in anderen Fällen die Arbeiten von Untersuchungs- und Bergungsteams immerhin von ferne beobachtet werden können, wurde die Presse in Shanksville bereits kurz nach dem »Absturz« in einer Entfernung zum Ort des Geschehens aufgehalten, aus der selbst die besten Teleobjektive nichts mehr ausrichten konnten. Was dort also passierte, konnte die Presse beim besten Willen nicht mehr aus eigenem Augenschein berichten. »Sie waren sehr, sehr verschwiegen. Sie haben die Sache sehr verschwiegen gehandhabt, sie haben uns auch dort nicht geholfen, wo es sogar ihnen genützt hätte«, sagt Dennis Roddy von der *Pittsburgh Post Gazette* aus der nahe gelegenen Großstadt, der die Berichterstattung des Blattes in diesem Fall leitete. Im März 2003 habe ich ihn zusammen mit Willy Brunner für unsere Dokumentation *Aktenzeichen 11.9. ungelöst* in Pittsburgh besucht. »Geheimhaltung war das Gebot der Stunde«, sagte er.

Warum eigentlich? Wenn alles so abgelaufen sein sollte, wie es die US-Regierung behauptet, gibt es dafür doch überhaupt keinen Grund. Doch die Behörden wachten verbissen über jedes Zipfelchen Information. Als den Angehörigen der Opfer beispielsweise das Band des Cockpitvoicerecorders vorgespielt wurde, ist »einer unserer Reporter nach New Jersey gefahren«, erzählt Roddy. »Aber die Behörden haben der Presse nicht erlaubt, die Tonbänder zu hören, und den Familien verboten, über den Inhalt zu sprechen.«

Immerhin sickerte durch, daß auch die Angehörigen aus dem Band nicht schlau wurden und das Band die offizielle Version vom Angriff der Passagiere auf das Cockpit nicht bestätigte. Mehr noch, die Angehörigen konnten die Stimmen ihrer verschollenen Verwandten nicht einmal erkennen: »Die Stimmen konnten nicht eindeutig identifiziert werden«, schreibt Longman.[153] Das Desinteresse der Behörden an der Untersuchung des Absturzes war überall zu spüren. Zum Beispiel wollte Leichenbeschauer Miller die Absturzstelle zusammen mit einem Anthropologen in einem Achtzehnmeterraster kartographieren. In dieses

Raster wollten sie die Fundorte von Leichenteilen, Trümmern und Gepäck einzeichnen: »Aus der genauen Erfassung der Verteilung von Flugzeugtrümmern, menschlichen Überresten und persönlichen Habseligkeiten erhofften sie sich Aufschluß über die Art des Einschlags im Boden. Theoretisch hätten sie auch Hinweise darauf gewinnen können, welche Passagiere das Cockpit gestürmt hatten, wenn sie bestimmte menschliche Überreste mit bestimmten Flugzeugteilen in Verbindung gebracht hätten.«[154] Exakt das ist bei Flugzeugabstürzen das gängige Verfahren. In Deutschland werden Trümmer- und Leichenteile mitunter sogar von eigens herbeigeschafften Vermessungsingenieuren in eine Karte eingemessen. »Doch das FBI lehnte Millers Vorschlag ab und teilte den Unglücksort statt dessen in nur fünf große Sektoren auf. Die Erstellung eines kleinmaschigen Rasters wäre zu zeitaufwendig und würde keinem realen Ermittlungsziel dienen ... Der Absturz gab keine Rätsel mehr auf. Jeder wußte, was mit dem Flugzeug passiert war.«

Kein reales Ermittlungsziel? Keine Rätsel mehr? Es sah ganz so aus, als gebe es plötzlich zwei Planeten: Einen, auf dem »normale« Flugzeugabstürze untersucht wurden, und einen, auf dem die »Abstürze« des 11. September »untersucht« wurden.

Aufgrund der vollständigen Abschirmung der »Absturzstelle« und der Geheimhaltung der Aufräumarbeiten war die Abschlußpressekonferenz des FBI am 24. September 2001 das Nadelöhr, durch das alle Journalisten schlüpfen mußten – zusammen mit der Wahrheit.

Doch auch hier konnten die Behörden nicht überzeugen. Wer erwartet hatte, endlich ausführliche Informationen über das Wrack und seine Trümmer zu bekommen, wurde enttäuscht. Denn bevor das »Wrack« richtig aufgetaucht war, war es schon wieder weg. Nur zwei Wochen nach dem Absturz erklärte das FBI, fünfundneunzig Prozent des

Wracks bereits an United Airlines zurückgegeben zu haben. Eine sorgfältige Rekonstruktion der Maschine kann demnach nicht stattgefunden haben.

Zwar wurde erneut von größeren Trümmerteilen berichtet: Das größte gefundene Teil sei ein 2 x 2,3 Meter großes Stück des Rumpfes mit vier Fenstern gewesen, das schwerste ein etwa fünfhundert Kilogramm schweres Triebwerkssegment.[155] Außerdem wurden angeblich gefunden:

- der Voicerecorder aus dem Cockpit, dessen Aufzeichnungen scheinbar beliebig interpretierbar sind: Erst hieß es von seiten des FBI, die Passagiere hätten das Flugzeug zum Absturz gebracht, inzwischen sollen es die Hijacker gewesen sein;
- der Flugdatenschreiber, dessen Auswertungen bis heute nicht veröffentlicht wurden;
- zwei Bibeln, eine davon aufgeschlagen bei Psalm 121: »Ich hebe meine Augen auf zu den Hügeln, von welchen mir Hilfe kommt ...«;
- das Paßfoto eines Hijackers und Anweisungen, die laut Justizminister Ashcroft Instruktionen und spirituelle Anweisungen für ihre Selbstmordmission enthalten haben sollen.

Allein: Irgendwelche Fotos von diesen Fundstücken wurden nicht vorgezeigt. Jedenfalls wurden keine veröffentlicht.

Sehr viel mehr Zeit als auf das, was da war, verwendete der zuständige FBI-Agent Bill Crowley auf das, was angeblich nicht da war: die Rückstände einer Bombe.

So bestand er darauf, daß an der Absturzstelle keine Explosivstoffe gefunden worden seien. Man habe weder Rückstände einer Bombe entdeckt, noch gebe es Hinweise, daß das Flugzeug nicht unzerstört aufgeschlagen sei. Das war ihm sehr wichtig. Damit wirkte er nicht nur der »Abschußtheorie« entgegen, sondern auch dem Gerücht, die

Hijacker hätten eine Bombe gehabt. Das zumindest hätte dem FBI eigentlich egal sein können – warum Zeit auf die Ehrenrettung von Terroristen verschwenden? Oder sollte hier vertuscht werden, daß es eben doch Rückstände einer Bombe gab, allerdings nicht einer Terroristenbombe, sondern einer, die von einer Militärmaschine stammte?

Das FBI stellte bei dieser Pressekonferenz Behauptungen auf, ohne dafür irgendwelche Beweise präsentieren zu können. Von den angeblichen Trümmerteilen wurden keine Fotos veröffentlicht, auch die Daten und Aufzeichnungen des Flugdatenschreibers und des Cockpitvoicerecorders blieben unter Verschluß.

Am 3. 2. 2004 schickte ich folgende Anfrage an das FBI in Washington:

1. Wurden irgendwelche Trümmerteile einer Boeing 767 in den Türmen des World Trade Centers oder in der Nähe gefunden, und wenn ja, worum handelte es sich dabei?
2. Wurden irgendwelche Trümmerteile einer Boeing 757 an den Absturzstellen in Pennsylvania und am Pentagon oder in deren Nähe gefunden, und wenn ja, welche?
3. Können Sie bestätigen, daß 767-Airliner im World Trade Center und 757-Airliner in Pennsylvania und im Pentagon abstürzten?

Knapp zwei Monate später, am 31. März 2004, hatte ich die Sache schon fast vergessen, da klingelte das Telefon. Auf dem Display sah ich die Vorwahl »001–202« – Washington. Ich nahm ab, und es meldete sich ein Philip Edney vom Hauptquartier des FBI in Washington. Mr. Edney wollte mich erst einmal abchecken. Ob dies eine Medienanfrage sei, wollte er wissen. Ich erklärte ihm, daß ich ein Buch über den 11. September schreiben würde: »Oh, a book!« Einen Moment war Stille in der Leitung. Dann versprach er, sich

Gerhard Wisnewski Journalist Postfach München

104706.120@compuserve.com

Federal Bureau of Investigation
J. Edgar Hoover Building
Office for public affairs
935 Pennsylvania Avenue, NW
Washington, D.C. 20535-0001

3.2.04

Airliner-Accidents on Sept. 11, 2001

Ladies and Gentlemen,

please allow me to ask some questions:

1) was any debris of a Boeing 767 recovered in the WTC-Towers or nearby the crash site and if yes, which parts?
2) was any debris of a Boeing 757 recovered at the crash-sites in Pennsylvania and the Pentagon or nearby the crash site and if yes: which parts?
3) Can you acknowledge that 767-airliners were crashed in the WTC and that 757-airliners were crashed in Pennsylvania and the Pentagon?

Could you please answer soon.

Thank you very much.

Gerhard Wisnewski
Journalist TV-Autor

alsbald mit einer Antwort zu melden. In der Hoffnung auf wenigstens ein paar brauchbare Informationen rieb ich mir die Hände. Aber statt dessen kam nur eine wachsweiche Ausrede. Per E-Mail teilte Edney mir mit, er habe sich umgehört und sei informiert worden, daß das National Transportation Safety Board (NTSB) die Antworten auf

```
From: pedney@fbi.gov
To: 104706.120@compuserve.com
Cc: pedney@fbi.gov
Sent: Wednesday, March 31, 2004 5:51 PM
Subject: Your request



Mr. Wisnewski:

I have checked around about your request and have been informed
that the National Transportation Safety Board (NTSB) would have
the answers to your questions. They are the agency that
in estigates events like that. The number is  (202) 314-6551.

I hope this helps you.

Respectfully,

Philip Edney
FBI
Public Affairs Specialist
```

meine Fragen haben würde. Das sei die Behörde, die Ereignisse wie dieses untersuche.

Ein schlechter Witz. Zwar ist die Verkehrsbehörde National Transportation Safety Board (NTSB) normalerweise tatsächlich die zuständige Untersuchungsbehörde bei Flugzeugabstürzen: »Als unabhängige Bundesbehörde, deren fünf Mitglieder vom Präsidenten ernannt und vom Senat bestätigt werden müssen, ist das NTSB vom US-Kongreß damit beauftragt, jeden Zivilluftfahrtunfall innerhalb der USA zu untersuchen«, heißt es in einem Luftfahrtlexikon.[156]

Das Besondere an dem Fall 9/11 ist aber gerade, daß das

FBI dem NTSB die Untersuchung weggenommen hat und seitdem alle Informationen unter Verschluß hält. Das war überhaupt der Grund, warum ich mich an das FBI gewandt hatte. In der Unfalldatenbank des NTSB heißt es zu den vier Flugzeugkatastrophen des 11. September: »Dieses Ereignis wird vom FBI als strafbare Handlung untersucht.« (Siehe unten.) In dem Auszug aus der Datenbank achte man besonders auch auf die leere Rubrik »Probable Cause Released« (Veröffentlichung der wahrscheinlichen Ursache). Diese Rubrik blieb bei allen vier Todesflügen leer. Das heißt, daß sich das NTSB nicht mal auf die »wahrscheinliche Ursache« (in diesem Fall ja wohl so etwas wie »Selbstmordanschlag nach Hijacking«) festlegen will.

Auf jeden Fall war das FBI definitiv die richtige Adresse. Daher wollte ich mich mit der ausweichenden Antwort nicht abspeisen lassen und schrieb Mr. Edney folgende E-Mail:

»Sehr geehrter Mr. Edney,

entschuldigen Sie, wenn ich nochmals auf meine Anfrage zurückkomme. Die NTSB-Unfalldatenbank vermerkt das Folgende über die vier Airliner-Abstürze vom 11. September 2001: ›Dieses Ereignis wird vom Federal Bureau of Investigation als strafbare Handlung untersucht.‹ Beispiel: (Link)

Bitte teilen Sie mir mit, ob dies falsch ist, damit ich mich mit diesem Hintergrund wieder an das NTSB wenden kann, um die Information dort zu erhalten.

Sollte das richtig sein: Ich glaube, ich habe sehr einfache Fragen über die Eckpunkte des 11. September gestellt und Sie freundlich um eine Antwort gebeten.

Ich kann nicht glauben, daß es Unsicherheiten hinsichtlich der Frage gibt, ob und welche Airliner am 11. September an welcher Stelle abgestürzt sind.

Bitte senden Sie mir eine Antwort bis zum 10. April 2004.

Bitte sehen Sie es mir nach, wenn ich keine Antwort als Hinweis darauf nehme, daß das FBI nicht sicher ist, ob und welche Flugzeuge am 11. September 2001 an welcher Stelle abgestürzt sind.

Nochmals vielen Dank.
Gerhard Wisnewski«

Die Antwort auf die Frage, ob und wo am 11. September 2001 welche Flugzeuge abgestürzt sind, traf nie ein.

Fazit: Unter dem Strich bleibt von Flug United Airlines 93 nichts übrig. Allerdings nicht, weil er beim Aufprall verpuffte, sondern weil er nie da war:

- keine Boeing am Himmel,
- statt dessen ein weißer, anonymer Jet, vermutlich A-10 Thunderbolt,
- Tiefflugmanöver, die nicht zu einer Boeing passen,
- Feuerball und Rauchpilz wie bei einem Bombenabwurf,
- so gut wie keine Trümmerteile, nur unidentifizierbare Schnipsel,
- so gut wie keine Leichenteile,
- keine Fotos von identifizierbaren Trümmerteilen der Boeing 757, Nr. N591UA,
- mit der Unfallstelle in keinem Zusammenhang stehende »Trümmerfunde«,
- keine Berichte über die Rekonstruktion des Boeing-Wracks,
- keine Berichte über Identifizierungsoperation am Unfallort,
- keine Auswertung der Black boxes,
- kein Untersuchungsbericht des National Transportation Safety Board (NTSB),
- keine Identifizierung der Hijacker.

Kurzum: Der Absturz bei Shanksville ist ein Hirngespinst.

American Airlines 11 (Nordturm WTC):

NTSB Identification: **DCA01MA060**
Scheduled 14 CFR Part 121: Air Carrier operation of American Airlines
Accident occurred Tuesday, September 11, 2001 in New York City, NY
Aircraft: Boeing 767-200ER, registration: N334AA
Injuries: 92 Fatal.

This event is being investigated by the Federal Bureau of Investigation as a criminal act.

United Airlines 93 (Shanksville):

NTSB Identification: **DCA01MA065**
Scheduled 14 CFR Part 121: Air Carrier operation of United Airlines
Accident occurred Tuesday, September 11, 2001 in Shanksville, PA
Aircraft: Boeing 757, registration: N591UA
Injuries: 44 Fatal.

This event is being investigated by the Federal Bureau of Investigation as a criminal act

American Airlines 77 (Pentagon):

NTSB Identification: **DCA01MA065**
Scheduled 14 CFR Part 121: Air Carrier operation of United Airlines
Accident occurred Tuesday, September 11, 2001 in Shanksville, PA
Aircraft: Boeing 757, registration: N591UA
Injuries: 44 Fatal.

This event is being investigated by the Federal Bureau of Investigation as a criminal act

United Airlines 175 (WTC Südturm):

NTSB Identification: **DCA01MA063**
Scheduled 14 CFR Part 121: Air Carrier operation of United Airlines
Accident occurred Tuesday, September 11, 2001 in New York City, NY
Aircraft: Boeing 767-200ER, registration: N612UA
Injuries: 65 Fatal.

This event is being investigated by the Federal Bureau of Investigation as a criminal act.

Auszüge aus der NTSB-Datenbank über die vier »Todesflüge« des 11.9.

Operation Northwoods

Wo waren dann die an diesem Tag gestarteten Maschinen, wo waren die Leichen? Bis jetzt haben wir nur »Trümmerfelder«, die nicht zu einem Flugzeugabsturz passen, und Leichenteile, die nicht zu einem Flugzeugabsturz passen.

Wir haben aber keinen Nachweis von den sterblichen Überresten der Hijacker an allen vier Absturzorten sowie keinen Nachweis von Passagieren, die bei den Abstürzen ums Leben kamen (die angebliche Identifizierung durch das Armed Forces Institute of Pathology (AFIP) ist weder seriös noch unabhängig).

Die plausibelste Erklärung lautet: Der Absturz von Shanksville war lediglich simuliert worden. Während Flug United Airlines 93 auf seinem Weg von Newark/New Jersey nach San Francisco, Kalifornien, nach Westen fliegt, startet auf einem Militärstützpunkt in der Nähe ein Erdkampfbomber vom Typ A-10 Thunderbolt. Als sich die Wege der beiden Maschinen kreuzen, schaltet Flug 93 seinen Transponder ab, der bisher seine Kennung auf den Radarschirm der Fluglotsen sendete. Anschließend geht er in den Tiefflug über und verschwindet so endgültig vom Radarschirm. Die Thunderbolt fliegt weiter und läßt in der Nähe von Shanksville verschiedene Dinge fallen. Neben allerlei Müll und Papierschnipseln auch eine Bombe. Vielleicht sogar Leichenteile. Dann verschwindet sie so schnell, wie sie gekommen ist.

Aber warum sollte man den Absturz einer der vier Maschinen simulieren? Plausibelste Variante: Man mußte irgendwie erklären, warum keine der vier Maschinen das Weiße Haus oder das Kapitol getroffen hat. Denn in der Tat ist es ja schwer zu glauben, daß der Staatsfeind Nummer eins der Vereinigten Staaten im Luftraum von New York und Washington vier große Airliner unter seiner Kontrolle hat, ohne auch nur einen davon in das Weiße Haus oder das Kapitol stürzen zu lassen. Ein wirklicher Staatsfeind würde wohl eher zwei der vier Flugzeuge für den Regierungssitz reservieren, um bei dessen Vernichtung sicherzugehen. Genau diese Ehre wurde statt dessen einem fast ausschließlich zivilen Ziel zuteil, in dem Tausende von unschuldigen Menschen starben, die für den Regierungsapparat der Vereinigten Staaten von vergleichsweise geringer Bedeutung waren – dem World Trade Center. Im Pentagon wurde ein weitgehend leerstehender Flügel getroffen – eine merkwürdige Verschwendung von »Munition«.

Die Vorstellung, der Absturz von Shanksville sei in Wirklichkeit simuliert worden, ist nicht so abenteuerlich, wie sie scheint. Jedenfalls nicht abenteuerlicher als die Vorstellung von ein paar lausigen Amateurpiloten, bei deren Flugmanövern am 11. 9. 2001 sogar erfahrene Linienpiloten vor Neid erblaßten.

Im Gegensatz zu den Generalstabsplänen von Osama Bin Laden und Mohammed Atta hat man die Pläne für einen derartigen Austausch von Flugzeugen, die Simulation von Trümmerfeldern, die Fälschung von Opferlisten sowie die Inszenierung von Beerdigungen schwarz auf weiß gefunden. Sie heißen »Operation Northwoods« (siehe Anhang, S. 275 ff.). Mit dieser Operation wollte der US-Generalstab Anfang der sechziger Jahre das Land in einen Krieg gegen Kuba treiben. Das Konzept sah vor, eine ganze Reihe von »glaubwürdigen Zwischenfällen« zu inszenieren, in deren Verlauf die USA und einige ihrer Basen von angeblichen Terroristen angegriffen werden sollten. Allerdings nicht von arabischen, sondern von kubanischen Terroristen. Angefangen bei der Festnahme von angeblichen kubanischen Saboteuren in der Basis Guantanamo, über die Sprengung von Munitionsdepots, das Abbrennen von Flugzeugen bis hin zur Sabotage und das Versenken von Schiffen im Hafen der Basis sollte eine regelrechte, eskalierende Terrorkampagne inszeniert werden.

Dabei sollte es echte und falsche Opfer geben. Einerseits plante der Generalstab die Durchführung von Scheinbeerdigungen und die Herausgabe gefälschter Opferlisten, andererseits sollten Menschen auch ganz real über die Klinge springen, beispielsweise bei der Versenkung eines kubanischen Flüchtlingsschiffes: »Wir könnten eine Bootsladung von Kubanern auf dem Weg nach Florida versenken (real oder simuliert)«, heißt es in dem Northwoods-Papier. »Wir könnten Mordversuche bis hin zu ernsten Verwundungen auf kubanische Flüchtlinge in den Vereinigten Staaten inszenieren, um sie dann weithin zu publizieren.« All das sollte Kuba in die Schuhe geschoben werden, um einen Krieg zu erreichen: »Die Explosion von ein paar Plastikbomben an sorgfältig ausgewählten Orten, die Festnahme kubanischer Agenten und die Veröffentlichung von gefälschten, die Teilnahme Kubas untermauernden Dokumenten wären ebenfalls hilfreich bei der Propagierung einer verantwortungslosen Regierung.«[157] Betrachtet man die derzeit weltweit stattfindenden Terrorkampagnen, gewinnt dieser Plan eine unheimliche Aktualität. Inszeniert werden sollte nicht nur der eine oder andere Anschlag, sondern eine sorgfältig aufeinander abgestimmte, eskalierende Folge von Attentaten.

Bei einer weiteren Teiloperation von »Northwoods« sollte eine Staffel von amerikanischen Jägern in der Nähe von Kuba herumfliegen, wobei das Schlußlicht der Staffel plötzlich einen Notruf absetzen, abtauchen und nach Hause fliegen sollte. Nach der Landung sollte das Flugzeug eine neue Kennung und der Pilot, der die Mission unter einem Pseudonym durchführen sollte, seinen richtigen Namen zurückerhalten: »Der Pilot und das Flugzeug wären dann verschwunden.« Um den Abschuß plausibel zu machen, sollten ein weiteres Flugzeug oder ein U-Boot in der Nähe von Kuba Wrackteile einer solchen US-Jagdmaschine im Wasser verteilen, darunter auch einen Fallschirm. »Suchschiffe und Flugzeuge könnten losgeschickt und Wrackteile gefunden werden«, heißt es in dem Papier. Und das Beste: Die anderen Piloten aus der betroffenen Staffel könnten die reine Wahrheit erzählen: nämlich, daß einer ihrer Kameraden in der Gegend der kubanischen Küste plötzlich um Hilfe gerufen habe und dann verschwunden sei.

Während diese Operation an das Geschehen von Shanksville erinnert, korrespondieren andere Elemente von Operation Northwoods möglicherweise mit den anderen drei »Flugzeugabstürzen« des 11. 9. Denn der Höhepunkt von Operation Northwoods waren mehrere Operationen mit Flugzeugen, in deren Verlauf Abstürze simuliert und ebenfalls Kuba in die Schuhe geschoben werden sollten. Der Unterschied: Dabei sollten nicht nur »Trümmer« ausgebracht werden, sondern eine noch realistischere Variante zur Anwendung kommen: Die Simulation von Abstürzen mit Hilfe von ferngesteuerten Flugzeugen. Bei einem dieser Unternehmen sollten in Florida deshalb gleichzeitig zwei Maschinen starten: Ein Charterflugzeug mit menschlichen Statisten an Bord und eine ferngelenkte Drohne. Also ein »echtes« und ein »falsches« Flugzeug.

Irgendwo in der Nähe von Kuba sollten sich die Wege der beiden Flugzeuge kreuzen, wobei die bemannte Maschine abtauchen und von den Radarschirmen verschwinden sollte. Statt dessen würde die leere Maschine weiterfliegen, Kurs auf Kuba nehmen und schließlich per Fernbedienung gesprengt werden. Kurz zuvor sollte per Tonband ein Notruf von Bord der Maschine abgesetzt werden, der den Eindruck erwecken sollte, das Flugzeug werde von kubanischen Jägern angegriffen. Die bemannte Maschine würde inzwischen auf einer geheimen US-Basis landen und die Statistenpassagiere wieder in ihr normales Leben zurückkehren.

Tatsächlich gibt es mehrere Indizien, daß am World Trade Center und am Pentagon eine Variation dieser Geschichte gegeben wurde. So verschwanden die Radarkennungen der Passagierflugzeuge von den Bildschirmen, während gleichzeitig völlig unbekannte Kennungen auftauchten. Zudem absolvierten die Passagierflugzeuge vollkommen unerklärliche Kursabweichungen, die nur dann einen Sinn ergeben, wenn man annimmt, daß genau hier der Austausch der Flugzeuge stattfand.

Obwohl dieses lange vor dem 11. 9. freigegebene Papier vielfach dokumentiert ist, war der Gedanke an lebensgroße ferngesteuerte »Full-scale«-Flugzeuge vielen Zeitgenossen fremd. Hier werde es »vollends abenteuerlich«, befand zum Beispiel Kordula Doerfler im *Zürcher Tagesanzeiger* über die Drohnen-Theorie.

Nicht ganz, denn ferngelenkte »Full-scale«-Flugzeuge gehören bereits seit Opas Doppeldecker zum Arsenal der Luftstreitkräfte. Ich komme gleich darauf zurück.

Der Flug der Drohnen

Aber warum sollten am 11. 9. überhaupt Drohnen eingesetzt worden sein?

Von Anfang an tauchten Zweifel auf, ob die waghalsigen und präzisen Manöver des 11. 9. wirklich von menschlichen Piloten im Cockpit geflogen worden sein können, insbesondere von jenen Piloten, die man als Hijacker verdächtigt hatte. Gerade der Pentagon-Pilot hatte eine im Grunde übermenschliche Leistung zu vollbringen. Er mußte einen riesigen Passagierjet wie ein Erdkampfflugzeug einen dem Verteidigungsministerium gegenübergelegenen Hügel hinunterjagen, ohne die Bebauung zu rammen, die Maschine am Fuß des Hügels abfangen und dann wenige Meter über dem Boden in das Gebäude lenken. Dabei setzte er weder vorher auf dem Gras auf noch flogen Trümmer des Flugzeugs über das Gebäude.

Nebenbei: Warum sollte ein Pilot die etwa sechsundzwanzig Meter hohe Fassade als Angriffspunkt wählen, wenn er sich doch von oben auf das Gebäude in seiner gesamten horizontalen Ausdehnung hätte stürzen können? Bei einem Sturzflug wäre das riesige Verteidigungsministe-

Anflugrichtung auf das Pentagon

rium kaum zu verfehlen gewesen. Viel einfacher wäre es auch gewesen, auf dem riesigen Pentagon »zu landen«.

Dessenungeachtet gilt der als Pilot der Pentagon-Maschine verdächtigte Hani Hanjour als der schlechteste von allen schlechten Piloten des 11. 9. So trainierte er im Hinblick auf seine Aufgabe auf untauglichen Flugsimulatoren. Und noch nach Hunderten von Flugstunden war er eine solche Niete im Cockpit, daß man ihm nach einem Testflug am Freeway Airport in Bowie, Maryland, nicht einmal eine Cessna ausleihen wollte.[158]

Fliegende Zielscheiben

Freilich ist der Gedanke, am 11. 9. könnten Drohnen eingesetzt worden sein, äußerst gewöhnungsbedürftig. Die Bezeichnung Drohne (männliche Biene) für ein ferngesteuertes Flugzeug rührt von der Unselbständigkeit dieses männlichen Insekts her. Genauso wie eine Drohne sich nicht selbst ernähren kann, sondern ohne weibliche Arbeiterinnen stirbt, ist auch das ferngesteuerte Flugzeug ohne Pilot vollkommen hilflos. Das Bild der Drohne vereint Unselbständigkeit, Opferbereitschaft und roboterhaftes Verhalten in sich.

Solche Drohnen sind keine Science-fiction, sondern gehören zu den Oldtimern der Luftfahrt. Als 1962 bei der Operation Northwoods davon die Rede war, ein Passagierflugzeug durch eine ferngelenkte Drohne zu ersetzen, war diese Technik bereits mindestens dreißig Jahre alt. Freilich ging man nicht gerade damit hausieren. Das bevorzugte Biotop der Drohnen war nicht etwa der öffentliche Raum, sondern der Truppenübungsplatz. Hier erblickte das ferngelenkte Flugzeug als *target drone* das Licht der Welt, zu deutsch: als fliegende Zielscheibe. Da man schon in den Anfängen der Luftwaffe nach Möglichkeiten suchte, Übungsschießen von Flakgeschützen und auch von Flugzeugen so realistisch wie möglich zu gestalten, wurde an unbemannten Flugzeugen fast ebenso fieberhaft gearbeitet wie an bemannten. Eine der ersten Firmen, die sich intensiv mit ferngesteuerten Militärflugzeugen befaßte, war die Firma Radioplane. »Die Geschichte der durch die Firma Radioplane hergestellten Ziele begann 1935, als Reginald Denny seine RP-1 baute, ein funkferngesteuertes Modellflugzeug mit einer Spannweite von zwei Metern siebzig«, schreibt der deutsche Drohnenexperte und Physiker Andreas Parsch. »Während des Zweiten Weltkrieges baute die Firma Radioplane mehrere Tausend kleine funkferngesteuerte Flugzeuge für den Einsatz als fliegendes Ziel in den Streitkräften.«[159]

Mit dieser Form von Tontaubenschießen begnügten sich die Militärs freilich nicht. Um Übungen möglichst realistisch zu gestalten, strebten sie nach Höherem – sprich:

Radioplane RP-4

einem lebensgroßen, ferngesteuerten Flugzeug. Bereits in den späten dreißiger Jahren, als die ersten Radioplanes wie wilde Hummeln über die Truppenübungsplätze schwirrten, baute die US-Navy ein paar übriggebliebene Doppeldecker vom Typ Curtiss NSC-2 Fledgling (»Küken«) in funkferngesteuerte Flugzeuge um. Die Flieger konnten entweder von einer Bodenstation oder von einer anderen Maschine aus gesteuert werden, dem sogenannten Shepherd. Also: Schon Opas Doppeldecker wurden in ferngesteuerte Geisterflugzeuge verwandelt.

Schon damals unterschieden die Militärs zwischen »nicht lebensgroßen« und »lebensgroßen« (»full scale«) Drohnen, die auch über ein voll ausgerüstetes Cockpit verfügten und so von ihren bemannten Verwandten nicht zu unterscheiden waren – abgesehen vom gegebenenfalls verwaisten Cockpit.

Die weitere Geschichte der ferngelenkten Drohnen ist fast unübersehbar. Was mit ausgemusterten Doppeldeckern als fliegende Zielscheiben begonnen hatte, entwickelte sich über schnellere Eindecker bis hin zu düsengetriebenen Drohnen mit einer auffallenden Ähnlichkeit zur deutschen Flugbombe V-1 fort.

Das Meisterstück blieb aber die Umrüstung von »Full-scale«-Flugzeugen zu Drohnen. Selbst die gefürchteten

Ferngelenkte BQ-7

»Fliegenden Festungen« des Zweiten Weltkrieges sowie die Bomberschwergewichte vom Typ Liberator (Befreier) mit Spannweiten von über dreißig Metern und einem Gewicht von rund dreißig Tonnen wurden unter dem Decknamen Aphrodite zu ferngelenkten »Selbstmordflugzeugen« umgebaut. Sie wurden mit einem Aufschlagzünder und neun Tonnen Sprengstoff beladen und auf besonders gut geschützte Ziele losgelassen. Eine derart umgebaute fliegende Festung hieß dann nicht mehr Fliegende Festung, sondern BQ-7.

»Während Start und Anfangssteigflug war die BQ-7 mit einem Piloten und einem Ingenieur bemannt«, schreibt der Drohnen-Experte Andreas Parsch. »Nach dem Erreichen der Reiseflughöhe richtete die Mannschaft die Maschine in etwa in Richtung ihres Zieles aus, aktivierte die Fernsteuerungsanlage, machte den Zünder scharf und sprang mit dem Fallschirm ab.« Um den Absprung zu erleichtern, wurde der schwere Bomber zum Cabriolet umgerüstet. Das Dach wurde entfernt und durch eine Windschutzscheibe ersetzt. Die BQ-7 wurde von einer anderen B-17 aus gesteuert, die die BQ-7 auf ihrem Weg zum Ziel begleitete. Parsch: »Die Formation wurde durch ein Jagdflugzeug vervollständigt, das die BQ-7 im Falle eines Kontrollverlustes abschießen sollte. Sobald die Drohne dem Ziel nahe genug war, wurde ihre Steuerung für den finalen Abstieg fixiert, und das Leitflugzeug drehte ab. Nach den ersten Einsätzen wurden einige BQ-7 mit zwei TV-Kameras ausgerüstet, eine im Cockpit zur Beobachtung des Armaturenbretts, die andere in der Nase zur Beobachtung des Bodens. Die TV-Bilder wurden in das Begleitflugzeug übertragen, so daß ein direkter Sichtkontakt nicht mehr erforderlich war. Die ersten fünfzehn Aphrodite-Missionen wurden am 4. August 1944 gegen eine V-1 Stellung geflogen.«[160]

Zwar waren diese Operationen nicht besonders erfolgreich, aber technisch gesehen liegen Welten zwischen damals und heute. Ob man nun an moderne Computersysteme, satellitengestützte Navigation oder die verbesserte drahtlose Kommunikation denkt – überall fanden seither technische Quantensprünge statt, die die Fernsteuerung eines Flugzeuges um ein Vielfaches erleichterten.

Die US-Armee verfügte also schon vor über sechzig Jahren über große, schwere Maschinen mit Fernsteuerungen und Sprengstoffen, die sie im »Kamikaze«-Verfahren auf ihre Ziele steuern konnte. Damit ist klar: Das Verfahren, ferngesteuerte Flugzeuge als Sprengwaffen in Ziele zu lenken, ist eine amerikanische Entwicklung.

Wie steht es aber mit der Fernsteuerung eines mehrstrahligen Passagierjets? Gegenüber dem Dreißig-Meter-/Dreißig-Tonnen-Bomber des Zweiten Weltkrieges brachte es zum Beispiel eine Boeing 707, die größte Passagiermaschine der sechziger und siebziger Jahre, bereits auf eine Spannweite von vierzig Metern und ein maximales Startgewicht von über hundert Tonnen. Eine Boeing 767–200, das Angriffsflugzeug auf das World Trade Center, bringt beim Start ungefähr einhundertdreißig Tonnen auf die Waage, ihre Spannweite beträgt rund fünfzig Meter. Die Frage ist also, ob es irgendwo Beweise dafür gibt, daß auch solche

Dinosaurier des Jetzeitalters ferngesteuert werden oder wurden und wie das funktionieren könnte (siehe dazu S. 200ff.).

Spurensuche im Pentagon

Washington, 11. September 2001, 9.35 Uhr. In der US-Hauptstadt herrscht helle Aufregung. Längst sind die Nachrichten von den beiden Flugzeugeinschlägen im dreihundertsiebzig Kilometer entfernten New York in Washington eingetroffen. Bei jedem vorüberfliegenden Flugzeug zucken die Menschen zusammen. Und tatsächlich: Um 9.41 Uhr gibt es einen lauten Knall, Rauchwolken steigen vom Pentagon auf. Das Verteidigungsministerium wurde getroffen! Flug American Airlines 77 soll auf seinem Flug von Washington-Dulles nach Los Angeles entführt und in das Pentagon gesteuert worden sein. Doch schon bald stellten sich dieselben Fragen wie in Shanksville: Wo, bitte, ist eigentlich das Flugzeug? Die riesige, siebenundvierzig Meter lange Verkehrsmaschine tauchte weder vor noch nach dem angeblichen Crash auf. Ein Unterschied zu Shanksville bestand darin, daß einige Zeugen explizit behaupteten, sie hätten eine Boeing der American Airlines auf das Pentagon zufliegen sehen. Allerdings standen manche der Zeugen in dienstlicher Beziehung zum Verteidigungsministerium, genauer: zur Navy. Andere relativierten ihre Aussagen auf Nachfragen sehr schnell.

Es kann keinen Zweifel geben: Auch im Verteidigungsministerium fanden sich keine identifizierbaren Trümmerteile einer Boeing 757, wie sie angeblich auch in Shanksville abgestürzt war. Und selbst wenn es stimmen sollte, daß sich Maschinen beim Absturz in Einzelfällen mit Mann und Maus auflösen können, dann kann das mit Sicherheit an einem Tag nicht zweimal passieren. Im Fall des angeblichen Pentagon-Absturzes fehlen:

- identifizierbare Trümmerteile, die den Absturz einer Boeing 757 bestätigen könnten,
- die Radardaten einer auf das Pentagon zufliegenden Boeing 757,
- der ausgewertete Flugschreiber,
- der ausgewertete Cockpitvoicerecorder,
- der Untersuchungsbericht der Verkehrsbehörde NTSB
- seismische Aufzeichnungen des Aufpralls wie am World Trade Center,
- die Rekonstruktion des Boeing-Wracks,
- Foto- oder Videoaufnahmen vom Aufschlag einer Boeing,
- identifizierte Hijacker.

Da die meisten dieser Punkte nur sehr schwer zu widerlegen sind, verlegten sich einige Medien auf die nicht gefundenen Trümmerteile. Alles Quatsch, lautete der Tenor, natürlich seien doch Trümmerteile gefunden worden. »Beweise« waren schnell zur Hand. Als erstes triumphierte das NDR-Fernsehmagazin *Panorama* am 21. August 2003: »Da ist so ein Foto. Zweifelsfrei ein Trümmerteil, exakt in den Farben des abgestürzten Flugzeugs.«

Panorama präsentierte auch den Fotografen, einen gewissen Mark Faram. Er sagte: »Ich kam dahin, als die Feuerwehr kam, etwa zwölf Minuten nach dem Einschlag.

Das angebliche Boeing-Trümmerteil vor dem Pentagon

Das Foto habe ich dann drei bis vier Minuten später gemacht. In der Zeit konnte keiner was da hinlegen. Es waren auch zu viele Leute da, das hätte man gesehen.«

Was dem Fernsehzuschauer nicht gesagt wurde: das Trümmerteil liegt verdächtig fotogen auf einer ansonsten völlig sauberen Wiese. Erst weiter im Hintergrund sind weitere Trümmer zu sehen, die aber nicht auf ein Flugzeug hindeuten. Dazu kommt, daß Trümmerteile sich nicht schön behutsam auf die Wiese legen, sondern in der Regel mit einem ordentlichen Schwung angeflogen kommen und sich in den Rasen bohren – oder zumindest eine Vertiefung hinterlassen. Dieses Trümmerteil mußte sich jedoch mit besonderer Rücksichtnahme auf den Rasen vor dem Pentagon gebettet haben. Ja, es krümmte dem Rasen buchstäblich kein Haar – oder besser gesagt: keinen Halm. Auch war es keineswegs ungebührlich verschmutzt oder sogar verbrannt oder verqualmt, wie es bei einer Flugzeugexplosion zu erwarten gewesen wäre.

Nein, es lag einfach nett und hübsch da auf dem Rasen, gerade so, als würde es auf einen Fotografen warten. Und der kam ja dann auch: in Gestalt von »Mark Faram (Fotograf)« – und erklärte den *Panorama*-Leuten, daß mit dem Teil alles seine Richtigkeit habe. Was Mark Faram sonst noch erzählt, wenn man ihn fragt, erfährt man nicht in *Panorama*. Zum Beispiel spricht er immer nur von einer Explosion, aber nie von einem Flugzeug, das er zuvor gehört, geschweige denn gesehen hatte. Aber eigentlich müßte die Boeing quasi seinen Scheitel nachgezogen haben, denn sie kam angeblich genau den Hügel herunter, von dem Faram spricht: »Ich war am Navy-Anbau, auf dem Hügel gegenüber dem Pentagon, als ich die Explosion hörte. Ich habe immer eine Digitalkamera in meiner Mappe im Rucksack, nur aus Gewohnheit. Nach der Explosion bin ich den Hügel runtergerannt und bin etwa zehn Minuten nach der Explosion unten angekommen.« In zwei Sätzen erwähnt Faram dreimal eine Explosion, aber kein Flugzeug. Das Trümmerteil, das er fotografierte, sei bestimmt nicht das einzige gewesen, meint er. Aber: »Es war das einzige Trümmerteil, egal welcher Größe, das ich sah«.[161] Aber das erfährt man nicht bei *Panorama.*

Auch nicht, daß Mark Faram normalerweise nicht nur als »Fotograf« firmiert, sondern auch als »Navy-Journalist«, und zwar »1st Class«. Der Mann ist also ein Pentagon-Fotograf, er arbeitet normalerweise für Militärzeitschriften. Nun kann auch solch ein Mann ein Zeuge sein, aber erwähnen sollte man seinen beruflichen Hintergrund wenigstens.

Indem diese Hintergründe auf mehreren Webseiten publiziert wurden, war die Sache mit dem Trümmerstück gelaufen. Es läßt sich ja schlecht mit Beweismaterial arbeiten, das vom Pentagon zur Verfügung gestellt wurde. Auch der *Spiegel* schreckte davor zurück, das Foto in seiner Titelgeschichte gegen die »Verschwörungstheoretiker« abzubilden. Mehr noch: Dessen Redaktion mit ihrem riesigen Apparat war nicht in der Lage, auch nur ein einziges Trümmerteil von einem der Todesflugzeuge des 11. 9. zu präsentieren – weder aus Shanksville noch vom Pentagon und vom World Trade Center. Dies dürfte überhaupt der erste *Spiegel*-Artikel über Flugzeugabstürze ohne ein Foto von einem Wrackteil gewesen sein.

War die Geschichte mit dem Trümmerteil schon nicht zu retten, so versuchte Professor Mete Sozen mit Hilfe einer Computersimulation die These vom Aufprall eines Passagierjets plausibel zu machen.

In einem Filmbeitrag für die WDR-Sendung *Täuschung oder Wahrheit* vom 10. September 2003 hieß es auf die Frage: »Stammen die Schäden von einem Flugzeug oder von einer Rakete?«: »Mit einem Team von Architekten war er [Professor Sozen] wenige Tage nach dem Anschlag im Pentagon, hat das Gebäude genau untersucht und jedes einzelne Trümmerteil nachgemessen. Das Bild des Schadens an der Fassade setzt er wie ein Puzzle zusammen. Er rekonstruiert sie mit Fotos, die entstanden, bevor die Fassade einstürzte. Stück für Stück entstehen die Umrisse des Einschlagloches.«

In bunten Trickbildern sieht man in Professor Sozens Simulation, wie sich eine riesige Passagiermaschine im Pentagon zerlegt, so daß praktisch kein Teilchen übrigbleibt. Allerdings benötigt jede Modellrechnung Ausgangswerte. Ein wichtiger Wert in diesem Fall ist natürlich die Geschwindigkeit, mit der der Jet aufgeprallt sein soll. Je höher die Geschwindigkeit, um so plausibler die hochgradige Zerstörung des Flugzeuges. In der zitierten WDR-Sendung erklärte der Wissenschaftler, die Maschine sei mit achthundertfünfzig Stundenkilometern aufgeprallt. Genauso wird Sozen auch im *Spiegel* vom 8. September 2003 zitiert. Das Problem ist nur: Keine Passagiermaschine dieses Typs erreicht in Bodennähe auch nur annähernd solche Geschwindigkeiten. Vielmehr ist ein solches nahe der Höchstgeschwindigkeit liegendes Tempo nur in sehr großer Höhe und damit in dünner Luft möglich. In Bodennähe schafft eine Boeing dieser Bauart mit äußerster Kraft vielleicht fünf- bis sechshundert Stundenkilometer – mehr nicht.

Die Simulation geht also von einem völlig falschen Ausgangswert aus und ignoriert damit jedes zugängliche Basiswissen der Luftfahrt. Die einzige Grundlage, einen Absturz seriös zu simulieren und als Animation darzustellen, bilden die etwa einhundertsechzig Daten des Flugdatenschreibers. Der aber befindet sich unter Verschluß. Mete Sozen, das haben meine Recherchen ergeben, ist im übrigen auch nicht der unabhängige Wissenschaftler, als der er vorgestellt wurde, sondern arbeitete in der Vergangenheit des öfteren für das Pentagon. Laut einer Sozen-Biographie der University of Notre Dame, Indiana, hat der Wissenschaftler bei verschiedenen Projekten mit dem Außenministerium und dem Army Corps of Engineers zusammengearbeitet. Und dieses Army Corps of Engineers und nicht Professor Sozen leitete auch die Pentagon-Untersuchung. »Teamleader« war ein Paul F. Mlakar, Technischer Direktor beim Army Engineer Research and Development Center. Interessanterweise war Mlakar auch schon zur Stelle, als es galt, den Terroranschlag auf das Regierungsgebäude in Oklahoma City 1995 zu untersuchen.[162] Dieses Attentat war nachweislich von Rechtsradikalen verübt worden. Im April 2004 begannen US-Offizielle aber ganz laut zu überlegen, ob Bin Laden nicht auch hinter dem Oklahoma-Attentat stecken könnte. Bin Laden und Rechtsradikale? Oder Rechtsradikale und Bin Laden? Auch für den 11. 9. zeigen solche Überlegungen natürlich ganz neue Perspektiven auf.

Sozen jedenfalls diente dem Army-Team offenbar nur als neutrales Aushängeschild, das »ganz zivil« durch die Fernsehinterviews gereicht werden konnte. Wie aussagekräftig seine Simulationen und Animationen sind, mag man auch an folgendem Beispiel erkennen. Danach hat die Boeing genau in Bodenhöhe in das Pentagon eingeschlagen. Nur ein paar Meter davor steht unversehrt ein hoher Zaun, wie die folgende Abbildung aus der Computersimulation zeigt.

Das Gebäude ist zerstört, der Zaun nicht.

In meinem Buch »Operation 9/11« habe ich alle Indizien und Beweise aufgelistet, die gegen den Einschlag eines großen Verkehrsflugzeuges in das Pentagon sprechen. Das läßt den Schluß zu, etwas völlig anderes habe zu den Zerstörungen geführt. Es gibt Dutzende von Hinweisen für meine These, daß das Pentagon nicht von einer großen Passagiermaschine, sondern von einem kleinen Fluggerät oder Fluggeräten getroffen wurde:

- Es gibt keine Spur von den sechzig Tonnen Leergewicht einer Boeing 757.
- Das Einschlagloch ist für eine Boeing viel zu klein.
- Es gibt keine Spuren vom Einschlag der Tragflächen in die Fassade des Gebäudes.
- Es liegen keine Radardaten vom Anflug einer Boeing auf das Pentagon vor.
- Das von Fluglotsen beobachtete Flugverhalten des Objekts (zu schnell, zu enge Kurven) ist untypisch für eine Boeing.
- Es wurden keine seismischen Erschütterungen gemessen, wie sie beim Einschlag eines solchen Flugzeuges auftreten und am World Trade Center auch aufgezeichnet wurden.
- Der von einer Kamera aufgezeichnete weiße Rauchschweif paßt nicht zu einer Boeing: Jets produzieren in Bodennähe keinen weißen Schweif, nur Raketen tun dies.

Kurzum: Die Boeing existiert lediglich in den Zeugenaussagen. Die aufgeführten Zeugen haben alles mögliche auf das Pentagon zufliegen hören und sehen, neben Geschossen und Geschäftsflugzeugen auch eine Boeing. Manche behaupten damit, etwas wahrgenommen zu haben, was objektiv nicht vorhanden war.

Am 3.2.2004 richtete ich, wie bereits gesagt, eine Anfrage an das FBI in Washington, in der ich auch wissen wollte, ob am Pentagon oder in der Nähe irgendwelche Trümmerteile einer Boeing 757 geborgen wurden, und wenn ja, um welche Teile es sich dabei gehandelt hat. Ich wollte auch wissen, ob das FBI bestätigen kann, daß im Pentagon ein 757-Airliner abstürzte. Das FBI verwies mich an die angeblich zuständige Verkehrsbehörde NTSB. Also fragte ich dort nach – und erhielt überhaupt keine Antwort. Tatsächlich gibt es nirgendwo irgendwelche Befunde darüber, welcher Natur das Objekt war, das ins Verteidigungsministerium einschlug.

Für den Einschlag eines anderen Objektes als einer Boeing in das Pentagon spricht unter anderem:

- das Flugverhalten (wendig, schnell, tief),
- der weiße Rauchschweif (deutet auf ein Raketentriebwerk hin),
- das Vorhandensein von Trümmern, die nicht von einer Boeing stammen,
- die geringe Anzahl von Trümmerteilen.

Eine Boeing war es also nicht, die ins Pentagon einschlug. Was war es aber dann? Um dem Gerücht zu begegnen, vor dem Pentagon sei nur eine Bombe explodiert, ließ das Verteidigungsministerium nach einigen Tagen doch noch ein paar verschwommene Bilder eines auf das Pentagon zurasenden Objektes durchsickern.

Die Bilder stammten angeblich von einer Überwachungskamera: »Eine Serie von fünf durch Nachrichtenagenturen beschafften Fotos zeigt die ersten verfügbaren Bilder des Pentagon, wie ein durch Terroristen gekapertes Flugzeug am Morgen des 11. September in das Gebäude krachte«, schrieb die *Washington Post* am 7. März 2002. »Die Bilder beschaffte CNN und sendete sie am Donners-

Angebliche Fotoserie aus der Überwachungskamera

tagnachmittag. Reporter Jamie McIntyre sagte, die Fotos seien von einer Sicherheitskamera an einem der Pentagon-Checkpoints gemacht worden.«[163]

Aber auch hier war auf den ersten Blick wieder nichts zu sehen, jedenfalls keine Boeing 757. »Der entführte American-Airlines-Jet ist nicht eindeutig erkennbar«, schrieb die *Washington Post* diplomatisch. Doch eigentlich hätte man die Boeing auf diesem Bild überdeutlich sehen müssen, etwa so, wie im linken Bild dargestellt.

Statt dessen sah man erst auf den zweiten Blick etwas, und dieses Etwas verhielt sich zu einer Boeing 757 wie die sprichwörtliche Mücke zu einem Elefanten:

Vergrößerte Ausschnitte aus der Pentagon-Fotoserie

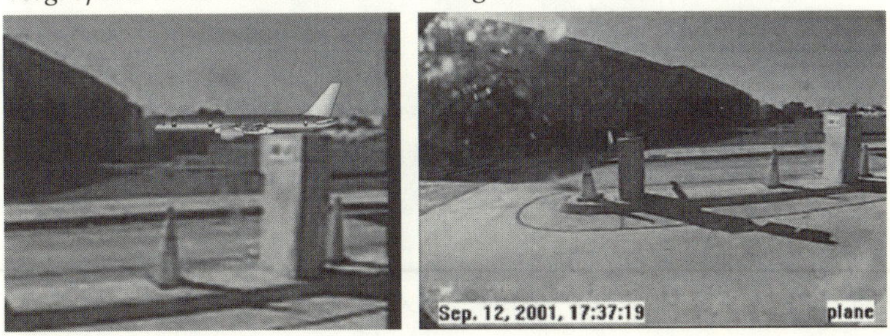

Das mysteriöse Flugobjekt am Pentagon

In der Vergrößerung oben sieht man, halb verdeckt von einem Poller, ein Objekt vorbeirasen, das eine weiße Rauchwolke hinterläßt. Darüber hinaus erkennt man ein Leitwerk und links neben dem Poller einen weißen Buckel, der eine Flugzeugnase sein könnte (eine Animation findet sich unter der Internetadresse: www.humanunderground.com/11september/pent-data-pent.html). Für seinen Film *Painful Deceptions* hat Eric Hufschmid das Objekt aus dem Foto herausvergrößert und mit einem anderen Objekt verglichen – einer ferngesteuerten Drohne vom Typ Global Hawk.

Und siehe da: Bei aller Vorsicht mit dem verschwommenen Foto und obwohl auch andere Deutungen möglich sind, scheint es gewisse Ähnlichkeiten zu geben, insbesondere die bucklige Nase.

Global Hawk

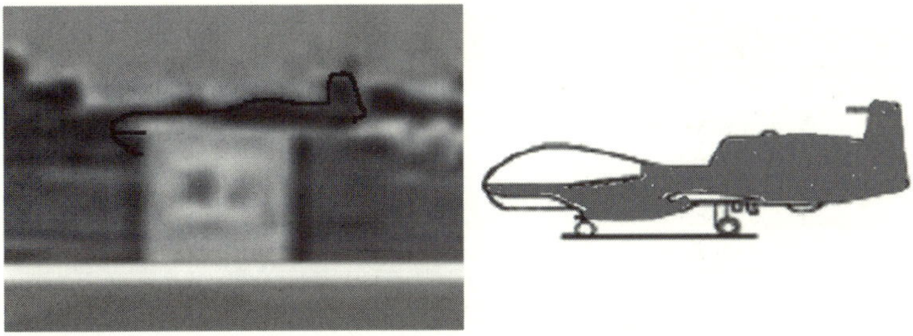

Konturen einer Global Hawk in einem der Pentagon-Fotos (links) und Schemazeichnung einer Global Hawk (rechts)

Was nicht zu einer Global-Hawk-Drohne paßt, ist der weiße Rauch, der in dem Bild sichtbar wird. Denn eine Global Hawk wird von einem Jettriebwerk angetrieben, das – anders als Raketentriebwerke – keinen weißen Rauchschweif hinterläßt. Feuert die Drohne vielleicht eine Rakete ab, wie ich es schon in meinem Buch »Operation 9/11« in Erwägung gezogen habe (Seite 238)?

Denn schließlich konnte man im Pentagon mehrere kreisrunde Löcher beobachten, die aussahen wie die Einschlaglöcher von Raketen.

Zwar ist Global Hawk keine Kampfdrohne, sondern ein Aufklärer, der am ehesten mit einem Segelflugzeug zu vergleichen ist, das über ein Jettriebwerk verfügt. Andererseits wurden von solchen Drohnen aus durchaus Raketen abgefeuert, etwa von der ganz ähnlichen Predator-Drohne mit dem schönen Zusatz Hunter/Killer. Ihre Fähigkeit, Raketen

F-16 beim Abschuß einer Rakete

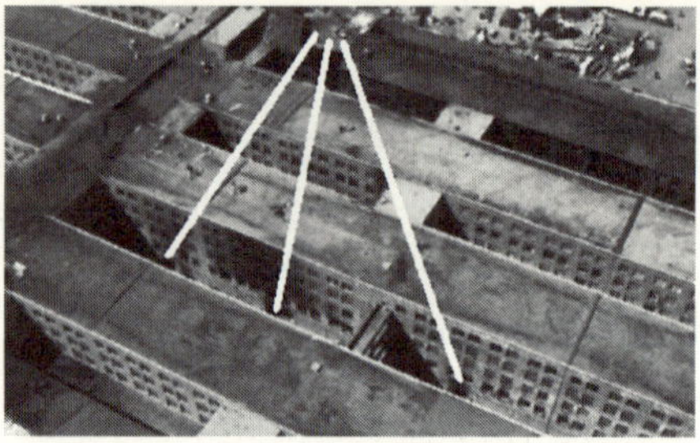

Kreisrunde Löcher in den Mauern des Pentagon (links) bestätigen die These, daß hier eine oder mehrere Raketen einschlugen. Insgesamt lassen sich mindestens drei Zerstörungsschneisen durch das Verteidigungsministerium identifizieren (rechts).

abzuschießen, wurde erst im Februar 2001 auf der Nellis Air Force Base in Nevada erprobt. Die Hunter/Killer-Drohne kann bis zu vierzehn Raketen tragen.[164] Im November 2002 wurden mit einer von einer Predator-Drohne abgeschossenen Hellfire-Rakete mehrere vermeintliche Al-Qaida-Angehörige getötet.[165]

Da sich Global Hawk und Predator sehr ähnlich sind, ist es durchaus möglich, daß auch ein Global Hawk Raketen tragen könnte – oder daß auf dem verschwommenen Bild eine Predator-Drohne zu erkennen ist.

Predator-Drohne; diese Drohne kann auch mit einem Jettriebwerk ausgerüstet werden.

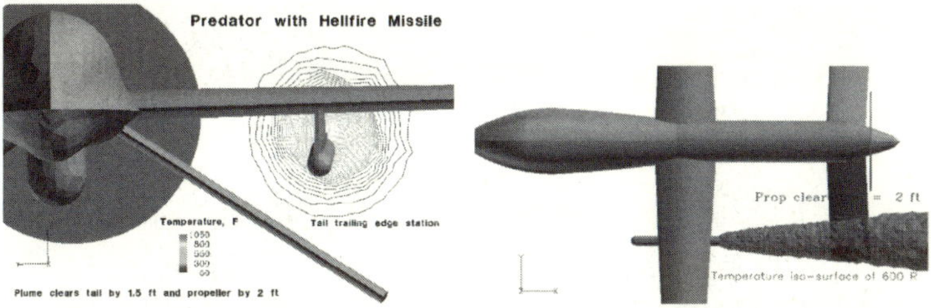

Predator-Drohne mit Hellfire-Rakete unter der Tragfläche: von vorn (links) und von oben (rechts)

Im Luftraum verhält sich eine solche Drohne wie ein normales Flugzeug, aber natürlich ist sie viel wendiger als eine große Passagiermaschine. »Für eine manuell gesteuerte Rechtskurve greift Capt. Robert Campbell zum ›Stick‹«, heißt es in der Bildunterschrift zu dem Foto unten. »Von der Bodenkontrollstation aus kann er sämtliche Flugmanöver durchführen. (. . .) Ganz wie seine bemannten Counterparts unterhält Campbell Sprach- und Datenkommunikation mit den Fluglotsen.«

Der Pilot der Drohne kann also mit den Fluglotsen kommunizieren, als säße er im Cockpit eines normalen Flugzeuges. Und tatsächlich sitzt er ja auch in einem Cockpit,

Externe Steuerung einer Flugdrohne

allerdings befindet sich dieses nicht in dem betreffenden Fluggerät, sondern auf dem Boden oder in einem anderen Flugzeug und ist via Datenlink mit der Maschine verbunden.

Die Fluglotsen können eine solche Drohne möglicherweise nicht von einem bemannten Flugzeug unterscheiden.

Aber wir sind nicht nur auf Spekulationen angewiesen. Denn schließlich kann man sich ein Bild davon machen, was im Pentagon überhaupt »angekommen« ist. Überzeugende Fotos von Flugzeugteilen aus dem Inneren des Verteidigungsministeriums wurden bisher zwar nicht in Umlauf gebracht, aber vielleicht lag das auch daran, daß man nach der falschen Maschine gesucht hatte, nämlich nach einer Boeing 757 statt nach einer Drohne.

Betrachtet man eine Vergrößerung dieses Fotos, scheint man das Ende einer halbverschütteten Tragfläche zu erkennen. An der Stirnseite des geschlossenen Profils meint man eine flache, ovale Zeichnung oder Struktur zu erkennen. Auch an einem Global-Hawk-Flügel kann man eine solche Struktur erkennen.

Trümmerteile im Pentagon

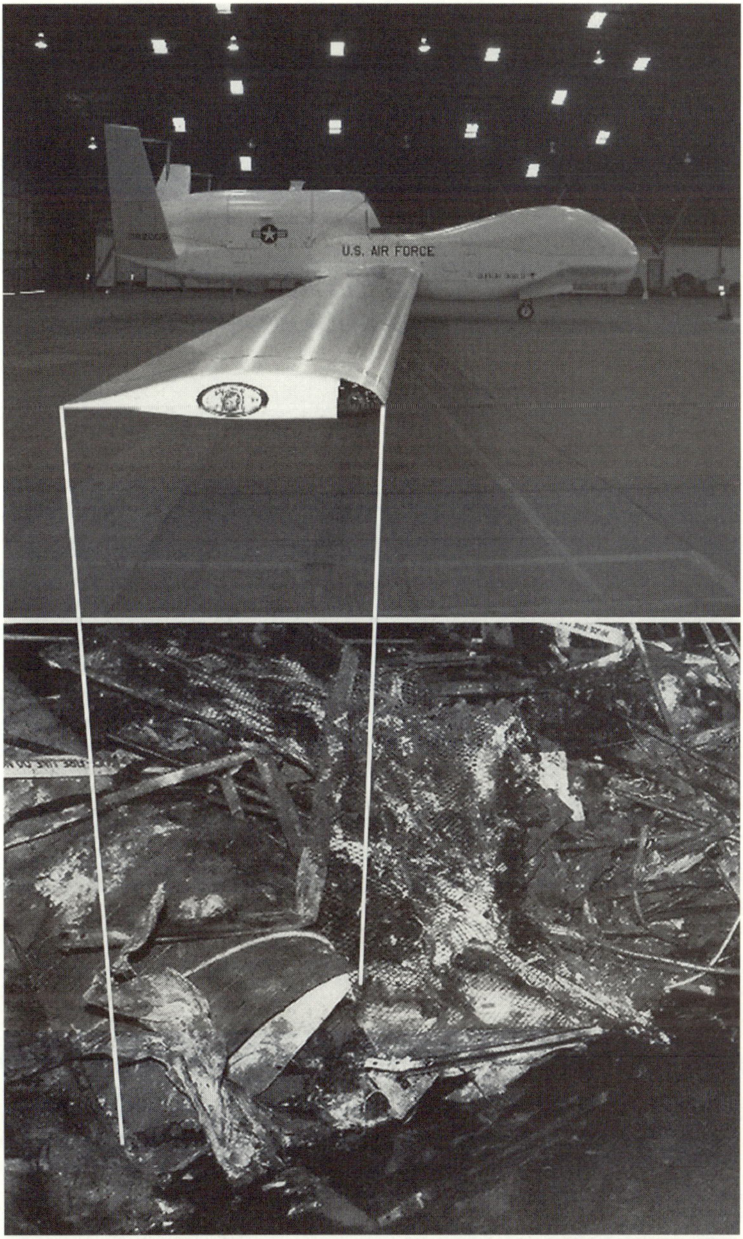

Tragflächenprofil einer Global-Hawk-Drohne und mögliches Tragflächenprofil in den Pentagon-Trümmern

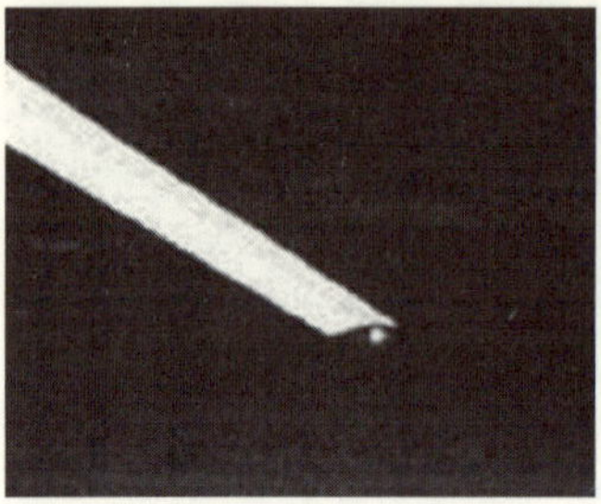

Positionslampe an der Tragfläche einer Global-Hawk-Drohne

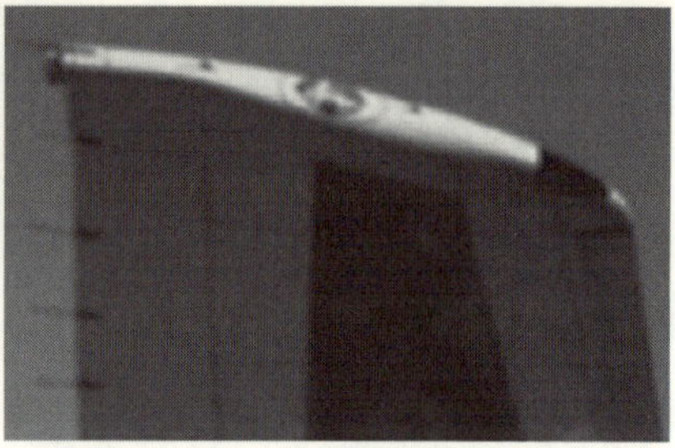

Positionslampe an der Tragfläche einer Boeing 757

Es bleibt die Frage, was diese merkwürdige ovale Struktur an der Stirnseite der Tragfläche darstellen könnte. Möglicherweise handelt es sich einfach um die Positionslampe. Nun haben natürlich viele Flugzeuge ihre Positionslampen an der Stirnkante der Tragflächen – auch die Boeing 757. Allerdings ist deren geschwungene Flügelkante beim besten Willen nicht mit dem möglichen Trümmerteil im Pentagon in Einklang zu bringen.

Während die Flügelkante des Trümmerteils gerade abgeschnitten ist, ist die Stirnseite der Boeing-Tragfläche abgerundet und geschwungen. Fast noch wichtiger ist, daß es sich bei dem Pentagon-Fundstück augenscheinlich um einen starren Flügel ohne irgendwelche Klappen handelt, während die Boeing 757 eine dynamische Tragfläche mit Vorflügelklappen besitzt. Solche Vorflügelklappen sind bei dem Trümmerstück aus dem Pentagon nicht zu erkennen.

Natürlich sind diesbezüglich noch einige Fragen zu klären. Zum Beispiel: Wie sollen solche Tragflächen eigentlich in das Gebäude hineingekommen sein? Da wir hier wahrscheinlich von einem Leichtbauflugzeug sprechen, das sich beim Aufprall nicht unter seinem eigenen Gewicht »zerlegt«, könnte es sich ähnlich zugetragen haben wie beim Absturz eines Modellflugzeuges: Beim Aufschlag der Rumpfspitze klappen die Flügel nach vorn. Ob sie dabei durch eine Öffnung, etwa ein Fenster, fliegen können, ist allerdings fraglich, da sie nicht geradeaus, sondern in einem flachen Winkel auf die Fassade auftreffen würden. Überdies gibt es Hinweise darauf, daß sich der Rumpf des wie auch immer gearteten Fluggerätes vor dem Pentagon befand, wie man gleich sehen wird.

Ob es sich hierbei wirklich um Tragflächen handelt, muß also offenbleiben. Vielleicht sind es auch herabgefallene Teile der Gebäudeinfrastruktur.

Eine Tragfläche indes macht noch kein Flugzeug. Man darf bei einem Absturz erwarten, auch Teile des Rumpfes zu finden. Doch auf keinem der zahlreichen Fotos aus dem Verteidigungsministerium sieht man auch nur eine Spur eines Flugzeugrumpfes. Liegt das vielleicht daran, daß der Rumpf draußen geblieben ist? Auf den beiden folgenden Fotos (siehe S. 186 oben) glauben Analytiker herumfliegende Wrackteile zu erkennen, insbesondere einen Rumpf mit Leitwerk. Wirft man einen Blick auf die animierte Bilderfolge, kann man den Eindruck gewinnen, als prallte ein Flugzeugrumpf vom Pentagon zurück. Um den Bewegungsablauf nachzuvollziehen, schauen Sie sich die betreffende Internetseite an.[166] Es handelt sich um jene fünf Bilder einer Überwachungskamera, die das Pentagon nach dem 11.9. durchsickern ließ. Der Bewegungsablauf spricht dafür, daß hier tatsächlich eine Rakete abgeschossen wird, das heißt: Dem eigentlichen Flugzeug eilt ein noch schnellerer Körper voraus (weißer Rauchschweif) und löst die Explosion aus. Dafür spricht auch, daß man zunächst einen weißen und erst dann einen rötlichen Feuerball sieht. Das könnte darauf hinweisen, daß hier zunächst ein Sprengkopf und anschließend eine Kerosinladung (z. B. von einem Flugzeug) explodierte beziehungsweise abbrannte. Die brennende Kerosinladung würde den Leichtbaurumpf wie einen Heißluftballon oder ein brennendes Tempotaschentuch nach oben reißen.

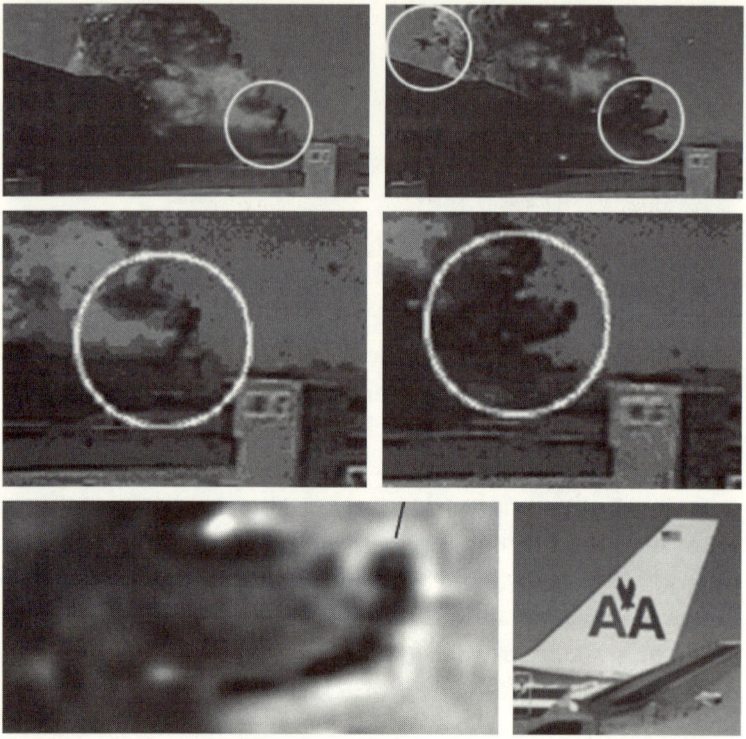

Explosion beim Aufprall auf das Pentagon; die Kreise weisen auf mögliche Trümmer- und Rumpfteile hin (ein Beobachter hat das Objekt aufgehellt und herausvergrößert).

In der Vergrößerung scheint sich der dunkle Fleck auf dem Leitwerk sogar noch in zwei Bestandteile aufzulösen, die entfernt an das Logo von American Airlines erinnern. Freilich macht auch das aus dem Winzling noch keine Boeing der American Airlines – vielmehr könnte es sein, daß jemand eine kleinere Maschine zu einem American-Airlines-Jet »umschminkte« – ein Verfahren, das ebenfalls in Operation Northwoods vorgesehen war.

Wenn es sich – wie hier angenommen – tatsächlich um einen Flugzeugrumpf handeln sollte, dann kann dies, abgesehen von der Größe, deshalb nicht der riesige Rumpf einer

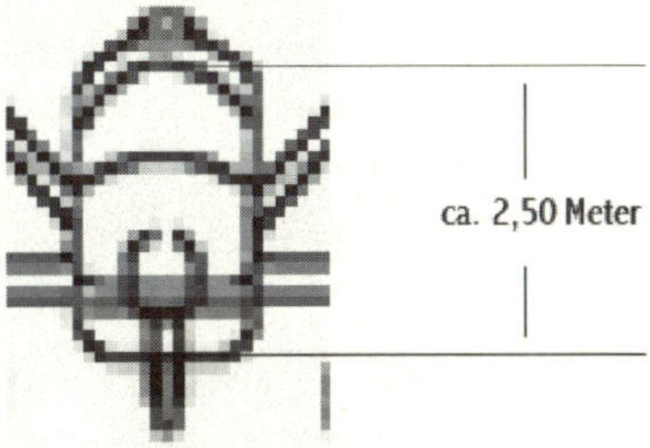

Boeing 757 gewesen sein, weil sich dieser bei einem solchen Aufprall in seine (größeren) Bestandteile zerlegt hätte. Zudem: Wenn dieser Rumpf nicht in das Pentagon eindrang, sondern zurückprallte, muß er nach dem Aufprall irgendwo vor dem Gebäude gelegen haben. Aber wo? Leider ist auf den Fotos des Verteidigungsministeriums nichts dergleichen zu sehen. Hat man das Rumpfteil möglicherweise schnell abtransportiert, unter einer Plane versteckt? Warum ist dieses Teil so geheim, daß es sorgfältig vor den Augen der Öffentlichkeit verborgen werden muß? Warum mußte es so schnell weg?

Das Paket, das die Leute auf dem Foto oben links tragen, ist mehr als mannshoch. Betrachtet man den Querschnitt des Global-Hawk-Rumpfes, scheinen sowohl die Form als auch die Höhe zu passen. Der Predator ist für einen Transport, wie man ihn auf dem obigen Bild sieht, sogar gebaut: »Jeder Predator kann in sechs Hauptteile zerlegt und in einem Container mit dem Spitznamen ›Der Sarg‹ verstaut werden«, heißt es in einem Artikel von *Air Force Link*.[167]

Doch wie können ein paar Männer ein so großes Teil eines Flugzeugrumpfes auf ihren Händen tragen? Eine Erklärung könnte lauten, daß Global Hawk und Predator in extremer Leichtbauweise gebaut sind. Das ganze Global-Hawk-Gerät hat ein Leergewicht von gerade mal vier Tonnen, wobei das Triebwerk am meisten wiegen dürfte. Die vordere Zelle dürfte in etwa so leicht sein wie eine moderne

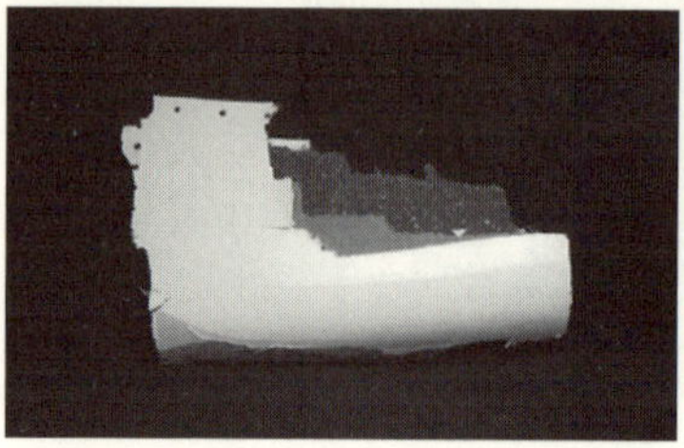

Von Penny Elgas gefundenes Trümmerteil aus Glasfaser-Verbundwerkstoff

Hubschrauberzelle aus glasfaserverstärktem Kunststoff (GFK).

Deshalb die Frage: Sind GFK-Trümmer am Pentagon aufgetaucht? Tatsächlich soll ein solches Leichtbauteil gefunden worden sein. Eine gewisse Penny Elgas will mit ihrem Cabrio genau in dem Moment auf der Autobahn vor dem Pentagon unterwegs gewesen sein, als das Flugzeug über sie hinweggerauscht sei. Auch sie will – wie einige andere Zeugen auch – einen American-Airlines-Jet erkannt haben. Erst bei ihrer Ankunft zu Hause habe sie bemerkt, daß ein Trümmerteil der Maschine auf den Rücksitz ihres offenen Wagens geschleudert worden sei. Allerdings war dies nicht etwa ein Aluminiumteil, wie man es bei einer Boeing erwartet hätte, sondern ein Teil aus einem Glasfaser-Verbundwerkstoff, wie man ihn von superleichten Flugzeugkonstruktionen kennt.

Nun wäre das möglicherweise eine heiße Spur gewesen, aber anders als bei jedem anderen Flugzeugabsturz wurde dieses Teil nach dem Crash nicht von den Behörden gesichert. Schon wieder ein Beweis, für den sich niemand interessierte. Vielmehr bastelte Penny Elgas eine »Patriotic Box«, klebte »God Bless America« darauf und verstaute das geheimnisvolle Trümmerstück darin. Anschließend stiftete sie es dem National Museum of American History.[168]

Ein bizarrer Vorgang. Das wäre in etwa so, als würden Sie einen Mord entdecken, die Tatwaffe mitnehmen, zu Hause dafür ein nettes kleines Kästchen basteln und das Ganze anschließend Ihrem Heimatmuseum schenken. Und dieses Museum würde die Schatulle auch annehmen und seiner Sammlung einverleiben.

Natürlich hätte das Beweisstück nicht in einem Museum, sondern in einem Hangar landen müssen, in dem die fragliche Maschine zusammengesetzt wird. Aber von einem solchen Hangar hat man auch im Fall Pentagon nie etwas gehört. Die Implikationen dieses Artefaktes werden überhaupt nicht wahrgenommen.

Navy oder: Alles bleibt in der Familie

In »Operation 9/11« bin ich bereits auf die Tatsache eingegangen, daß Flug 77, der angeblich auf das Pentagon stürzte, in Wirklichkeit aber verschollen ist, vollbesetzt mit Navy-Personal war. Unter anderen waren an Bord:

- die Navy-Elektronik-Expertin Vicky Yancey, 43,
- der Manager John Sammartino, 37, früher Naval Research Laboratory der Navy, jetzt bei der Rüstungs- und Raketenfirma XonTech,
- John Yamnicky, 71, pensionierter Navy-Flieger und Luftfahrtingenieur,
- Wilson Flagg, 63, nach einem Sexskandal mit Schimpf und Schande davongejagter Navy-Admiral,
- Charles Droz, 52, pensionierter Lieutenant Commander der Navy,
- William Caswell, Physiker, Senior-Wissenschaftler der Navy und mit geheimen Aufgaben betraut,
- Bernard Brown, 11, Sohn eines Navy-Offiziers, der in dem angeblich getroffenen Pentagon-Flügel arbeitete.

- Auch Charles Burlingame, glühender Patriot und Kapitän der Maschine (Flug 77) war ein Navy-Mann. Früher diente er bei der Miramar Naval Air Station, besser bekannt unter dem Namen Top Gun. Bis 1996 war er als Verbindungsoffizier für das Pentagon tätig.[169]

Auch ein zweiter Kapitän eines der Todesflüge war ein Navy-Veteran: Victor Saracini von Flug United Airlines 175.[170]

Der 11.9., so scheint es, war die reinste Navy-Veranstaltung: Eine ganze Reihe von Zeugen, die den Einschlag oder Absturz der Maschinen beobachtet haben wollen, waren ebenfalls Angehörige der Navy, darunter auch Donald »Tim« Timmerman. Er war einer der wenigen, die Stein und Bein schworen, eine Boeing 757 sei in das Pentagon geflogen. In einem Dialog mit einem CNN-Reporter pocht Timmerman entschieden darauf, daß es sich um eine Boeing 757 der American Airlines gehandelt haben muß:

> *Frage:* »Was können Sie uns über das Flugzeug sagen?«
> *Timmerman:* »Es war eine Boeing 757, American Airlines, keine Frage.«
> *Frage:* »Sie sagten, es war eine Boeing, und Sie sagten, es war eine 757 oder 767?«
> *Timmerman:* »7-5-7.«
> *Frage:* »Die natürlich...«
> *Timmerman:* »American Airlines.«
> *Frage:* »American Airlines, einer aus der neuen Generation von Jets?«
> *Timmerman:* »Korrekt. Es war so nah, es war so, als würde ich aus dem Fenster schauen und auf einen Helikopter blicken. Es war direkt vor mir.«

Schon bei der nächsten Frage will Timmerman dann doch nicht so nah dran gewesen sein.

Frage: »Man hat uns erzählt, daß es so niedrig flog, daß es beim Anflug ein paar Lichtmasten umwarf ...«
Timmerman: »Das könnte hinter den Apartments passiert sein, die meine Sicht behinderten.«

Und noch ein paar Fragen später:

Frage: »Haben Sie gesehen, daß man Leute heraustrug, Verletzte heraustrug, irgend etwas in dieser Art?«
Timmerman: »Nein, Sir. Ich bin ja doch eine Viertelmeile weg, vielleicht ein bißchen näher, und von hier aus sah ich nichts dergleichen.«[171]

Timmerman ist Pilot bei der Navy.[172]

Auch Christopher Munsey, Reporter der *Navy-Times*, beschrieb die Maschine genau: »Ich konnte nicht glauben, was ich da zu meiner Rechten sah: Einen silbernen, zweimotorigen American-Airlines-Jet, der fast geräuschlos über den Navy-Anbau glitt – schnell, niedrig und geradewegs in Richtung Pentagon.«[173] Fast unnötig zu sagen, wer eigentlich in dem Pentagon-Gebäudeflügel residierte, in den das Flugzeug angeblich einschlug: die Navy.

Zu den Zeugen, die den Pentagon-Einschlag beobachteten, gehörten ferner:

- Ron Turner, stellvertretender Navy Chief Information Officer,
- Lesley Kelly, pensionierter Commander, US-Navy,
- Darb Ryan, Vizeadmiral der Navy,
- James Ryan, ehemaliger Navy Attaché (er identifizierte ebenfalls eindeutig einen American-Airlines-Jet),
- Michael James, Navy-Informationstechniker,
- Donald Bouchoux, pensionierter Navy-Offizier
- sowie ein ungenannter Navy-Admiral.

Auch der berühmte Lee Purbaugh, der als einziger ein Flugzeug in Pennsylvania abstürzen sah, diente in der Navy.[174] Seinen Job in der Nähe der »Absturzstelle« von Flug 93 hatte er erst einen Tag vor dem 11. September angetreten.[175] Erinnern Sie sich an Mark Faram, den Fotografen? Er diente der Navy als Journalist, und zwar »First Class«.

Zur Navy gehörte auch jener Lieutenant Delmart E. Vreeland, der vor dem 11. 9. in Toronto, Kanada, wegen Scheckbetrugs verhaftet wurde und behauptete, für den Geheimdienst der Navy an verdeckten Operationen beteiligt gewesen zu sein. Gegenüber den kanadischen Ermittlern gab er an, Informationen über einen bevorstehenden großen Terroranschlag zu haben, aber man schenkte ihm keinen Glauben. Vier Wochen vor den Anschlägen übergab er dem Gefängnispersonal einen verschlossenen Umschlag, der zu seinen Akten genommen wurde. Geöffnet wurde er erst am 14. September 2001, aber da war es zu spät. Der Brief enthielt detaillierte Angaben zu den Anschlägen vom 11. September.[176] Auch bei der Untersuchung des Falles 9/11 war die Navy prominent vertreten, zum Beispiel in Gestalt von AFIP-Direktor Captain Glenn N. Wagner, dem Leiter jenes Instituts, das angeblich die Passagiere von Flug 77 und Flug 93 identifizierte.

John F. Lehman, derzeit »unabhängiger« Ermittler in der National Commission on Terrorist Attacks Upon the United States, war in der Reagan-Administration an höchster Stelle für den Ausbau der Navy zur unbesiegbaren Seestreitmacht zuständig. Er ist Autor des Buches »Helden, Schiffe und heldenhafte Schlachten der amerikanischen Marine«. Auch der ausführende Direktor der Untersuchungskommission, Philip Zelikow, arbeitete in der Regierung mit der Navy zusammen.[177]

Daß am 11. 9. 2001 die Türme des World Trade Centers angegriffen worden waren, erfuhr George W. Bush durch die Navy, und zwar von United States Navy Captain Deborah Loewer, ihres Zeichens Chefin des Lagezentrums des Weißen Hauses. Loewer, seit sechsundzwanzig Jahren bei der Navy, war die erste weibliche Kommandantin auf einem US-Kriegsschiff und auch mit langfristigen strategischen Planungen betraut. Sie überbrachte dem Präsidenten während seines Aufenthaltes in Florida die Nachricht zuerst.[178] Bush dürfte sich in ihrer Obhut ganz sicher gefühlt haben, denn seine Familie hat traditionell enge Bindungen an die Navy. Der Geheimorden Skull & Bones, dem er und sein Vater angehören, schickt seine Mitglieder zur Bewährung traditionell in die Marine (George W. Bush diente allerdings in der Texas Air National Guard). Wahrscheinlich inszenierte Bush die Siegesfeier nach dem Irak-Krieg deshalb auch nirgendwo anders als auf einem Flugzeugträger der Navy.

Irgendwie bleibt also alles in der Familie. Die Attacke auf den Navy-Flügel des Pentagon war nicht der erste »Selbstmord«-Anschlag von Bin Laden auf eine Einrichtung der Marine. Zuvor, am 12. Oktober 2000, erwischte es schon den US-Zerstörer USS Cole. Auch damals wurde Bin Laden als Drahtzieher verdächtigt.

Einige der vermeintlichen Hijacker des 11.9. residierten nirgendwo anders als in der »Wiege der amerikanischen

Stadtplan Washington, D. C.: Lage des Pentagon

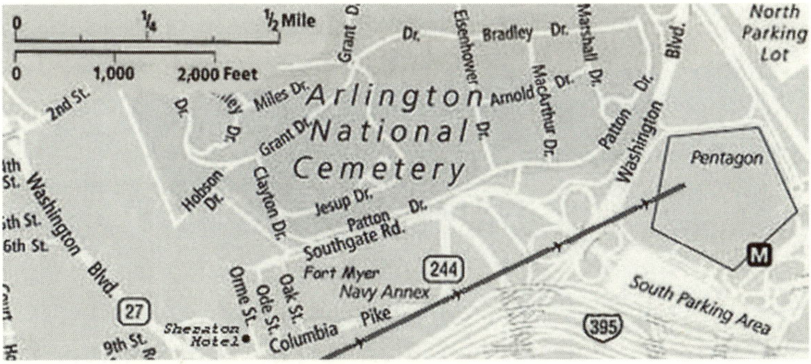

Marinefliegerei«, nämlich in der Naval Air Station in Pensacola, Florida. Jedenfalls stand diese Adresse in ihren Führerscheinen.[179]

Das Objekt, das das Pentagon am 11. 9. traf, kam aus Richtung des sogenannten Navy-Annex (Navy-Anbau). Von dort kam auch Mark Faram, um das »Trümmerteil« zu fotografieren. Der Navy-Annex beherbergt Personal, das vor dem 11. September wegen angeblicher Renovierungen aus dem später von dem Anschlag betroffenen Pentagon-Flügel ausgezogen war.[180] Veteranen-Organisationen wundern sich seit Jahren, warum die Navy die alten, heruntergekommenen Gebäude des Navy-Annex überhaupt noch nutzt – wo in Washington doch jede Menge moderner Büroraum verfügbar sei. Der Bereich des Navy Annex werde viel dringender für neue Bestattungsplätze auf dem Arlington-Friedhof gebraucht.[181]

Auch am Ende der Flugbahn des aus Richtung Navy-Annex anfliegenden Fluggerätes saß ein Navy-Mann – wenn auch auf der sicheren Seite des Pentagon: Verteidigungsminister Donald Rumsfeld, Herr der Feldzüge gegen Afghanistan und den Irak, vormaliger militärischer Rang: Navy-Captain.

Sollten übrigens eines Tages die wahren Drahtzieher des 11. 9. festgenommen werden, dann landen sie womöglich nirgendwo anders als auf der Basis Guantanamo. Vielleicht fühlen sie sich da ja auch wie zu Hause. Denn auch diese Basis gehört der Navy, genau wie die Basis Pearl Harbor, die den USA den Anlaß für den Eintritt in den Zweiten Weltkrieg lieferte.

Drohnen im World Trade Center?

Es stellt sich die Frage, ob sich auch an anderen Absturzstellen Spuren einer Drohne finden lassen, zum Beispiel im

World Trade Center. Ein entsprechender Verdacht ließe sich leicht widerlegen, wenn man wüßte, daß die Maschinen, die in die beiden Türme flogen, tatsächlich die Flüge American Airlines 11 und United Airlines 175 waren. Ließe sich dies beweisen, wäre die ganze Drohnen-Diskussion schnell vom Tisch. Überraschenderweise läßt sich das aber nicht beweisen. Die bekannten Aufnahmen und Erkenntnisse über die einschlagenden Maschinen lassen keinerlei Rückschlüsse auf deren Identität zu:

- Weder sind irgendwelche Kennungen zu sehen, noch lassen sich eindeutig die jeweiligen Insignien der Airlines identifizieren.
- Auch Wrackteile mit solchen Kennungen oder anderen unveränderbaren Merkmalen wurden nicht gefunden, zumindest wurde nichts darüber veröffentlicht.
- Die Flugsicherungsdaten sprechen ebenfalls nicht dafür, daß es sich bei den Maschinen im World Trade Center um Flug UA 175 und Flug AA 11 handelte. Vielmehr beobachtete die Flugsicherung einen Wechsel der Identifizierungscodes (Transpondercodes).
- Das Wichtigste ist aber, daß die Black boxes fehlen: sowohl die Cockpitvoicerecorder wie die Flugdatenschreiber.

In meiner bereits zitierten Anfrage vom 3.2.2004 an das FBI wollte ich auch wissen, ob irgendwelche Trümmer einer Boeing 767 in den WTC-Türmen oder in der Nähe der Unfallstelle gefunden wurden, und wenn ja, welche. Zwar gibt es hier – im Unterschied zu Shanksville (Flug 93) – Aufnahmen von solchen Wrackteilen auf den Straßen am World Trade Center. Aber natürlich kann man an den Fernsehbildern nicht erkennen, von welchem Flugzeugtyp, und erst recht nicht, von welchem Flugzeug diese Trümmer stammen. Außerdem wollte ich wissen, ob das FBI bestätigen könne, daß 767-Airliners in das World Trade Center geflogen sind.

Die Antwort ist bekannt: Zuständig sei nicht das FBI, sondern das NTSB. Also fragte ich dort nach. Doch ich erhielt keine Antwort. Die Maschinen, die in das World Trade Center krachten, sind also zunächst einmal anonym.

Vielleicht, so dachte ich, kommt man durch eine eingehende Betrachtung vor allem der Bilder der zweiten, in den Südturm einschlagenden Maschine ein Stück weiter. Dabei soll es sich um eine Boeing 767–222 der United Airlines gehandelt haben. Kritiker sind in dieser Frage anderer Meinung: »Was diesen Flug angeht, sprechen wir nicht länger von UA 175«, meint David Sadler, ein Kongreßkandidat der Republikaner bei den Wahlen 2002: »Wir nennen ihn WTC2-AC für World Trade Center Turm 2-Aircraft«, wird Sadler auf einer Webseite zitiert.[182] Der Grund für diese Haltung ist ein Phänomen, das die internationale Forschergemeinde »Anomalie« nennt – eine seltsame dicke Ausbuchtung unter dem Rumpf von Flug »UA 175«.

Um zu demonstrieren, was er meint, hat Sadler die Vergrößerung der unten gezeigten, wohlbekannten Aufnahme ins Internet gestellt. Es ist jene Aufnahme, bei der United

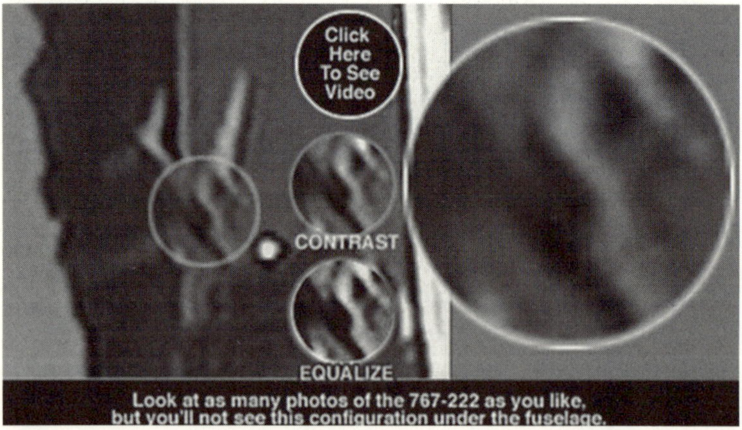

Airlines 175 in einer schwungvollen Kurve von oben links herangeflogen kommt, um einen Wimpernschlag später in das World Trade Center einzuschlagen.

Wenn man dieses Bild genau betrachtet, entdeckt man unter dem Rumpf der Boeing etwas, was dort nicht hingehört, nämlich eine längliche, rundliche Ausbuchtung, die an einen Tank oder etwas Ähnliches erinnert.

»UA 175 war eine kommerzielle Boeing 767–222«, schreibt David Sadler: »Sehen Sie so viele Fotos der 767–222 an, wie Sie wollen, Sie werden niemals diese Konfiguration finden. Die 767–222 hat keine stabilen Bereiche, um dort einen externen Tank oder etwas Ähnliches anzubringen. Es spielt keine Rolle, welche anderen Argumente dafür sprechen, daß diese Maschine UA 175 ist. Jeder Vertreter dieser These *muß* erklären und beweisen, daß UA 175 (Registrierungsnummer N612UA) Veränderungen an ihrem Rumpf aufwies. Ferner muß er darlegen, daß diese

Fotos aus einem Film, der den Aufprall der Boeing zeigt.

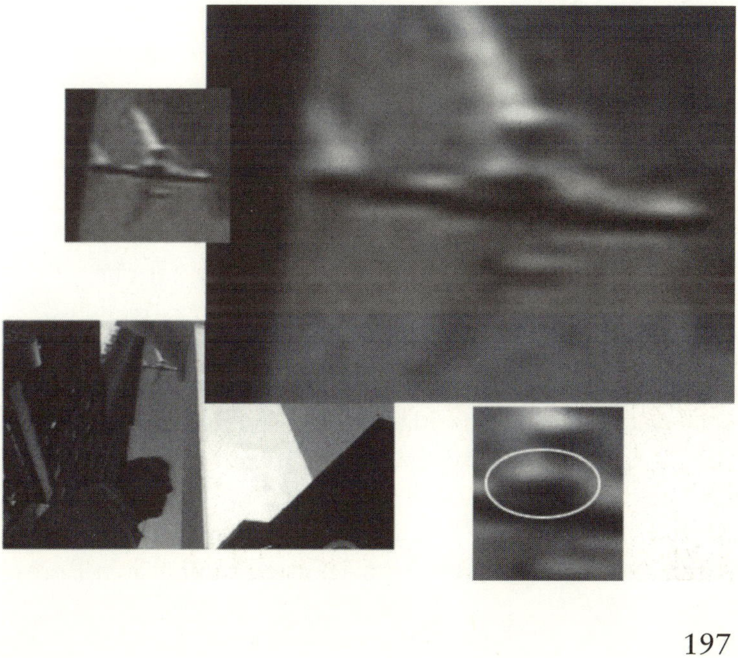

Veränderung an diesem schicksalhaften Tag bereits beim Start von Logan Airport vorhanden war. Die Konfiguration ist auf zahlreichen Fotos von zahlreichen Kameras in zahlreichen Formaten und Winkeln zu sehen.«[183]

Gleich zwei Filme vom Einschlag der Boeing bestätigen diese These.

Dennoch tauchten sofort reihenweise »natürliche Erklärungen« auf. Zum Beispiel könnte es sich um eine aufgerissene Tür der Ladebucht handeln, wurde vermutet. Das ist jedoch unwahrscheinlich, denn eine offene Tür würde bei einer Geschwindigkeit von vierhundert bis sechshundert Stundenkilometern sofort aus den Angeln gerissen werden, und das Flugzeug würde dabei in Schwierigkeiten geraten.

Die nächste Erklärung lautete, es könnte sich um den Schatten des rechten Triebwerks handeln. Doch wie in den Vergrößerungen zu erkennen ist, wirft dieses Triebwerk seinen Schatten unmittelbar neben sich. Und das rätselhafte Objekt wirft seinen eigenen Schatten.

Sämtliche »natürlichen Erklärungsversuche« sind meines Wissens bisher gescheitert.

Am konsequentesten ging der Sache *La Vanguardia* nach, eine der fünf bedeutendsten Tageszeitungen Spaniens: »*La Vanguardia* fragte Boeing nach diesen Formen und bekam die Auskunft, man könne darauf aus Gründen der nationalen Sicherheit nicht antworten. (...) Boeings Abteilung für zivile Luftfahrt mit Sitz in Seattle untersuchte die Fotografien zehn Tage lang, und nachdem eine Erklärung für das Phänomen angekündigt wurde, lehnte sie es ab, sich dazu zu äußern. Schließlich erklärte ein Sprecher, Boeing sei aus Gründen der Sicherheit und weil es nicht an der offiziellen Untersuchung der Anschläge teilgenommen habe, nicht in der Lage, eine Meinung zu äußern.«[184]

Auch ich richtete am 5. Februar 2004 eine Anfrage an Boeing. Darin wollte ich wissen, worum es sich bei dem rundlichen, röhrenförmigen Gegenstand unter dem Rumpf der Maschine handeln könnte. Zweitens wollte ich wissen, ob Boeing bestätigen könne, daß die fraglichen Bilder von Flug UA 175 beim Einschlag in das World Trade Center eine Boeing 767–222 zeigen. Auf diese Fragen erhielt ich keine Antwort.

Ich fasse zusammen:

- Im World Trade Center wurden weder die Hijacker von Flug UA 175 noch von Flug AA 11 identifiziert.
- Für die Identifizierung der Passagiere und der Crew der beiden Todesmaschinen gibt es von der zuständigen Medizinerin keine Bestätigung.

Damit gibt es keinen Beweis, daß sich an Bord der beiden Flugzeuge Menschen befanden.

Im World Trade Center wurde auch keine der Black boxes der Maschinen gefunden, obwohl diese Datentresore wesentlich haltbarer sind als menschliches Gewebe. Selbst ganz normale Festplatten von Bürocomputern wurden aus den Trümmern geborgen und wieder leserlich gemacht.

Aus den Daten der Flugsicherung geht nicht hervor, daß die beiden in das WTC gelenkten Flugzeuge American Airlines 11 und United Airlines 175 waren – im Gegenteil. Die Controller berichteten von »nicht identifizierbaren« Maschinen.[185] Damit gibt es auch keinen Beweis für die Identität der beiden Maschinen im World Trade Center.

Schließlich zeigt »Flug UA 175« Anomalien, die darauf hinweisen könnten, daß es sich in Wirklichkeit nicht um das angegebene Flugzeug handelt.

Was für Maschinen waren es also, die am 11. September 2001 vor den Augen der Weltöffentlichkeit in die beiden Türme einschlugen? Und vor allem: Wo sind die einhundertachtundfünfzig Menschen geblieben, die sich angeblich an Bord der Flugzeuge befanden (die Angaben über die Zahl der Insassen schwanken bis heute)? Bevor sie als tot betrachtet werden können, müssen sie entweder von unabhängigen Instituten identifiziert oder auf einer seriösen Grundlage (Passagierlisten, Boardingunterlagen etc.) für tot erklärt werden.

Ein Jet als Drohne

In dem Kapitel über die Geschichte der Drohne hatte ich die Frage gestellt, ob es Beweise dafür gibt, daß auch große Passagierjets ferngesteuert werden können und wie das funktionieren könnte. Eines der wenigen Dokumente, das darüber detailliert Auskunft gibt, ist das NASA Technical Memorandum 4084 vom November 1988. Timothy W. Horton und Robert W. Kempel berichten darin detailliert über die Fernsteuerung eines vierstrahligen Passagierjets, in diesem Fall eine Boeing 720. Das ist eine für den Einsatz auf Mittelstrecken umgebaute Boeing 707–120 mit einem zweieinhalb Meter kürzeren Rumpf.

Die Boeing 720 gehörte mit über einundvierzig Meter Länge, dreizehn Meter Höhe und vierzig Meter Spannweite zu den größten Düsenverkehrsflugzeugen ihrer Zeit. Ihr maximales Abfluggewicht betrug 106 Tonnen, maximal konnte sie etwa 150 Passagiere transportieren.[186]

Eine Boeing 720 (links) mit Dummy-Passagieren auf dem Weg zum Crash (rechts)

Mitte der achtziger Jahre baute das NASA Dryden Laboratory eine solche Maschine zum ferngelenkten Flugzeug um, und zwar für einen Crash-Test, bei dem man die Auswirkungen des Absturzes auf die Dummy-Passagiere testen wollte. Aber de facto waren Aufgabenstellung und Ablauf dem Geschehen am 11. 9. nicht unähnlich – vorausgesetzt, die »Operation 9/11« wurde wirklich mit ferngelenkten Maschinen durchgeführt. In beiden Fällen ging es um einen präzise gesteuerten »Controlled Flight into Terrain«, in beiden Fällen endete der Flug mit einem Crash. Und in beiden Fällen wurden die Tragflächen wie von einem Eierschneider aufgeschnitten, was zur Entfaltung eines riesigen Feuerballs führte: Im Fall des World Trade Centers durch die senkrechten Strahlträger, im Fall des Crash-Versuchs durch eigens auf der Crash-Landebahn angebrachte »Wing Cutter«, die die Tragflächen in Stücke schnitten und zu einer sofortigen Freisetzung des Treibstoffs führten. Genauge-

Crashtest mit einer umgebauten Boeing 720

nommen läßt sich dieser Test auch als Versuch beschreiben, einen Passagierjet als Waffe einzusetzen.

Das gesamte NASA-Dokument widmet sich ausschließlich dem Problem der Fernsteuerung des vierstrahligen Passagierjets. Interessant daran ist zunächst, daß Cockpit und Fernsteuerungsanlage in der Maschine parallel existierten. Das gehört zum normalen Werdegang einer Full-Scale-Drohne. Denn während der Entwicklungs- und Testphase ist die Anwesenheit von menschlichen Piloten an Bord erforderlich, die bei einer Fehlfunktion die Fernsteuerungsanlage mit einem einfachen Schalter ausschalten und das Flugzeug übernehmen können. Die meisten Testflüge der Boeing-720-Drohne wurden denn auch mit menschlichen Piloten an Bord durchgeführt, nur der eigentliche Crash wurde natürlich ohne On-Board-Piloten geflogen. Interessant ist das deshalb, weil unter 9/11-Skeptikern auch diskutiert wird, inwieweit eine bemannte Maschine von außen hätte übernommen werden können, sprich: ob ein ganz normales Cockpit gleichzeitig mit einer Fernsteuerungsanlage ausgerüstet sein kann, die in einem bestimmten Moment zugeschaltet wird. Wie man sieht, gehört dies zur normalen Entwicklung einer Full-Scale-Drohne. Man müßte den Piloten nur die Möglichkeit nehmen, die Fernsteuerung wieder auszuschalten. Aus mancherlei Gründen habe ich in meinem Buch »Operation 9/11« jedoch für eine leere Drohne als wahrscheinlichere Version optiert, unter anderem deshalb, weil reale Anzeichen für den Austausch der Maschinen in der Luft vorliegen.

Insgesamt absolvierte die Boeing-720-Drohne vierzehn Testflüge mit zehn ferngesteuerten Starts, dreizehn ferngesteuerten Landungen und neunundsechzig ferngesteuerten – so wörtlich – »Zielanflügen«. Die Fernsteuerung eines solchen Jets stellte kein grundsätzliches Problem dar, da im Prinzip jede Verkehrsmaschine bereits eine Art Fernsteuerung an Bord hat: die Empfangsanlage für das Instrumentenlandesystem (ILS) des Flughafens. Dieses System sendet eine vertikale und eine horizontale »Funkkeule« in den Raum, an denen sich die Maschine automatisch orientiert. Weicht das Flugzeug zum Beispiel von der senkrechten Funkkeule (Landekurssender) ab, wird das von ihrem Empfänger registriert, woraufhin der Autopilot die Maschine wieder auf die Ideallinie zurückführt. Weicht es von der horizontalen Funkkeule (Gleitwegsender) ab, betätigt der Autopilot das Höhenruder, um das Flugzeug wieder auf den korrekten Gleitweg zu bringen. So kann das Flugzeug also ohne Zutun des Piloten von außen gesteuert werden. Allerdings ist diese »Fernbedienung« statisch – niemand dreht an den Signalen des Landekurs- und Gleitwegsenders, um das Flugzeug fernzusteuern. Im Prinzip wäre das aber möglich. Man muß sich nur noch vorstellen, daß jemand die unveränderlichen Signale des Instrumentenlandesystems mit ein paar kleinen Steuerhebeln verändern kann – fertig wäre eine dynamische Fernbedienung.

Die Möglichkeiten für die Fernsteuerung eines solchen Jets sind also gegeben. Und tatsächlich war das auch die Grundlage für die Fernbedienung des Boeing-720-Jets: »Der eingebaute Autopilot war in der Lage, Signale des Instrumentenlandesystems (ILS) für Querruder und Höhenruder zu empfangen. Der Ersatz der ILS-Radiosignalpfade durch vom Boden gesendete Höhenruder- und Querruderkommandos stellte die grundlegende Fernsteuerungskapazität zur Verfügung«, heißt es in dem NASA-Papier.[187] Auf diese Weise kann man auf den ILS-Kanälen die Kontrolle über eine Maschine übernehmen – einige Umbauten in der Cockpitlogik vorausgesetzt.

Eine solche Drohne verfügt also über zwei Cockpits: eines im Flieger und das andere am Boden. Wenn der »Bodenpilot« auf seinen Bildschirm starrt, der ihm die Fenster- oder Nasenperspektive des realen Cockpits zeigt, kann er die Maschine fliegen, als befände er sich an Bord: Die

Cockpitanzeigen umfaßten neben den Bildern von zwei nach vorn blickenden TV-Kameras (farbig und schwarzweiß) alle wichtigen Instrumente, die ein »reales« Cockpit auch besitzt. Zum Beispiel einen künstlichen Horizont, Radarhöhenmesser und Geschwindigkeitsmesser. Daneben gab es Anzeigen für Sinkrate, Triebwerksumdrehungen, Spritdurchfluß, Abgastemperatur und anderes mehr.

Wie man aus der Geschichte der Drohnen lernen kann, können solche Maschinen auch von Begleitflugzeugen aus gesteuert werden. Zur fliegenden Konfiguration gehörten dabei mindestens:

- die Drohne,
- das Steuerungsflugzeug (Shepherd),
- der Abfangjäger für den Notfall.

Original und Fälschung

Die Indizien, daß am 11. September 2001 etwas ganz anderes geschah, als der Öffentlichkeit erzählt wird, verdichten sich also. Wahrscheinlich umfaßten die Attentate des 11. 9. einen technischen und einen propagandistischen Teil. Man muß sich das wie einen Action-Film vorstellen. Dort gehen wir ebenfalls nicht ernsthaft davon aus, daß es wirklich Sean Connery ist, der sich aus brennenden Autos stürzt, oder Harrison Ford, der einen Kampfjet steuert. Auch beim Film benötigt man Darsteller, die die Story glaubwürdig vertreten, und solche, die die technischen Operationen durchführen. Dasselbe gilt für die Flugzeuge am 11. 9. Da man mit einem Passagierflugzeug das Pentagon nun mal nicht auf die behauptete Weise »angreifen« kann, benötigt man auch dafür Doubles. Und da man auch angesichts eines einzigen möglichen Versuchs einen Kamikazeangriff auf das World Trade Center weder ein paar Amateurpiloten noch überhaupt einem menschlichen Piloten an Bord anvertrauen kann, benötigt man auch für diese Maschinen Doubles. Und das erklärt auch, warum man sich mit schlecht ausgebildeten Piloten zufriedengeben konnte – denn es war ohnehin nie beabsichtigt, sie den Einsatz fliegen zu lassen. Es reichte, wenn man der Öffentlichkeit erzählen konnte, daß ein paar islamistische Fanatiker Flugunterricht genommen hatten.

Stellt man sich den 11. 9. als Inszenierung vor, dann ist klar, daß im Rahmen dieser Inszenierung dieselben Methoden zur Anwendung kommen können wie bei einem x-beliebigen Hollywood-Film. Das heißt, man würde sich überlegen, wo man möglichst lebensnahe Modelle benötigt (zum Beispiel Full-Scale-Drohnen) und wo es auch ein paar Knalleffekte tun.

Es ist ebenfalls klar, daß ganz wie in einem Film das Original irgendwann gegen das Double ausgetauscht werden muß. Im Film ist das relativ einfach, weil man ja jederzeit schneiden kann. In der Wirklichkeit muß man sich eine entlegene Gegend suchen, in der ein »Schnitt« ebenfalls nicht weiter auffällt, wo man also den Austausch der Maschinen zumindest nicht beobachten kann. Allerdings verdienen die »Cutter« und Ausstatter des 11. 9. denkbar schlechte Noten, zum Beispiel für Continuity, also die Kunst, verschiedene Elemente so auszustatten und miteinander zu verbinden, daß sie immer als ein und dasselbe erscheinen, obwohl es sich um verschiedene Autos, Schauspieler oder Flugzeuge handelt. Wenn das im Film nicht funktioniert, gibt es die berühmten Fehler, die inzwischen so kultig geworden sind, daß es bereits Lexika darüber gibt. Und solche Fehler wurden auch am 11. 9. gemacht:

- Mindestens drei der vier Maschinen sendeten plötzlich andere Transpondercodes als die mit den Passagieren gestarteten Originale.

- Mehrere Maschinen zeigten nach dem »Schnitt« plötzlich ein so ungewöhnliches Flugverhalten, daß es sich nur schwer mit einem Passagierjet in Einklang bringen ließ.
- Drei Flugzeuge absolvierten nach der »Entführung« auffällige Kursschlenker, die sie weit von ihren Zielen wegführten, obwohl sie doch schnurstracks hätten darauf zufliegen müssen.
- Zwei Maschinen wurden am Ort des angeblichen Absturzes überhaupt nicht gefunden, eine andere zeigte eine Ausbuchtung unter dem Rumpf, die nicht zu dem gestarteten Flug United Airlines 175 paßt.

Das sind nur die wichtigsten Ungereimtheiten. Der 11.9. hätte einen Ehrenplatz in jedem Lexikon der Filmpatzer verdient. Die Frage ist nur, ob man die Stunts rekonstruieren kann. Der Grundgedanke muß sein: Weder die in Boston und New York gestarteten Maschinen noch deren Insassen waren für die technische Operation zu gebrauchen. Man muß sich nur vorstellen, ein Hijacker soll einen Präzisionsanflug durchführen, während hinter ihm unschuldige Menschen sterben, um ihr Leben kämpfen und wahrscheinlich versuchen, die Entführer auszuschalten. Die Frage ist auch, ob der Mann es schafft, mit todgeweihten Männern, Frauen und Kindern im Rücken in ein Gebäude voll todgeweihter Männer, Frauen und Kinder zu fliegen.

Das wirkliche Szenario muß man sich eher vorstellen wie in Operation Northwoods. Vier Maschinen starten und werden an einer geeigneten Stelle während des Fluges aus dem Verkehr gezogen. Entweder sind die Piloten eingeweiht, oder sie werden beispielsweise von Sicherheitspersonal an Bord der Maschine unter einem Vorwand angewiesen, den Transponder abzuschalten, in den Tiefflug überzugehen und auf der nächstgelegenen Militärbasis zu landen. Denkbar wäre auch eine Flugzeugentführung, die für alle Beteiligten vollkommen glaubwürdig abläuft, allerdings nicht im World Trade Center, sondern auf einer Militärbasis endet. Das könnte die Handygespräche ebenso erklären wie den Umstand, daß die Hijacker die Passagiere regelrecht zu Telefonaten aufgefordert haben sollen.

Besonders gut geeignet für einen Austausch der Maschinen ist zum Beispiel ein Tal. Die Originalmaschine verschwindet darin und verläßt es in minimaler Flughöhe, während das Double aus dem Tal emporsteigt. Professor Alexander K. Dewdney von der School of Computer Science der University of Waterloo, Kanada, hat ein detailliertes Szenario der Austauschoperation entwickelt. Sie finden es auf seiner Webseite www.physics911.org.

Was mit den Passagieren passiert, hängt davon ab, wieviel und welche Passagiere wirklich an Bord der Flugzeuge waren. Operation Northwoods hat Statisten vorgeschlagen. Dann wäre es vielleicht kein Problem, die Leute aussteigen und überleben zu lassen. Auf der anderen Seite deutet einiges auf ahnungslose Passagiere hin. Dann besteht die Gefahr, daß sie ausgeschaltet wurden, allerdings nicht beim Aufprall auf das World Trade Center oder das Pentagon, sondern nach der Landung auf einer Militärbasis.

Sobald die Originalflugzeuge aus dem Verkehr gezogen wurden, treten die Drohnen oder Doubles in Aktion. Im Fall von Flug 93 genügt ein schlampiges Double, denn mitten in Pennsylvania wird wohl kaum jemand mit einer Video- oder Fotokamera bereitstehen, um die Maschine aufzunehmen. Und für die kleineren Ungereimtheiten gibt es ja die »Filmkritik« in der Gestalt der Medien, die den Leuten schon erklären werden, daß hier trotz aller Patzer ein ausgezeichneter Film läuft. So funktionierte das schließlich auch bei dem nicht definierten und nicht genehmigten Wechsel der Transpondercodes. Was normalerweise klar für zwei Maschinen spricht, wurde einfach wegerklärt, indem es hieß, die Entführer hätten den Transponder zunächst abgeschaltet und dann wieder eingeschaltet – mit einer Kennung, die an diesem Tag für kein Flugzeug im Luftraum der USA vorgesehen war (Flug AA 11). So wurde aus zwei Maschinen wieder eine. Warum die Entführer so etwas hätten tun sollen, wurde allerdings nicht erklärt.

Am Pentagon genügt ebenfalls ein schlampiges Double (das heißt: kein lebensechtes Boeing-Double), denn schließlich befinden sich das Gebäude und seine Umgebung weitgehend in der Hand des Militärs. Wirklich aussagekräftige Foto- und Videoaufnahmen von Überwachungskameras werden nicht veröffentlicht, und auch jede Menge Zeugen stehen bereit. Nur am World Trade Center muß man schon etwas Glaubhaftes zeigen, nämlich (beim zweiten Einschlag) mindestens ein lebensechtes Double.

So also könnte die Operation 9/11 wirklich abgelaufen sein.

Neue Fragen

Aber wie das mit Antworten immer so ist: Meist tun sich dahinter neue Rätsel auf. Deshalb will ich gegen Ende dieses zweiten Teils Fragen auflisten, die den zahlreichen, bereits aufgeworfenen Fragen[188] hinzugefügt werden müssen:

- Wo sind die Insassen der vier Passagiermaschinen geblieben, die am 11. September 2001 in Boston und Washington gestartet sind und angeblich im World Trade Center, im Pentagon und in Pennsylvania abstürzten? Wurden ihre Überreste wirklich identifiziert und den Angehörigen zurückgegeben, oder handelt es sich um ganz andere Leichenteile? Diese Fragen können nur durch eine Exhumierung, neutrale Untersuchung und DNA-Analyse der Überreste geklärt werden.

- Wo sind die Original-Passagierlisten und die Boarding-Unterlagen der verschollenen Insassen?
- Wo sind die vier Passagiermaschinen vom Typ Boeing 757 und 767, die am 11. September 2001 in Boston und Washington gestartet sind? Wurden sie abgeschossen oder wurden sie auf geheime Basen verbracht? Wenn ja: Was passierte anschließend mit ihnen? Wo sind sie heute?
- Wo sind die Black boxes der vier Maschinen geblieben (die Flugdatenschreiber und Cockpitvoicerecorder)? Warum wurden im World Trade Center keine Black boxes gefunden? Und warum wurden die Black boxes aus Pennsylvania und vom Pentagon nicht untersucht und die Ergebnisse nicht veröffentlicht? Was enthalten diese Aufzeichnungen? Wurden hier wirklich Black boxes gefunden?
- Wo sind die Aufzeichnungen der Flugsicherung über die Flugrouten der vier Passagiermaschinen? Was enthalten diese Aufzeichnungen? Warum wurden sie nicht veröffentlicht?
- Was enthalten die Aufzeichnungen der übrigen Überwachungskameras des Pentagon und des gegenüberliegenden Sheraton-Hotels, dessen Videobänder beschlagnahmt wurden?
- Wann erfolgt endlich eine neutrale und dem Gesetz entsprechende Flugunfalluntersuchung?

Im Dienst der Aufklärung

Zum Glück gibt es eine globale Ermittlungsbewegung, die sich dieser und der vielen anderen offenen Fragen in Sachen 9/11 annehmen wird. Während 9/11-Skeptiker hierzulande noch als »Verschwörungstheoretiker« gebrandmarkt werden, läuft die Geschichte in Wirklichkeit in deren Sinne.

Längst treffen sich weltweit Tausende von Menschen zu Konferenzen, Tagungen und Vortragsveranstaltungen, um den Hintergründen des 11.9. auf die Spur zu kommen. Es ist inzwischen sogar schon schwierig geworden, einen Überblick über diese sich explosionsartig entwickelnde Bewegung zu geben.

Mit am Anfang standen zwei Tagungen in Berlin unter dem Motto »Der inszenierte Terrorismus« und »Unanswered Questions« im Juni beziehungsweise September 2003, veranstaltet von Ronald Thoden. Im Winter 2003 formulierten internationale 9/11-Experten einen Aufruf zur Gründung einer internationalen Untersuchungskommission (Independent International Truth Commission, IITC) nach dem Muster des Bertrand-Russell-Kriegsverbrechentribunals über den Vietnam-Krieg. Verfaßt haben diesen Aufruf:

- Dr. Andreas von Bülow, Ex-Minister und Autor (»Die CIA und der 11. September«), Deutschland
- Michael C. Ruppert, Ex-Polizeibeamter und 9/11-Ermittler der ersten Stunde, USA (www.copvcia.com)
- Peter Dale Scott, Prof. emer., Verfasser zahlreicher Bücher über politische Morde, das Kennedy-Attentat, die CIA, die Mafia und die Iran-Contra-Affäre, USA (www.peterdalescott.net)
- Webster Griffin Tarpley, Verfasser von »George Bush – The Unauthorized Biography«, USA (www.tarpley.net)
- Thomas Meyer, Verleger *Der Europäer*, Schweiz, (www.perseus.ch)
- Dr. Nick Begich, Wissenschaftler und Experte für das Hochfrequenzwaffensystem HAARP, USA (www.earthpulse.com)
- Gerhard Wisnewski, Politikwissenschaftler, Journalist, Filmemacher, Schriftsteller, Deutschland (www.operation911.de)

Unterzeichnet haben den Aufruf zudem:

- Der »britische Willy Brandt« und ehemalige Labour-Chef Tony Benn, Großbritannien, www.tonybenn.com
- Der kanadische Ökonomie-Professor und 9/11-Ermittler Prof. Michael Chossudovsky, Universität Ottawa, Kanada, www.globalresearch.ca.
- Der Physiker und 9/11-Ermittler Dr. Michael Elliott, Kanada, www.911review.org
- Die ehemalige US-Kongreßabgeordnete Cynthia Mc Kinney (1992 bis 2002), die als erste/r US-Politiker/in öffentlich an der offiziellen Version des 11. 9. gezweifelt hat, www.cynthiaforcongress.com, USA
- Der Journalist und Schriftsteller (»Der inszenierte Terrorismus«) Thierry Meyssan, www.reseauvoltaire.net, Frankreich
- Der Anwalt und ehemalige Leiter der Konsularabteilung in der US-Botschaft in Jeddah, Saudi-Arabien, Michael Springman, USA

Vom 26. bis 28. März 2004 fand in San Francisco die Internationale Untersuchung des 11. 9., Phase 1 (International Inquiry into 9–11, Phase 1), statt, eine 9/11-Tagung mit einem Mammutprogramm aus Vorträgen, Diskussionen und Filmvorführungen. Phase 2 war bei Drucklegung dieses Buches für den 25. bis 30. Mai 2004 in Toronto geplant.

Eine der bisher wichtigsten Veranstaltungen plante bei Drucklegung dieses Buches der französische Autor Thierry Meyssan für den 18. und 19. Juni 2004 in Paris. Dabei sollte es um die Verbindung zwischen den namhaftesten amerikanischen und europäischen 9/11-Forschern mit denjenigen gehen, die der neue Eroberungskrieg der USA zuallererst betrifft: Vertretern der arabischen Welt: »Die Bush-Administration versucht die Welt in ›Zivilisationen‹ aufzuteilen, um sie besser zu dominieren. Indem sie den

11. September instrumentalisiert, fabriziert und beschuldigt sie eine ›weltweite islamische Verschwörung‹, um einen globalen Kreuzzug zu rechtfertigen. Dennoch bleibt ihre Autorität zerbrechlich, da sie sich auf Propaganda gründet. Um den Frieden zu bewahren, wollen wir eine internationale intellektuelle Bewegung gründen und ihre Lügen aufdecken«, hieß es im Aufruf zu dem Kongreß, bei dem sich Journalisten, Wissenschaftler und Politiker aus den USA und Europa mit Diplomaten, Ministern und Ex-Ministern aus der arabischen Welt treffen sollten.

Die Mechanismen des Schweigens

Doch zurück zu unserem eigentlichen Thema: den Mechanismen und Machenschaften der wirklichen Verschwörung des 11. 9. Wie, so werde ich oft gefragt, sollte sich eine Verschwörung dieses Ausmaßes geheimhalten lassen? Müßte es nicht Dutzende von »whistleblowers« geben, die die wahren Abläufe des 11. 9. offenlegen würden? Nicht unbedingt, denn dem stehen wirkungsvolle implizite und explizite Mechanismen entgegen. Als schwerwiegendster impliziter Mechanismus muß an erster Stelle das von der Kommunikationswissenschaftlerin Elisabeth Noelle-Neumann postulierte Phänomen der »Schweigespirale« genannt werden. Als Journalistin, die zunächst bei der Nazi-Zeitung *Das Reich* arbeitete und dann auf Weisung von Goebbels fristlos entlassen wurde, hatte Noelle-Neumann wohl ein Gefühl für diesen gefährlichen, totalitären Mechanismus: Menschen ahnen, fühlen und antizipieren, welche Meinung von ihnen verlangt wird, und halten die Klappe. Und je mehr Menschen schweigen, desto höher wird der Druck, auch in Zukunft den Mund zu halten, bis es schließlich ganz undenkbar wird, an eine einmal zementierte Meinung Hand anzulegen. Der Zeitfaktor ist daher beim Durchbrechen einer Schweigespirale enorm wichtig – je länger man wartet, um so schwieriger wird es.

Zur Entstehung einer Schweigespirale reicht es vollkommen, wenn der Kanzler, der Chef oder sonst ein »Alpha-Tierchen« seine Meinung vorgibt. Druck ist gar nicht nötig, die Schweigespirale ist schon auf »freiwilliger Basis« enorm effektiv. Es leuchtet aber ein, daß man diese Eigendynamik durch explizite Mechanismen wie Repression oder Befehle noch enorm verstärken kann. Wobei man hier auch wieder zwischen impliziten und expliziten Sanktionen unterscheiden muß. Implizite Sanktionen bestehen dann, wenn ein Querdenker zwar nicht offen mit Strafe, Entlassung oder ähnlichem bedroht wird, diese Möglichkeiten aber gleichwohl bestehen oder an Exempeln statuiert werden. Unter expliziten Sanktionen würde man die offene Androhung von Nachteilen verstehen.

»Ja, warum sagt denn da keiner was?« wird im Hinblick auf den 11.9. immer wieder leichthin gefragt. Gerade in militärischen Organisationen wird die jeder Gesellschaft innewohnende implizite Schweigespirale aber durch explizite Sanktionen weiter verstärkt, die den Verlust von Karriere und Lebensperspektive, im Extremfall aber auch lebenslange Haftstrafen oder sogar den Tod nach sich ziehen können (zum Beispiel für Verrat). Es leuchtet wohl ein, daß diese Hürde nicht leicht übersprungen werden kann.

Außer dem Mut, Risiken auf sich zu nehmen, bedarf es freilich noch einer weiteren Voraussetzung, um Informationen zu verraten: man muß sie erst einmal haben. Allerdings haben es gerade militärische Apparate an sich, daß sie auf ein Wort von oben hin funktionieren, ohne irgendwelche Fragen zu stellen. Das ist geradezu der Sinn einer militärischen Organisation. Hier auf den großen »whistleblower« zu warten, ist also – alles in allem – nicht unbedingt realistisch. Zumal wir es im Fall 9/11 möglicherweise mit einer »Struktur in der Struktur« zu tun haben, in der noch ganz andere Sanktionsmechanismen gelten können als im übrigen Militärapparat.

Neben der Schweigespirale haben wir es in Sachen 9/11 aber noch mit einem weiteren, quasi »menschlichen« Phänomen zu tun, nämlich der Integration von nicht Integrierbarem, das heißt, mit der Existenz von zwei sich völlig widersprechenden Wahrheiten und Wirklichkeiten in ein und demselben Gehirn. Was George Orwell in seinem nunmehr Realität gewordenen Roman »1984« als »Zwiedenken« bezeichnete, ist seit dem 11.9. ein weitverbreitetes Phänomen: Menschen funktionieren in ihrem Alltag ganz normal, üben beispielsweise Berufe aus, die ein hohes Maß an logischem Denken verlangen, und glauben abends, wenn sie CNN einschalten, sozusagen an den Weihnachtsmann. Sie glauben, daß an einem Tag zwei große Airliner einfach verschwinden können, sie glauben, daß Stahlhochhäuser durch Feuer einstürzen können, obwohl das noch nie zuvor geschehen ist, sie glauben, daß Amateurpiloten mit höchster Präzision große Boeings fliegen können, und und und...

Die Liste der Zumutungen durch den Mythos 9/11 ist lang. Die Widersprüche können in so unmittelbarer Nähe nebeneinander existieren, daß man es förmlich knirschen hört. Ein Beispiel dafür ist der Bürgermeister von Shanksville, Ernie Stull. Er kann über die Absturzstelle von Flug 93 gleichzeitig fassungslos den Kopf schütteln und trotzdem an die offizielle Version glauben.

Ein anderes Beispiel ist das Buch »Todes-Flug UA 93« von Jere Longman. Es ist ein dreihundert Seiten langer Schlingerkurs zwischen im Grunde nicht in die offizelle Version integrierbaren Befunden und dem festen Glauben an ebendiese offizielle Version. Etwa wenn Longman absatzweise die Harmlosigkeit des angeblichen Flug-93-Entführers Ziad Jarrah beschreibt. Die Integration in die offizielle Version schafft er mit einem Kniff: Dies alles sei natürlich nur ein Trick aus dem Handbuch der Al-Qaida. Auch daß Jarrah kein guter Pilot war, vergißt Longman nicht zu erwähnen. Erstaunlich ist auch, wie Longman seitenweise über die Unfallstelle von Shanksville berichtet, ohne zu dem Befund zu kommen, daß hier nie eine Boeing 757 abgestürzt sein konnte. Dabei steht er kurz vor dieser Erkenntnis: »Vielleicht war es doch keine Passagiermaschine«, mutmaßt er beispielsweise. Oder: »Wo waren die Menschen? Wo waren die Leichen?« Longman schafft es, seitenweise Belege gegen die offizielle Version zu sammeln, ohne die offizielle Version auch nur einmal in Frage zu stellen. Das ist exakt jenes »Zwiedenken«, vor dem George Orwell warnte und das, wenn es nach dem Willen der Mächtigen geht, in Zukunft unser Bewußtsein bestimmen soll.

Dabei kann weder Ernie Stull noch Menschen wie Longman ein böser Wille unterstellt werden. Das Denken verformt sich einfach unter dem hohen Meinungsdruck, der auf die Öffentlichkeit ausgeübt wird, und auf diese Weise werden Dinge in ein und dasselbe Gehirn gepreßt, die dort beim besten Willen keinen Platz haben. Auch hierbei gibt es eine implizite und eine explizite Seite. Zunächst einmal weigern sich Menschen von sich aus, an so etwas Furchtbares wie eine interne Verschwörung zur Ermordung von dreitausend und mehr Menschen zu glauben. Dem stehen massive Denkverbote gegenüber. Etwa vergleichbar jenen Denkverboten, wie sie beim Mißbrauch von Kindern durch ihre Eltern wirken: Es kann einfach nicht sein, daß die Eltern Verbrecher sind. Bis hierher muß überhaupt noch kein Meinungsdruck von außen ausgeübt werden, um einen Menschen davon abzuhalten, Mechanismen, wie sie hier zur Debatte stehen, zu Ende zu denken. Wenn aber das Kind von seinem Peiniger zusätzlich (explizit) bedroht wird, dann wird es in aller Regel wirklich schweigen wie das buchstäbliche Grab.

Nun haben wir seit dem Erscheinen mehrer kritischer Medienbeiträge zum 11. September erlebt, wie der ohnehin bestehenden Schweigespirale in Sachen 9/11 jede Menge äußerer Druck zugeführt wurde. In Willy Brunners und meinem Fall gipfelte das in öffentlichen Verleumdungskampagnen und einem Beschäftigungsverbot beim WDR. Andere Autoren wurden gar in die rechtsextreme Ecke gestellt, wie zuletzt in einem arte-Themenabend über »Verschwörungstheorien« am 13. 4. 2004.

Natürlich ist das für einen deutschen Autor bereits für sich ein existenzgefährdender Vorwurf. Darüber hinaus wurde aber versucht, die Schweigespirale eine weitere, entscheidende Windung anzuziehen, und zwar durch den Vergleich der 9/11-Skeptiker mit »Auschwitz-Leugnern«, also Personen, die in Abrede stellen, daß in deutschen Konzentrationslagern Millionen Juden vergast wurden.

Dies ist keineswegs eine willkürliche Verleumdung. Vielmehr geht es darum, daß die Leugnung des Holocaust unter Strafe steht (Paragraph 130, Abs. 3 StGB). Gelänge die Gleichsetzung von »9/11-Skeptikern« und »Holocaust-Leugnern«, könnte man über kurz oder lang auch auf ein Verbot jedweder kritischen Äußerung zu den Attentaten des 11. 9. hinwirken. Noch besser wäre natürlich eine Gleichsetzung von »Holocaust-Leugnern« mit »Verschwörungstheoretikern«, denn dann wäre in Zukunft das öffentliche Nachdenken über jedwede Hintergründe von irgend etwas untersagt.

Dritter Teil:
Der Mythos 9/11

Ein Mythos aus dem Mittelalter

Die Attentate vom 11.9.2001 sind, so wie sie uns erzählt werden, kein geschichtliches Ereignis, sondern ein Mythos. Und da zählen Widersprüche nicht. Seit Menschengedenken haben es Mythen so an sich, daß sie aufgrund einer minimalen Faktenlage eine maximale Wirkung und Faszination entfalten.

Die Frage ist: Warum sind die Menschen nach mehr als zweihundert Jahren Aufklärung in einer modernen Wissenschafts- und »Info«-Gesellschaft noch anfällig für Mythen?

Zur Begründung eines Mythos bedarf es nur wenig, im Grunde nur einiger mehr oder weniger wirrer Ereignisse (Flugzeugabstürze, Krater im Boden, Explosion am Pentagon), die mit dem endgültigen Mythos in gar keinem oder nur in losem Zusammenhang stehen. Nirgendwo wurde die Entstehung eines Mythos so souverän beschrieben wie in Barry Levinsons Film *Wag the dog*. In dieser Satire auf die politische Wirklichkeit in den USA setzen ein paar geniale PR-Strategen einige wirksame Signale in der publizistischen Landschaft und simulieren damit einen Krieg der USA gegen Albanien: Der Flug eines nicht existenten Bombers nach Albanien, das inszenierte Bild eines vor albanischen Terroristen flüchtenden Mädchens sowie ein paar weitere, lustlos gesetzte dramaturgische Elemente begründen einen großen Krieg gegen einen terroristischen Feind.

Angesichts des Chaos strickt das Gehirn einen Mythos fast von selbst. Und am 11.9.2001 wurden die USA zunächst einmal nicht von wild gewordenen Terroristen überfallen, sondern von einer Abfolge chaotischer, unerklärlicher Ereignisse »heimgesucht«:

- dem Einschlag zweier Flugzeuge in das World Trade Center,

- einer Explosion bei Shanksville, Pennsylvania,
- einer Explosion am Pentagon in Washington, D. C.

Diesen primären, »aus eigener Anschauung« (sofern man bei Fernsehbildern davon sprechen kann) zunächst völlig sinnfreien Ereignissen wurden sekundäre Ereignisse vom Hörensagen hinzugefügt (Flugausbildung von Arabern, angebliches Boarding von Arabern auf US-interne Flüge, angeblich gefundene Unterlagen usw.). Diese Elemente dienten lediglich als Mörtel, um die einzelnen Bausteine des Mythos miteinander zu verbinden. Sie waren nötig, um sich »einen Reim« auf das alles machen zu können.

Der Überfall von arabischen Terroristen auf die USA entstand nicht durch die Planung irgendwelcher perfider Attentäter. Er entstand auch nicht durch die Ausführung am 11. 9. 2001, sondern erst durch die Interpretation dieser chaotischen Ereignisse, deren innere Logik diese Interpretation jedoch überhaupt nicht stützt. Obwohl das Boarding einiger Araber in Portland/Maine überhaupt keinen inneren Zusammenhang mit dem Abheben eines (angeblich) gekidnappten Flugzeuges in Boston/Massachusetts aufweist, wurden zwischen all diesen Ereignissen kausale Zusammenhänge hergestellt.

Diese vermeintlichen Kausalbeziehungen waren das entscheidende Bindemittel des Mythos 9/11. Zum Beispiel: *Nachdem* die Entführer eine Flugausbildung gemacht hatten, bestiegen sie in Portland eine Maschine, *um* nach Boston zu fliegen und dort an Bord der Todesmaschinen zu gelangen. Das Gehirn verbindet die einzelnen schwarzen Punkte mit Linien.

Dieses Bild ist inzwischen ebenso verbreitet wie unsinnig. Wie man in meinem Buch »Operation 9/11«, dem Dokumentarfilm *Aktenzeichen 11.9. ungelöst* (den ich zusammen mit Willy Brunner gedreht habe), aber auch in den Büchern von vielen Kollegen gesehen hat, geben die einzelnen Bausteine des Mythos 9/11 diese Zusammenhänge überhaupt nicht her. Im Gegenteil: Viele Elemente scheinen jeglicher Logik geradezu hohnzusprechen: Lausige, auf Kleinflugzeugen ausgebildete Piloten setzen sich ans Steuer von kompliziert zu steuernden Passagiermaschinen und absolvieren den Anflug ihres Lebens. Das beste Luftverteidigungssystem der Welt läßt vier große Airliner bis zu einer Stunde lang unbeaufsichtigt durch seinen Luftraum kurven. Zwei Passagiermaschinen (Pentagon, Pennsylvania) lösen sich in Luft auf, zwei andere hinterlassen weder Flugschreiber noch Voicerecorder, wahrscheinlich nicht einmal Leichen (World Trade Center). In einer Weltpremiere fallen zwei äußerst stabile Stahlbauwerke nach einem kurzen Schwelbrand von rund einer Stunde vollkommen exakt in sich zusammen. Und das, obwohl der Eventualfall eines Flugzeugunglücks bei der Konstruktion berücksichtigt worden war.

Der Mythos 9/11 bewegt sich auf einem Niveau, wie wir es aus vielen Märchen kennen: Nachdem der Wolf die Großmutter gefressen hat, kann man sie ihm aus dem Bauch operieren, und sie lebt munter weiter. Schneewittchen liegt ein Jahr im Sarg und ist so schön als wie zuvor. Rapunzels Schopf ist so stabil, daß an ihm nicht nur Zauberinnen, sondern auch Prinzen hinaufsteigen können.

Die meisten, wenn nicht alle Elemente des Mythos 9/11 verhalten sich zueinander wie Feuer und Wasser. Aber je perfekter das Chaos, je widersprüchlicher die beängstigende Wirklichkeit ist, desto mehr sehnt sich das Gehirn nach einer Erklärung. Nur im völligen Chaos ist das menschliche Gehirn bereit, jede, aber auch jede Geschichte zu akzeptieren, solange sie nur Ordnung in all diesen Irrsinn bringt. Erst die Unordnung schafft den Wunsch nach Ordnung, und deshalb war die innere Widersprüchlichkeit der mythischen Elemente geradezu zwingend notwendig. Gern ist das Gehirn bereit, über Details hinwegzusehen, genauso wie es bei optischen Täuschungen der Fall ist. Gerade die innere Widersprüchlichkeit der extrem traumatischen Ereignisse steigert die Sehnsucht nach einem Erzähler, der dem Publikum endlich jenes Opium verabreicht, das es nachts wieder ruhig schlafen läßt: einen Sinn. Denn ebenso wie das Sehzentrum angesichts eines chaotischen Musters mit allen Mitteln nach einem Bild sucht und dieses Bild der Realität notfalls aufzwingt, sucht das Großhirn angesichts chaotischer Informationen mit allen Mitteln nach einer Geschichte. Noch besser ist es, wenn man ihm diese Geschichte anbietet. Es kommt also darauf an, das Chaos sofort mit einer Idee zu besetzen, damit fürderhin alle in dem Chaos den gewünschten Sinn sehen.

Noch besser funktioniert das unter Schock. In diesem Fall ist das Gehirn bereit, noch mehr Ratio über Bord zu werfen. Aufgrund des in einer Notsituation bestehenden Zeitdrucks ist das Gehirn bereit, sich auf noch geringerer Datenbasis ein Bild zu machen. Schon als der Neandertaler nachts etwas durchs Unterholz brechen hörte, formten sich in seinem Kopf aufgrund dieser wenigen Geräusche Bilder und Vermutungen über das, was sich da im Anmarsch befinden könnte. Das Gehirn befindet sich im Notmodus. »Shock and Awe«, diese zynische Strategie von Schock und Ehrfurcht, mit der die amerikanische Regierung den Irak-Krieg begann, wurde in Wirklichkeit bereits von den Strategen des 11.9. angewendet. Das Ziel war eine universale Traumatisierung und seelische Entwaffnung. Es gehört zum Unerträglichsten des 11.9., daß dieses von kranken Gehirnen ausgeheckte Szenario seither die Köpfe der Menschen beherrscht – auch der Kinder.

Insbesondere nach einem solchen Schock ist es gar nicht so einfach, eine solche einmal festgelegte Interpretation zu ändern, dies bedarf all unserer Vorstellungskraft. Noch schwieriger wird die Sache, wenn das Gehirn etwas sehen soll, was es vorher noch nie gesehen hat. Deshalb kann es sich das Gehirn leicht vorstellen, daß es sich bei den Attentaten des 11. 9. um Flugzeugentführungen und Anschläge vom arabischen Terroristen handelt, und wird jede andere Ansicht zunächst verwerfen. Wie soll denn eine Verschwörung von verborgenen Eliten überhaupt aussehen? Wie soll das funktionieren? Wie läuft so etwas ab? Ach, hören Sie doch auf! Das Gehirn ist genervt und beunruhigt, weil es sich buchstäblich kein Bild davon machen kann.

Es ist kein Zufall, daß fast jede zweite Zuschrift von Lesern meines Buches »Operation 9/11« mit den Worten begann, sie hätten nach der Lektüre dieses Buches nächtelang nicht mehr schlafen können. Das liegt daran, daß dieses und andere Bücher das Opium der Scheinerklärungen wirkungslos machen, ohne dem Leser ein neues Opium zu verabreichen. Denn das neue Bild, das sie zeichnen, ist alles andere als beruhigend. Und es ist natürlich auch nicht vollständig. Es ist keine so schöne runde Geschichte wie die von Osama und den neunzehn Räubern. Es ist nun mal kein so schönes Hollywood-Szenario wie die offizielle Geschichte des 11. 9. Das kann es auch gar nicht sein. Denn hier haben wir es mit der komplexen Wirklichkeit und nicht mit substanzlosen Verschwörungstheorien zu tun. Dieses Bild ist vielleicht das häßlichere, aber es ist echt – kein billiger Druck aus irgendwelchen Desinformationsfabriken.

Solch ein unfertiges Bild anzusehen macht vielleicht keinen großen Spaß, aber besser ist es in jedem Fall: Das eigentlich Beängstigende an den Büchern und Filmen zum 11. 9. ist die Tatsache, daß sie den Mythos auf seine rohen und nackten Bestandteile reduzieren und feststellen, daß das alles nicht den behaupteten Sinn ergibt. Und daß der tatsächliche Sinn nicht im Sieg des Guten über das Böse besteht, sondern im Sieg des Bösen über das Gute, um einmal in diesem Jargon zu bleiben.

Diese Bücher heben also den Beruhigungsmechanismus des Mythos auf und verwandeln ihn in einen Beunruhigungsmechanismus. Sie stellen den 11. 9. eben nicht auf den Kopf, wie der *Spiegel* am 8. 9. 2003 titelte, sondern vom Kopf auf die Füße.

»Mythen liefern ein geschlossenes System, in dem die Welt erklärt wird und somit jede Hinterfragung überflüssig wird«, schreibt Jiré Emine Gözen in ihrem Aufsatz über den Mythos und den 11. September 2001: »Der Mythos schafft Weltvertrauen durch Vermittlung von fundamentalen Wahrheiten.« Mythen werden überall dort eingesetzt, »wo es darum geht, Öffentlichkeit anzusprechen und bestimmte Sichtweisen zu etablieren«. In der Mythenforschung werde davon ausgegangen, »daß auch der Erfolg von fiktionalen Werken durch Nutzung von Mythen und symbolischen Bildwelten erklärbar wird«.

Der 11. 9. – ein fiktionales Werk? Aus welchem Genre? Grusel-Fiction? Terror-Fiction? Tyranno-Fiction? Letzteres wohl: »Ich glaube überhaupt, daß die Herrschenden mehr Verschwörungstheorien produzieren als die Beherrschten«, sagte kürzlich der Soziologe Prof. Dr. Hans Jürgen Krysmanski von der Universität Münster in einem Interview.

Wie wahr. Und erst ein Mythos verhilft einem fiktionalen Werk wie dem Angriff der Araber auf die USA zum Erfolg. »Der Mythos läßt sich als ein vorwissenschaftlich-vorphilosophisches System der Welterklärung bezeichnen. Mythen sind Geschichten, die Ausdruck geben von unserer Suche nach Wahrheit, Sinn und Bedeutung.«[189] Das heißt: Mythen sind ein veraltetes System der Wirklichkeitsdeutung. Noch bevor der Mensch lernte, die Welt mit Hilfe von Fakten und Naturgesetzen zu deuten, strickte er sich seine Wirklichkeit ohne Rücksicht auf (Realitäts-)Verluste zurecht. Und das bedeutet, daß die globale Propagierung eines Mythos die Menschheit in die finstere Vergangenheit zurückwirft. Nicht zufällig werden gleichzeitig Verdächtige ihrer Menschenrechte beraubt. Nicht zufällig bemühen die politischen und militärischen Führer plötzlich wieder Primitivkategorien wie Gut und Böse. Mit anderen Worten: Der Mythos 9/11 läutet ein neues wirtschaftliches, militärisches und imperiales Zeitalter ein. Vor allem aber läutet er ein finsteres Zeitalter der Antiaufklärung ein, in dem Vernunft nichts gilt und Menschenrechte mit Füßen getreten werden. Denn nur in einem solchen Zeitalter kann ein totalitäres Imperium wirklich gedeihen.

Armageddon oder: The Dreams of Hollywood

Wie wir bereits miterleben mußten, besitzt der Mythos 9/11 strategische Bedeutung für die USA. Nur mit seiner Hilfe konnte das Imperium fremde Staaten besetzen, um sich deren Ressourcen anzueignen. Nur mit seiner Hilfe konnte es die Nationen der Erde hinter sich scharen, um endlich den einen, totalitären Weltstaat zu schaffen, von dem es schon seit Jahrzehnten träumt. Die Wut, ja der geradezu hysterische und mörderische Haß auf jene, die diesen strategischen Mythos zu zerstören drohen, ist daher verständlich. Denn diese Leute sind in etwa so gefährlich für das Imperium wie jemand, der versuchen würde, ihm seine strategische Bomberflotte wegzunehmen. Psychologische Abrüstung ist nicht gefragt. Es scheint geradezu ein Wunder zu sein, daß diese Kritiker von der Macht der herrschenden Kräfte noch nicht zermalmt wurden. Doch sie zu zermalmen hieße ja, sie ernst zu nehmen.

Derlei Überlegungen genügen indes noch nicht, um die Überzeugungskraft dieses Mythos zu erklären: Warum halten so viele Menschen wider jede Vernunft am Mythos von Osama fest, der auszog, um mit neunzehn Räubern das Imperium zu überfallen? Warum klebt die Story so zäh in unseren Gehirnwindungen wie geschmolzener Käse?

Meine Antwort: Weil wir glauben, das alles zu kennen, weil wir zu »wissen« glauben, was am 11. 9. geschehen ist.

Weil wir meinen, daß wahr ist, was man uns darüber erzählt: »Wir kennen die Bilder, die wir vom Geschehen in New York über das Fernsehen erhalten haben. Das gekaperte Flugzeug voller verzweifelter Menschen auf einem ›Flug in den Tod‹. Das in Flammen stehende Hochhaus. Die in Schutt und Asche fallende Metropole, die fliehenden Menschen«, schrieb Georg Seeßlen in der *Zeit.*[190]

Wir wissen also, was in einem gekaperten Flugzeug, einem brennenden Hochhaus, einer untergehenden Stadt vor sich geht. Und weil wir es wissen, glauben wir es auch, wirkt es besonders überzeugend. Aber woher »wissen« wir das alles? Die Antwort: aus dem Kino.

Es sind szenische Elemente aus dem Inneren von explodierenden Flugzeugen (*Final Destination*, James Wong 2000), untergehenden Schiffen (*Titanic*, James Cameron 1997), brennenden Hochhäusern (*Stirb langsam*, John McTiernan, 1988) oder entführten Zügen wie in David Jacksons *Death Train* (1992): »Ein von Terroristen gekaperter Zug rast von Bremen aus quer durch Europa. Seine Fracht – zwei Atombomben! Seine Bestimmung – der Irak!«[191]

Oder es sind ganze Handlungsstränge wie aus *Independence Day* (Roland Emmerich 1996), *Airforce One* (Wolfgang Petersen 1997), *Armageddon* (Michael Bay 1998), *Deep Impact* (Mimi Leder 1998) oder *Fight Club* (David Fincher 1999). In Finchers *Fight Club* »werden die Hochhäuser einer fiktiven amerikanischen Stadt von einer Art terroristischen/anarchistischen Gruppe durch Sprengung zerstört. Betroffen sind hauptsächlich die Hochhäuser, in denen die Zentralen der... Bank- und Kreditunternehmen ansässig sind. Das Ziel dieses Aktes ist, durch die Vernichtung der Daten von Geldwerten, Vermögen und Krediten die Menschheit ins Chaos zu stürzen. Diesem Chaos muß zwangsläufig ein Neubeginn folgen. Auch in den Meteoritendramen *Deep Impact* und *Armageddon* sind die Bilder

der durch Himmelskörper zerstörten Hochhäuser die eindrucksvollsten Aufnahmen.«[192]

Dies alles hatten wir im Kopf, und deshalb haben wir den 11. 9. schlagartig verstanden. Passagiere in der Gewalt von Hijackern? Logisch. Menschen, die in brennenden Hochhäusern umkommen? Klar. Terroristen, die die freie Welt bedrohen? Sowieso. US-Präsidenten, die die Welt hinter sich vereinen? Alles schon gesehen. Unwillkürlich buchstabiert das Gehirn den 11. 9. im Bilderalphabet von Hollywood.

Vom Standpunkt des visuellen Gedächtnisses und des Unbewußten aus gesehen, bestand der 11. 9. aus einer Reihe von Bildern, die andere Bilder auslösten, und zwar unbewußt. Genau das aber macht die Sache besonders gefährlich. »Es gibt keine Aufnahmen von den letzten Minuten der Passagiere der entführten Flugzeuge. Es gibt keine Bilder, die in einer Parallelmontage das Bild des Flugzeuges aus dem Blickwinkel der Personen zeigt, auf die es zurast. Aber an genau solche Szenen wird bei dem Betrachten der Bilder des realen Ereignisses gedacht.«[193] Das alles steigerte die Plausibilität des 11. 9. enorm. Und dadurch entstand dieses eigenartige, von einigen Analytikern beobachtete Déjà-vu-Erlebnis, das zugleich etwas noch nie zuvor Erlebtes einschloß. Und natürlich der Eindruck, sich in einem Film zu befinden. Tatsächlich gerieten Realität und Film am 11. 9. 2001 auf die gewünschte Weise durcheinander. Unser Gehirn konnte das beim besten Willen nicht mehr auseinanderhalten. Und genau deshalb müssen wir sehr viel intellektuelle Kraft aufwenden, um uns dagegen zu wehren.

Die Phantasien des Pentagon

Wurde also der Mythos 9/11 in Hollywood vorbereitet? Mit dieser Frage habe ich mich bereits in meinem Buch

»Operation 9/11« beschäftigt. Hollywood hat sich längst von der Unterhaltungsindustrie zum Sturmgeschütz der Psychokrieger gewandelt. Es gibt kaum noch eine größere Produktion, die ohne das Pentagon auskommt, wenn sie sich mit Krieg oder Action beschäftigt. Ein Regisseur, der eine Truppe großspuriger GIs in seinem Streifen herumtoben läßt, kann mit großzügiger Unterstützung rechnen. Das Pentagon bekommt immer seinen Auftritt, sogar dann, wenn es eigentlich um Naturereignisse geht, wie etwa in dem Petersen-Streifen *Der Sturm*. Zuerst dürfen wir da den eisenharten Sprüchen der Besatzung eines Militärhubschraubers lauschen und anschließend bei der Vorführung einer kühnen Betankungsaktion in der Luft dabeisein.

Längst hat das Pentagon einen enormen Einfluß auf Drehbücher und Stoffe, wie zuletzt auch die Dokumentation *Marschbefehl für Hollywood – die US-Armee führt Regie im Kino* am 14.1.2004 in der ARD belegte: »Wer in Hollywood einen realistischen Kriegs- oder Actionfilm drehen will, braucht eine entsprechende Ausstattung: Flugzeugträger, Panzer, Waffen oder Bomber müssen irgendwo ausgeliehen werden. Was liegt da näher, als beim Pentagon anzufragen, ob das Militär nicht entsprechendes Gerät verleiht. Und das macht das US-amerikanische Verteidigungsministerium gern. Viel Geld nehmen sie dafür nicht, aber Mitspracherecht wollen die Offiziere haben. Und davon macht die Behörde reichlich Gebrauch«, heißt es in der Beschreibung der ARD-Dokumentation: »Im Büro für ›Filmangelegenheiten‹, einer großen Abteilung des Verteidigungsministeriums, sichten und bewerten Offiziere und Mitarbeiter stapelweise Drehbücher (beispielsweise *Pearl Harbor*, *Platoon* oder *Top Gun*). Dabei werden auf der einen Seite Sachverhalte überprüft: Wurde in Somalia die Waffe XY tatsächlich benutzt? Heißt es ›Offiziersmesse‹ oder ›Offiziersclub‹? Auf der anderen Seite wird kontrolliert, ob das Bild der Soldaten und militärischen Strukturen positiv ist. (...) Die Dokumentation zeigt die strategische Zusammenarbeit des Pentagon mit der Filmindustrie. Regisseure zeigen, welche Szenen sie ändern mußten. (...) Erstmals ist fast Unglaubliches zu sehen: Das US-Pentagon lieh für den Afghanistan-Krieg Kamerateams aus Hollywood, um Spezialeinsätze zu filmen. Daraus entstand eine Serie für das amerikanische Fernsehen, in der viele Helden zu sehen sind – aber keine Opfer, kein Blut.«[194]

»Eine Zusammenarbeit zwischen Hollywood und dem US-Verteidigungsministerium gibt es seit 1915, als Filme über (frei erfundene) deutsche Greueltaten in Belgien entstanden«, schrieb die *taz* am 28. Juli 2003: »Während des Zweiten Weltkriegs rekrutierte der Harvard-Professor Harry Murray im Auftrag des Office of Strategic Services John Ford und Marlene Dietrich zur psychologischen Kriegführung. Im Kalten Krieg änderte sich das Feindbild: Die Filmindustrie beförderte Rommel zum Wüstenfuchs, Captain America kämpfte gegen Kommunisten. Das ist heute nicht anders. Bereits kurz nach dem 11. September 2001 planten das Weiße Haus und Hollywood eine ›Arts and Entertainment Task Force‹. Im Irak-Krieg engagierte Pentagon-Chef Rumsfeld George Allison, der schon für Disney Kulissen gestaltet hatte, um das Pressezentrum in Katar auszustaffieren. Jerry Bruckheimer (›Pearl Harbor‹) traf sich bereits mit Rumsfeld, um den Film zum Krieg zu drehen. Zunächst aber wird NBC einen TV-Film über Jessica Lynch produzieren, deren Befreiung das Pentagon inszeniert und gefilmt hatte. Kameramann war dabei ein Assistent von Ridley Scott bei dessen Dreharbeiten zu ›Black Hawk Down‹.«[195]

Pentagon-Productions

Das Pentagon benutzt Hollywood für seine Pläne, das steht fest. Also könnte man umgekehrt auch den Schluß ziehen, daß in Hollywood-Filmen die Phantasien des Pentagon erkennbar sind. Nehmen wir zum Beispiel das Filmplakat zu *Stirb Langsam* aus dem Jahr 1988: Aus den oberen Etagen eines Hochhauses, das so dargestellt ist, daß es an zwei separate Türme erinnert, treten Feuerbälle aus. Daneben schwebt ein – nein, kein Flugzeug, sondern ein Hubschrauber.

Ein anderes Beispiel: Im Sommer 2001 hätte man den Film »Pearl Harbor« über den Überfall der Japaner auf die amerikanische Marinebasis auf Hawaii vielleicht mit anderen Augen sehen sollen – als Prophezeiung. Denn nur wenige Monate später, nach den Anschlägen vom 11. 9. 2001, war das Wort Pearl Harbor plötzlich in aller Munde. Und dank Hollywood wußten auch alle, daß mit »Pearl Harbor« ein feiger Angriff auf die ahnungslosen Vereinigten Staaten von Amerika gemeint war. Das Motto des Films und des realen Ereignisses 9/11 war schließlich dasselbe: »Ein Tag verändert die Welt.«

Man darf also davon ausgehen, daß das Pentagon nicht nur auf die korrekten Uniformstreifen von Armeegenerälen achtet, sondern bereits die Richtung vorgibt, in die sich die Inhalte der Filmindustrie bewegen. Dabei fällt auf, daß im Mittelpunkt moderner Katastrophenfilme nicht mehr ein einzelnes Flugzeug, ein Schiff, ein Zug oder auch ein Hochhaus stehen, sondern der globale Notstand.

Und auch im Frühjahr 2004 präsentieren die Pentagon-Productions eine neue Weltuntergangsphantasie. Wieder wird Amerika von einer Katastrophe überrascht. Nachdem New Yorker Wolkenkratzer zunächst auf der Leinwand (*Independence Day*) und dann in der Realität (am 11. 9.) zusammenbrachen, verschwinden sie diesmal unter gewaltigen Schneewehen. In dem Streifen *The Day after Tomorrow* wird die Klimakatastrophe Realität. Allerdings nicht schön langsam, wie man im »alten Europa« glaubt, sondern unverzüglich, eben amerikanisch. Da sich die Klimakatastrophe nur schlecht auf Spielfilmlänge verkürzen läßt, wird sie auf der Leinwand durch überraschende Faktoren ausgelöst und praktisch über Nacht verwirklicht. Wieder, wie bereits in *Armageddon* und in anderen Filmen, steht der Globus vor dem Aus, wieder warten Millionen Menschen auf ihr sicheres Ende. Klar, daß diese Menschen zum Beispiel bei der Massenevakuierung Schutz und Anleitung brauchen, etwa durch einen starken Präsidenten oder das Militär.

Die Motive des Regisseurs Roland Emmerich sind freilich ausschließlich edel und haben mit Pentagon-Psychokriegern nichts zu tun: Emmerich will mit der filmischen Zerstörung der USA eine Umweltdiskussion anregen, »rechnet aber nach eigenen Worten nicht damit, daß sein Streifen dafür sorgen wird, daß US-Präsident Bush das Kyoto-Protokoll doch noch unterschreibt«, heißt es auf einer ZDF-Filmseite.[196] Doch diese Gehirnwäsche ist nicht für den Präsidenten, sondern für das internationale Kinopublikum gedacht, das dafür wie üblich selbst bezahlt. Denn in Wirklichkeit kreiert Emmerich nur ein weiteres Glied in einer langen Kette von Bedrohungen, die bisher ihren Weg aus seinem Schneideraum in die Hirne von Millionen fanden. Für jeden Geschmack ist etwas dabei, egal, ob man nun mehr Angst vor Aliens (*Independence Day*), strahlenmutierten Monstern (*Godzilla*) oder eben – für kühlere Köpfe – vor der Klimakatastrophe hat. Wobei die Klimakatastrophe den Vorteil hat, daß an sie auch der politisch korrekte Europäer glaubt, der sich bisher weder für Al-Qaida noch für Saddam Hussein so richtig erwärmen konnte. Aber bei der Warnung vor dem Klimagau kann auch der grüne Gutmensch nicken.

Wichtig ist, daß Rettung immer militärisch und in Person des Präsidenten erfolgt. Sowohl in *Independence Day* als auch in *Godzilla* werden die gräßlichen Kreaturen in einer wahren Orgie militärischer Gewalt gemetzelt, wobei sämtliche Waffengattungen ihr Können unter Beweis stellen dürfen. Godzilla beispielsweise bekommt es mit Kampfhubschraubern ebenso zu tun wie mit U-Booten und Düsenjets. Leider fallen wir alle immer wieder auf so etwas herein. Regelmäßig dreht sich die Diskussion in der Öffentlichkeit um das vordergründige Thema des Films (Aliens, Monster, Meteoriten) und natürlich um die »special effects«. Das unterschwellige Thema wird dabei anstandslos geschluckt, und dieses Thema heißt Notstand. Notstand war mit Bürgerrechten schon immer schlecht zu vereinbaren, noch nie wurden in den letzten Jahrzehnten so viele Bürgerrechte beschnitten wie zum Beispiel nach dem 11. September.

Sicher ist es nur Zufall, daß just während der Arbeiten an dem Emmerich-Film eine Pentagon-Studie bekannt wurde, die überraschend einen neuen Feind der Menschheit identifizierte, nämlich – dreimal dürfen Sie raten – die Klimakatastrophe: »Und das alles nicht irgendwann in fernen, ungreifbaren Jahrhunderten, sondern schon in den nächsten drei Jahrzehnten«, berichtet der Internetdienst Telepolis – und zwar »mit unvorstellbaren politischen Folgen«.

Verfasser der »Studie« sind einschlägig bekannte Psychokrieger des amerikanischen Verteidigungsministeriums. Gemeinsam sei ihnen »der Traum von absoluter Sicherheit, eine Haltung, die Verhältnisse herstellen will, in denen jede Bedrohung gebannt ist«, so Telepolis. Freilich will nun das Pentagon keine Klimakatastrophe erzeugen. Vielmehr ist »das Argumentieren mit dem Ausnahmezustand, das Ausgehen vom schlimmsten Fall einer extremen, katastrophalen Bedrohung (...) seit jeher eine beliebte rhetorische Figur der politischen Theorie, um Gesetzesänderungen und andere starke politische Eingriffe zu rechtfertigen«, so Telepolis. Nach dem Motto: »Es geht um alles; die Gefahr ist riesig; darum muß gehandelt werden – sofort und massiv!«[197]

Ja, wer möchte da nicht auch gerettet werden – vor sich selbst und vor allem vor der Freiheit. Regisseur Emmerich präsentiert sich inzwischen als Greenpeace-Gutmensch, der dem amerikanischen Präsidenten und Klimamuffel George W. Bush mal so richtig ins Gewissen filmen will: »Was zunächst als Science-fiction gedacht war, wurde im Laufe der Dreharbeiten zum Teil bittere Realität: Einige der gezeigten Wetterphänomene traten tatsächlich auf. Emmerichs Reaktion: ›Wenn wir uns jetzt nicht beeilen, machen wir eine Dokumentation.‹«

Uns bleibt die Frage, wozu alle diese bunten Einstimmungen auf einen globalen Notstand dienen, zu dem der 11. September möglicherweise nur ein Vorgeschmack war. Wie man noch sehen wird, spekulieren US-Hardliner bereits mit kommenden katastrophalen Terroranschlägen, die das Land – und damit auch den Rest der Welt – in eine Militärdiktatur umkippen lassen könnten. Manche Kinogänger dürften dafür vollstes Verständnis haben.

Die Symbolik des Turms

Es fällt auf, daß sowohl einige Hollywood-Streifen als auch der 11.9. den Mythos des Turmes bemühen. Sowohl in *Deep Impact* und *Armageddon* als auch in *Independence Day* brechen mit lautem Getöse Hochhaustürme zusammen.

Der Turm ist aber nicht nur eine architektonische Figur, sondern auch ein Ursymbol der Menschheit. »Ein möglicher Ursprung dieses Symbols findet sich in der Bibel, genauer in der Geschichte des Turms zu Babel«, schreibt Gözen in ihrem Aufsatz über den Mythos des 11. September. Dort leben die Menschen im Lande Sinear und hatten »einerlei Zunge und Sprache«. Sie einigen sich darauf, einen Turm zu bauen, der bis in den Himmel reichen soll.

Gott, der sich herausgefordert fühlt, verwirrt die Sprache der Menschen, auf daß sie sich nicht mehr verständigen können und ihr Vorhaben aufgeben müssen: »Der Turm von Babel symbolisiert den grenzüberschreitenden Wunsch des Menschen, bis in den Himmel zu reichen und damit in göttliche Sphären einzudringen. (...) Die Geschichte erzählt von der menschlichen Maßlosigkeit und Überheblichkeit, für welche die Menschen später die Strafe Gottes ereilte. Die bis dato herrschende Ordnung wurde ›von oben‹ zerstört. Es folgten Chaos und Tod. Eine Großmacht [Sinear] und eine Weltordnung wurden zerstört.«[198]

Türme haben die Menschen schon immer bewegt. Die Symbolik des Turms findet sich nicht nur in der Bibel, sondern auch in anderen uralten Kulturprodukten, wie beispielsweise dem Karten- und Weissagungsspiel Tarot, in dem sich die ältesten und wichtigsten Motive und Symbole der Menschheit vereinen. Dabei geht es nicht darum, ob man mit Tarot die Zukunft voraussagen kann oder nicht. Tarot ist vielmehr ein Lexikon tief im Menschen verborgener Symbole. Der Psychoanalytiker C. G. Jung erkannte in den Tarotkarten die Archetypen des kollektiven Unbewußten. Die Frage ist also nicht, ob man mit Tarot den 11.9. voraussagen konnte, sondern an welche unbewußten Tiefen der 11.9. appelliert. Tarot wird von Motiven bevölkert, die wir alle kennen: dem Jüngsten Gericht, dem Tod, dem Magier, dem Hohenpriester, dem Teufel, den Liebenden, der Welt, der Sonne, dem Mond und den Sternen. Und überraschenderweise auch von dem Turm. Und noch überraschender ist, wie dieser Turm in manchen Kartensets dargestellt wird.

In einigen Tarotsets sieht man einen in den Turm einschlagenden Blitz, brennende Fenster und hinabstürzende Menschen. Das Bild des Turms sei »eines der schrecklichsten im ganzen Spiel«, meint Lorie Johnson in ihrer Abhandlung über die Symbolik des Turms: »Sogar noch

Tarotkarte »Der Turm«: einschlagender Blitz, brennende Fenster, hinabstürzende Menschen

schrecklicher als das seiner wichtigsten Konkurrenten Tod und Teufel. Es spricht von katastrophalem und plötzlichem Wandel, oft durch einen vollkommen unerwarteten und massiv zerstörerischen Mechanismus, der zu einem Fall aus großer Höhe führt. Am 11. September haben wir in einem einzigen verhängnisvollen Moment die Turmkarte mit all ihren Elementen der Überraschung, des Unglaubens und des letzten Horrors auf unseren Bildschirmen ausgespielt gesehen. Ein Symbol des Selbstvertrauens, das World Trade Center, wurde innerhalb einer Stunde in verbogene Trümmer verwandelt. Das furchteinflößende Bild dieser althergebrachten Karte wurde zum Leben erweckt, live und in Farbe.«[199] Ein interessanter Gedanke – hat hier jemand mit der Menschheit Tarot gespielt? Der 11. September wäre dann eine massenpsychologische Operation mit Tiefenwirkung.

Faßt man das alles zusammen, kommt man zu dem Schluß, daß die Bilder und Ereignisse des 11. 9. deshalb so beängstigend sind, weil sie eine ebenso uralte wie unmißverständliche Botschaft transportieren: Die Botschaft von Untergang und Zerstörung, aber auch von Umsturz und Umwälzung. Und tatsächlich wurde dies nach dem 11.9. auch gebetsmühlenhaft kommuniziert: Nichts werde so sein wie früher, die Welt nach dem 11.9. sei nicht mehr die Welt vor dem 11.9., es gebe eine Umwertung aller Werte und und und... Psychologisch gesehen war der 11.9. also ein multimediales Lernprogramm, eine umfassende Tiefengehirnwäsche, die uns vor allem auf eins vorbereiten sollte: auf den Weg zurück ins Mittelalter. Dies ist die eigentliche, bedrückende Botschaft des 11.9., und tatsächlich hat das Mittelalter überall bereits begonnen: der globale Sozialabbau, die Verschlechterung der medizinischen Versorgung, die Herabsetzung von Löhnen, die Mißachtung der Menschenrechte, die Rechtfertigung von Folter, die Denunziation der Aufklärung, die inquisitorische Verfolgung von Ketzern, die Herrschaft des religiösen Eifers usw. Die Liste ließe sich beliebig verlängern.

Das eigentlich Bedrückende an dem nach dem 11.9. global propagierten Phänomen »Reform« ist die Warnung, dies sei alles nur ein Anfang. Sie werden nur deshalb schrittweise durchgeführt, um keine Unruhen auszulösen. Gleichzeitig werden die globalen Kontrollen extrem verschärft. Wir müssen uns also ein Mittelalter mit den technischen Möglichkeiten des 21. Jahrhunderts vorstellen. Und genau das wurde ja auch über den 11.9.2001 gesagt: Daß es sich um einen Angriff auf die Freiheit, den Frieden und die gesamte Zivilisation handeln würde. Und das ist es auch – nur aus einer anderen Richtung, als man uns glauben macht. Unter den führenden Eliten des Globus ist kein Mensch mehr an der Zivilisation interessiert. Sie alle wollen den Kampf der Kulturen, das Gesetz des Dschungels zwischen den Staaten und die Tyrannei im Inneren.

Eine Frage von Leben und Tod

Dies ist ein Buch über Terrorismus. Mit Hilfe des Terrorismus werden Gesellschaften diszipliniert, gesteuert und in Richtung totalitäre Herrschaft getrieben. Mit Hilfe des Terrorismus nehmen Regierungen und Geheimdienste Bevölkerungen als Geisel und trotzen ihnen ständig neue Zugeständnisse in Sachen Freiheit ab. Mit dem Anschlag vom 11. 9. 2001 wurde erstmals die gesamte Weltbevölkerung in Geiselhaft genommen. Was früher nur in Form von nationalen Filialen existierte (in Europa etwa Action dirècte, Rote Brigaden, RAF), wurde mit Osama Bin Laden und Al-Qaida erstmals zu einer globalen Unternehmung gebündelt, adressiert an alle Erdenbürger, auf daß sie sich von ihren Regierungen noch mehr Überwachung, noch mehr Sicherheitsgesetze und noch mehr Demokratieabbau gefallen lassen.

Traditionell wird die Keimzelle des Terrorismus immer dort verortet oder sogar künstlich angesiedelt, wo eine gesellschaftliche, politische oder kulturelle Gruppe vernichtet werden soll. Wurde in Europa in den siebziger und achtziger Jahren mit Hilfe des Terrorismus die Linke ausgeschaltet, zeigt die Installation von Terroristen wie Bin Laden oder Organisationen wie Al-Qaida, daß die Wut der Welt diesmal auf eine bestimmte religiöse Gruppe gelenkt werden soll: den Islam. Indem dieser als Urheber oder Hintergrund abscheulicher Attentate hingestellt wird, sollen er beziehungsweise seine Anhänger langfristig für vogelfrei erklärt werden. Und warum? Weil der Islam besonders verabscheuungswürdig ist? Weil Muslime sich anders kleiden, mitunter dichte Bärte oder einen Turban tragen? Nein. Der Wahnsinn der Vernichtung war schon immer auf eine bestimmte Weise rational. Auch in Zeiten der Inquisition verbargen sich hinter manchem Schandurteil »rationale« Motive wie Konkurrenz oder politische Ränkespiele. Irrsinnig erscheint das Ganze nur deshalb, weil die wahren Motive selten genannt werden. Und eines der wahren Motive lautet, daß der Islam die Religion des Öls und der Krieg gegen den Terror ein ganz gewöhnlicher Raubzug ist. Er beinhaltet die Auflösung des internationalen Rechts zugunsten eines »Rechtes des Stärkeren«, das natürlich kein Recht, sondern Barbarei ist. Er beinhaltet die internationale Anarchie zwischen Staaten, die auf die einzelnen Gesellschaften übertragen und Recht und Demokratie zersetzen wird.

Wohl kein Präsident hat den Terrorismus so fest in seinen Wahlkampf eingeplant wie George W. Bush. Die vier Jahre seiner bisherigen Amtszeit reichen ihm nicht, besser gesagt: sie reichen den rechtsradikalen Kräften rund um das Project of a New American Century (PNAC) nicht, auf dessen Ticket George W. Bush in das Weiße Haus reiste. Das PNAC ist jener rechtsextreme Think Tank, der ein Ereignis wie den 11.9. schon lange geradezu herbeisehnte. Und tatsächlich befreite der 11.9. George W. Bush und seine PNAC-Administration aus der politischen Stagnation und Ziellosigkeit, stellte ihm das einzige Thema zur Verfügung, mit dem er sich seither profiliert, und gab den Vereinigten Staaten die Legitimation, in andere Länder einzumarschieren und die Welt unter ihrer Führung zu einen.

Im PNAC treffen wir alte Bekannte wieder, zum Beispiel den Bruder des Präsidenten, Jeb Bush, der nach dem 11.9. eigenhändig die Akten von Flugschulen in Florida entfernt haben soll. Mit dabei ist auch Rüstungslobbyist und Reagan-Berater Richard Perle, unter Bush eine Zeitlang Vorsitzender des einflußreichen Verteidigungspolitischen Ausschusses (Defense Policy Board). Neben der Speerspitze der ultrarechten Geostrategen treffen wir hier auch den heutigen Verteidigungsminister Donald Rumsfeld, den stellvertretenden Verteidigungsminister Paul Wolfowitz und das Mitglied der 9/11-Untersuchungskommission John F. Lehman. Sie alle planten das, was wir nach dem 11. 9. erlebten, schon lange vorher: eine neue dominante Rolle der USA in der Welt, einen Zugriff auf die Ölquellen sowie den Sturz Saddam Husseins, der das Pech hatte, auf einem der reichsten Ölvorkommen der Welt zu sitzen. Diese Projekte gingen nahtlos in die Regierungsarbeit der Bush-Administration über. Anfang 2004 enthüllte der ehemalige US-Finanzminister Paul O'Neill, daß der Irak-Krieg schon auf der Tagesordnung der ersten Sitzung des Nationalen Sicherheitsrates am 30. Januar 2001 mit George W. Bush stand. Da waren es bis zum 11. 9. noch siebeneinhalb Monate. »Von Anfang an herrschte die Überzeugung, daß Saddam Hussein wegmüsse«, so O'Neill. »Vom ersten Moment an ging's um den Irak. Diese Dinge wurden am ersten Tag besiegelt.« Die Öffentlichkeit erfuhr allerdings nichts davon. Über diese Pläne herrschte siebeneinhalb Monate lang Stillschweigen – bis zum 11. September.

»Alles drehte sich darum, wie man's machen könnte«, sagte O'Neill in einer Talkshow von CBS. »Das war der ganze Ton. Der Präsident sagte: ›Findet mir einen Weg, es zu tun.‹«[200] Diese Enthüllungen waren so brisant, oder besser: so dysfunktional, daß nicht lange darauf ein funktionaler Enthüller in Stellung gebracht wurde, nämlich der legendäre *Washington-Post*-Reporter Robert Upshur Woodward, genannt »Bob«. Doch entweder hatte der seit den Zeiten seiner Watergate-Enthüllungen enorm abgebaut, oder aber diese Enthüllungen, die damals zum Sturz von Präsident Nixon führten, waren nicht so dysfunktional, wie man ursprünglich angenommen hatte. Denn nun, im April 2004, »enthüllte« Woodward doch glatt, die Bush-Administration habe den Irak-Krieg bereits kurz *nach* dem 11. September 2001 geplant. Doch obwohl diese »Enthüllung« weit hinter jene des Ex-Finanzministers O'Neill zurückfiel, wurde sie in Washington und anderenorts mit unglaublichem Interesse aufgenommen. Die Recherchen des funktionalen Enthüllers Woodward machten umgehend eine positive Medienkarriere.

Der Theaterdonner ändert nichts an der interessanten Frage, ob eigentlich Osama Bin Laden an den Sitzungen des Nationalen Sicherheitsrates der USA teilgenommen hat. Sollten die Vorwürfe gegen ihn in Sachen 11. 9. stimmen, verhielt er sich jedenfalls so. Der Wunsch des amerikanischen Präsidenten schien ihm geradezu Befehl zu sein. Erstaunlicherweise soll ausgerechnet ein Erzfeind der Vereinigten Staaten, Osama Bin Laden, den USA den ersehnten Grund geliefert haben, ihre neue Weltordnung zu installieren: Das Öl für die USA und die Unterordnung der Welt unter deren politischen Willen. Ob es daran lag, daß Osama Bin Laden als Angehöriger eines der Familie Bush eng verbundenen Clans den USA doch nicht ganz so feindselig gesinnt war, wie diese glauben machen wollen? Und ist das vielleicht auch die Erklärung dafür, daß es die USA partout nicht schaffen, den Bösewicht zu verhaften? Jedenfalls bisher nicht. Möglicherweise wäre das ja auch Verschwendung. Besser wäre es, Osama Bin Laden kurz vor den Wahlen Anfang November 2004 wie einen Hasen an den Ohren aus irgendeinem Erdloch zu ziehen, in das er für die Kameras kurz zuvor hineingesetzt wurde. Schließlich dürfte es Osama weder in Höhlen noch in Löchern mehr als ein paar Stunden aushalten, denn der Mann ist Berichten zufolge schwer nierenkrank und auf regelmäßige Dialysebehandlung angewiesen. Laut dem Magazin *Asiaweeks* aus Hongkong soll Osama Bin Laden schon im Frühjahr 2000 aufgrund seiner Nierenkrankheit sogar dem Tode geweiht gewesen sein.[201] Sollte das stimmen, wäre das freilich überhaupt ein gewisses Hindernis, von der Wüste aus einen Krieg gegen die USA zu führen. Andererseits wäre ein toter Osama Bin Laden für die wirklichen Masterminds des 11. 9. die zarteste Versuchung, seit es Sündenböcke gibt – denn einer Leiche könnte man natürlich alles in die Schuhe schieben.

Unabhängig davon verschwimmt das Feindbild ohnehin je nach den aktuellen Bedürfnissen der Bush-Administration: Hinter dem 11.9. steckte Bin Laden, pardon, Al-Qaida, pardon, Ramzi Binalshibh, pardon, Khalid Sheikh Mohammed, pardon, Saddam Hussein... Fortsetzung folgt.

Das Problem besteht darin, daß die Präsidentschaft von George W. Bush und seiner Gesinnungsfreunde nicht nur eine Idee war, die man nach vier oder acht Jahren (maximale Amtszeit eines US-Präsidenten) einfach wieder fallenläßt. Die geostrategischen Pläne des PNAC reichen zurück bis in die Zeit kurz nach dem Ende der Sowjetunion, wahrscheinlich aber noch weiter. Der Zerfall der Sowjetunion war selbst nur ein Meilenstein in den langfristigen Strategien zur Durchsetzung der US-Weltmachtansprüche.

Der wichtigste, bisher schmerzhafteste und risikoreichste Schritt zur Errichtung eines totalitären Imperiums wurde bereits getan. Und wer A sagt, muß auch B sagen. Die USA haben bereits eine ungeheure Anstrengung zur endgültigen Errichtung ihres globalen Sonnenstaates unternommen und dabei einen enormen Preis gezahlt, wovon die unmittelbaren Verwüstungen des 11.9. nur der kleinere Teil sind – sieht man von den Menschenleben einmal ab. Die Kosten, die durch den 11.9. erst gerechtfertigt wurden, sind um ein Vielfaches höher, etwa die explodierenden Militärhaushalte. Wobei das als akzeptabel oder erwünscht angesehen wird – einerseits kurbelt es die Wirtschaft an, andererseits dient es der Tyrannei.

Noch schlimmer sind daher die indirekten Folgekosten: Durch ihr hegemoniales Auftreten haben die Vereinigten Staaten einen globalen Imageverlust in Kauf genommen, der sich in nicht absehbaren Schäden für die amerikanische Wirtschaft niederschlägt. Malten zum Beispiel vor dem 11.9. amerikanische Geostrategen die Gefahr eines konkurrierenden eurasischen Wirtschaftsraumes an die Wand, haben die USA diesen Wirtschaftsraum nach dem 11. 9. erst selbst geschaffen. Für zahlreiche arabische und asiatische Länder heißt die Losung seitdem: »Buy european« – egal ob es um Airbus-Flugzeuge oder sonstige hochwertige Güter geht. Denn wer will schon den Hai mästen, der ihn am nächsten Morgen frißt? Während arabische Staaten bei dem europäischen Airbus-Konsortium Großeinkäufe tätigten, geriet der US-Flugzeuggigant Boeing in Schwierigkeiten. Um dem Hersteller zu helfen, griff die US-Regierung wiederum zum Mittel des finanziellen Kannibalismus und ließ die Marine zweihundertzehn Kampfflugzeuge bei Boeing bestellen.

Europäische Staatschefs reisten in das Reich der Mitte und versuchten, dort ihre Atomanlagen und andere Industriegüter zu verkaufen. Bundeskanzler Schröder sprach sich für eine Aufhebung des EU-Waffenembargos gegen China aus, was bedeutet, daß das von den USA so gefürchtete Eurasien auch als militärischer Faktor zu entstehen beginnt. Gleichzeitig erlebte der Euro einen Aufschwung, während der Dollar schwächelte, das US-Handelsdefizit explodierte und – was einem Todesstoß gleichkommen könnte – sich immer mehr ölexportierende Länder überlegten, ihre Lieferungen in Euro statt in Dollar abzurechnen. Der Dollar verlöre dann seine Position als Weltleitwährung, sozusagen als Esperanto des Weltfinanzsystems.

Im Frühjahr 2004 brannte es für die Bush-Administration plötzlich an allen Ecken und Enden. In der Kommission zur Untersuchung der Terroranschläge überschlugen sich die schlechten Nachrichten, im Irak bahnte sich ein breit angelegter Aufstand von Schiiten und Sunniten an. Ein Aufstand, der mit Sicherheit seit vielen Monaten geplant war und ebenso auf den amerikanischen Wahlherbst zielte wie die OPEC, die die Ölfördermenge mit viel Liebe so regulierte, daß in den USA die Benzinpreise in die Höhe schossen – und das mag der Wähler nun mal gar nicht. Aber so wünschenswert solche Entwicklungen auch sein mögen, so gefährlich sind sie auch. Niemand kann wissen, was diese beispiellos gewalttätige und rücksichtslose Administration unternimmt, wenn sie sich erst einmal in die Ecke gedrängt fühlt. Denn das einzige Thema, das Bush alldem entgegensetzen kann, ist Terrorismus, Terrorismus und noch einmal Terrorismus.

Das Terrorismusproblem ermöglicht die umfassende innere und äußere Kontrolle und die Aufrechterhaltung der Kriegswirtschaft. Das heißt: Der Kampf gegen den Terror hat neben der Funktion, von all diesen Problemen abzulenken, eine direkte wirtschaftliche Bedeutung. Und das bedeutet, daß die Vereinigten Staaten auf den Terrorismus angewiesen sind, wie sie einst auf den Feind Sowjetunion angewiesen waren. Ohne Terroranschläge schwinden die Glaubwürdigkeit und die Legitimation für die enormen Rüstungsausgaben sowie die Einschränkung der Bürgerrechte gleichermaßen. Übrig bliebe nur eine desolate Cowboy-Wirtschaft.

Es stellt sich die Frage, aufgrund welcher Tatsache oder Planung die US-Regierung glaubt, sich eine solche Politik leisten zu können – insbesondere eine solche Wirtschaftspolitik. Entweder ist sie der Meinung, daß es sich bei den USA um ein wirtschaftliches Perpetuum mobile handelt, das seine Ressourcen aus dem Nichts schöpfen kann. Oder diese Regierung weiß etwas, was wir nicht wissen.

Zum Beispiel, wie es mit ihr, dem Land und dem Globus weitergeht. Wie gesagt: In die Bush-Administration wurde enorm viel investiert. Auf sie richteten sich die jahre- und jahrzehntelangen Hoffnungen der Rechtsextremen. Um sie vorzeitig zu installieren, wurden (vergeblich) enorme Mittel in die Lewinsky-Affäre gesteckt, und schließlich wurde sie mit Hilfe von Wahlmanipulationen und vor dem Obersten Gerichtshof der USA durchgeboxt. Man mag nicht recht daran glauben, daß sich diese Kräfte die Macht durch einfache Wahlen im November 2004 wieder abnehmen lassen. Ganz im Gegenteil: Man muß erneut mit massiven Manipulationen rechnen, entsprechende Versuche wurden bereits registriert, zum Beispiel im Pentagon. Das Verteidigungsministerium wollte für einhunderttausend im Ausland stationierte US-Soldaten Onlinewahlen per Computer organisieren. Aber wer weiß schon genau, was in den elektronischen Kreisläufen von Computern passiert? Würden Sie Ihre Stimme einem Windows-Rechner anvertrauen – mit Donald Rumsfeld als Systemadministrator? Und siehe da: Gutachter gaben zu bedenken, das System berge derart viele Sicherheitsrisiken, daß das gesamte Vertrauen in die Präsidentenwahl auf dem Spiel stehe. Durch das System verursachte Unregelmäßigkeiten könnten »katastrophale Auswirkungen auf das öffentliche Vertrauen in Wahlprozesse« haben.[202]

Die Onlinewahlen wurden wieder abgeblasen, aber dafür haben fünfunddreißig US-Bundesstaaten fünfzigtausend neuartige Wahlcomputer bestellt, die den Stimmzettel elektronisch am Bildschirm darstellen. Der Wähler muß nur noch neben den Namen seines Kandidaten tippen, und schon hat er gewählt. Theoretisch. Denn in der Praxis erschien das Kreuzchen leider nicht immer neben dem angetippten Kandidaten, sondern neben einem anderen.[203] Und auch sonst litten die Systeme unter jeder Menge Krankheiten, so daß zu befürchten steht, daß die amerikanische Demokratie 2004 schon aus diesem Grunde endgültig ausgehebelt wird. Wenn die Wahl im Chaos versinkt, wird ihr die Demokratie umgehend folgen.

Im Mai 2003 versuchte die republikanische Mehrheit im Repräsentantenhaus von Texas sich mehr Sitze zuzuschanzen. Allerdings nicht – wie das demokratischer Brauch wäre – mit Hilfe von Wahlen, sondern mit Hilfe einer Neuordnung der Wahlkreise, die erst kurz zuvor von einem parteiübergreifenden Richtergremium festgelegt worden waren. Da nur solche Kandidaten ins Landesparlament einziehen, die einen Wahlkreis gewinnen, sollten die Wahlkreise als Vorbereitung auf die Kongreßwahlen 2004 den republikanischen Hochburgen im Lande angepaßt werden. Dafür brauchten die Republikaner aber nicht nur die Mehrheit, sondern auch ein beschlußfähiges Parlament, in dem mindestens hundert von hundertfünfzig Abgeordneten anwesend sind.

Nachdem siebenundfünfzig demokratische Abgeordnete drohten, der Abstimmung fernzubleiben, hetzte Gouverneur Rick Perry, früher Stellvertreter von Gouverneur George W. Bush, die Polizei auf die demokratisch gewählten Parlamentarier. Er entsandte Beamte des Amts für Öffentliche Sicherheit (DPS), um die Abgeordneten aus ihren Wohnungen zu holen, sie festzunehmen und die Abstimmung gewaltsam herbeizuführen. Nachdem sich die meisten der rebellierenden demokratischen Abgeordneten in das benachbarte, von der demokratischen Partei regierte Oklahoma abgesetzt hatten, versuchten texanische Ordnungshüter, sie vor Ort zur Rückkehr zu überreden – obwohl sie dort gar nichts zu suchen hatten. »Diese politischen Ereignisse, die sich in der zweiten Maiwoche abspielten, bringen die außergewöhnlich starken politischen Spannungen zum Ausdruck, die sich in den Vereinigten Staaten aufgebaut haben«, befand Patrick Martin von der *World Socialist Website* am 24. 5. 2003.

»Frustrierte republikanische Amtsträger reagierten geradezu hysterisch auf das Manöver der Demokraten. Ein republikanischer Abgeordneter ließ ein Kartenspiel mit den Köpfen der flüchtigen Demokraten drucken, nach dem Muster, das vom US-Militär mit den Köpfen der gesuchten irakischen Führer in Umlauf gebracht wurde. Ein anderer forderte den Distriktstaatsanwalt von Travis County, Ronnie Earle, auf, eine Untersuchung einzuleiten, obwohl es gegen kein Gesetz verstößt, einem Aufruf, das Quorum zu erfüllen, nicht Folge zu leisten. Die Republikanische Partei veröffentlichte Werbespots im Radio, die sich gegen ausgewählte Abgeordnete richteten, behaupteten, diese seien zur Fahndung ausgeschrieben, und die Hörer aufforderten, das Amt für Öffentliche Sicherheit zu informieren, wenn sie etwas über den Aufenthaltsort der ›Flüchtigen‹ mitzuteilen hätten. (...) Obwohl die nationalen Medien diese Ereignisse als komische Oper darzustellen versuchen, enthält die Krise in Texas das Potential für ernste, sogar gewaltsame Konsequenzen, bis hin zu direkten Zusammenstößen der bewaffneten Polizeikräfte von Staaten, die von jeweils unterschiedlichen Parteien regiert werden«, so Patrick Martin. »Der Gouverneur von Oklahoma, Brad Henry, ein Demokrat, befahl seiner Staatspolizei, nicht mit den texanischen Polizisten zu kooperieren. Er stellte die flüchtigen demokratischen Abgeordneten damit quasi unter seinen Schutz.«

»Die politische Krise in Texas ist eine Warnung an die amerikanische Bevölkerung, wie weit der Zerfall und die Auflösung demokratischer Prozesse in den Vereinigten Staaten schon vorangeschritten ist«, stellt Martin fest. Tatsächlich hat die amerikanische Demokratie bereits weitgehend aufgehört zu existieren: mit einem Präsidenten, der keiner ist (George W. Bush), und einem, der nicht im Amt ist (Al Gore), einem Kandidaten für eine Wahl, die nicht geordnet ablaufen wird (Kerry), und einer Verfassung, die außer Kraft gesetzt wurde (mit dem Patriot Act): »Eine Regierung, der es an jeglicher demokratischer Legitimation mangelt, an deren Spitze ein Präsident steht, der nicht die Mehrheit der Stimmen des Volkes errungen hat und durch den Obersten Gerichtshof ins Amt gehievt wurde, versucht sich nun von jeder demokratischen Kontrolle freizumachen«, resümiert Martin.

Welche Kräfte heute in den USA das Sagen haben, illustriert das Zitat eines republikanischen Abgeordneten in Texas (Pferdezüchter aus Houston): »Wo kommt eigentlich diese Idee her, daß jeder ein Recht auf freie Ausbildung, freie Krankenversorgung, freie sonst noch was habe? Sie kommt aus Moskau, aus Rußland. Sie kommt direkt aus dem Höllenpfuhl. Und sie wird clever als Barmherzigkeit verkleidet.«[204] Man mag es kaum glauben, aber in den Vereinigten Staaten von heute ist Dr. Seltsam überall – jene skurrile, von Vernichtungsphantasien geplagte Filmfigur von Stanley Kubrick, deren rechter Arm immer verdächtig in Richtung Hitlergruß zuckte und die die USA in einen Atomkrieg treiben wollte.

So bezeichnete ein Pentagon-General den »Krieg gegen den Terrorismus« der Bush-Regierung mehrfach als einen religiösen Krieg des Christentums gegen den Islam und erklärte, daß er selbst sich nur Gott gegenüber verantwortlich fühle. In einer Versammlung in Florida hatte sich der Militär über einen muslimischen Milizführer mit den Worten ausgelassen: »Ich wußte, daß mein Gott größer ist als seiner. Ich wußte, daß mein Gott ein wahrhaftiger Gott ist und seiner nur ein Götze«.

Auf Aufklärungsfotos von Mogadischu entdeckte der General »dämonische Erscheinungen« und erklärte, dies sei »unser Feind. Es ist nicht Osama Bin Laden, es ist der Fürst der Dunkelheit. Es ist ein spiritueller Feind, den wir nur besiegen werden, wenn wir ihm im Namen Jesu entgegentreten.«[205]

Das zeigt nicht nur, wie weit diejenigen, die heutzutage den Finger am roten Knopf haben, sich von der Realität verabschiedet haben. Es zeigt auch, in welcher außerordentlichen Gefahr sich der Globus derzeit befindet, insbesondere im amerikanischen Wahljahr 2004. Das ist längst nicht mehr nur die Meinung von »Linken« und »Verschwörungstheoretikern«. Vielmehr ist diese Ansicht mittlerweile mitten im Establishment angekommen, genauer: im Finanzestablishment.

Die Töne, die in dieser eher zurückhaltenden Branche neuerdings angeschlagen werden, vermögen den Ernst der Lage zu illustrieren. Nehmen wir nur das Interview, das der internationale Finanztycoon George Soros der deutschen Illustrierten *Stern* am 5.2.2004 gegeben hat: »Es heißt immer, diese schrecklichen Terrorakte haben die Welt verändert. Nein, die Welt wird dadurch verändert, wie die Bush-Regierung auf diesen Terror reagiert, wie sie ihn ausbeutet und für sich nutzt – bürgerliche Freiheiten beschneidet, die unumschränkte Herrschaft auf dem Globus anstrebt. Vielleicht wird man im historischen Rückblick einmal sagen: Das war der Beginn eines fürchterlichen Erdbebens – dieses Ausrufen des ›Krieges gegen den Terror‹. (...) Terroristen sind ein idealer Feind. Sie sind unsichtbar, sie verschwinden, man muß sie ständig suchen, man kann sie ständig bekämpfen – überall. Sie sind perfekter Ersatz für den verlorengegangenen kommunistischen Feind. (...) Es ist nun wie bei Orwell: Ständige Angst für ständigen Frieden. Sie benötigten dies alles, um ihren Traum der unumschränkten Herrschaft durchzusetzen. (...) Es sind die Neokonservativen in der Regierung. Leute wie Cheney, Rumsfeld, Wolfowitz. Sie wollen die totale Überlegenheit Amerikas, sie haben die geopolitischen Realisten verdrängt. In der Republikanischen Partei sind die Moderaten an den Rand getrieben worden, das gesamte politische Spektrum ist nach rechts gerutscht. Die Republikanische Partei, die Regierung sind nun in den Händen von Eiferern: Überlegenheitsfanatiker, religiöse Fundamentalisten, Marktfundamentalisten – ein gefährliches Amalgam. Sie haben in Deutschland auch Extremisten, Republikaner, Nazis, aber nicht in der Regierung. Das ist der Unterschied.«

Und weiter sagt er: »... ich habe vielleicht ein besonders feines Gespür für diesen Orwellschen Doppelsprech, ich habe ja die Nazis und die Kommunisten erlebt. Doppelsprech heißt, man gibt den Worten einen ihnen entgegengesetzten Sinn. In der Bush-Doktrin ist viel von ›Demokratie‹ die Rede, aber gleichzeitig schränkt Justizminister Ashcroft bürgerliche Rechte rigide ein. Wenn Bush sagt, daß die ›Freiheit‹ siegt, meint er tatsächlich, daß Amerika seine Vormachtstellung über den Globus ausbauen wird. Wenn Bush sagt: ›Wer nicht für uns ist, der ist für die Terroristen‹, dann schrillen bei mir die Alarmglocken. Das ist die Sprache von Machthabern totalitärer Systeme.«

Übertreibt er da nicht ein wenig, der Herr Soros? Nicht wirklich. Schon am Freitag, den 21. November 2003 berichtete der Internetdienst newsmax.com über ein Interview, das der »amerikanische Held« (so die Headline) General Tommy Franks dem Lifestylemagazin *Cigar Aficionado* gegeben hatte. Tommy Franks ist nicht irgendwer, er war der leitende General des US Central Command für die Invasionen in Afghanistan und im Irak. Vor seiner Pensionierung am 7. Juli 2003 bot ihm Verteidigungsminister Donald Rumsfeld gar den Posten des Stabschefs der Armee an, was Franks jedoch ablehnte. Franks zählte also zu den höchsten militärischen Führern der USA, aber nicht nur deshalb, sondern auch wegen seiner besonderen Verbindungen sollte man seine Phantasien vielleicht nicht gleich als wilde Verschwörungstheorien abtun. Franks stammt aus Texas, wo er dieselbe High School besuchte wie First Lady Laura Bush. In *Cigar Aficionada* veranstaltete Franks ein paar geistige Sandkastenspiele – sozusagen unter Zigarrenrauchern. So könnte es ja zum Beispiel sein, überlegte er, daß die Vereinigten Staaten im Wahljahr 2004 von einem massiven terroristischen Anschlag mit Massenvernichtungswaffen getroffen werden und daß anschließend die amerikanische Verfassung durch eine Militärregierung außer Kraft gesetzt werden könnte – wobei man wahrscheinlich raten darf, wen man in dieser Militärregierung wiederfinden würde. Doch Spaß beiseite: Ein erfolgreicher terroristischer Anschlag mit Massenvernichtungswaffen, so Franks, könnte katastrophale Folgen für die amerikanische Demokratie haben. In diesem Fall könnte »die westliche Welt, die freie Welt, das verlieren, was sie am meisten liebt, und das sind die Freiheit und die Liberalität, die wir für ein paar hundert Jahre in jenem großartigen Experiment erlebt haben, das wir Demokratie nennen«.

Experimente hatten schließlich schon immer nur vorübergehenden Charakter. Wie in einem Seminar an einer Militärakademie spricht Franks in diesem Zusammenhang von – »sehr, sehr wichtig« – »zwei Schritten«: Im Detail stellt sich Franks erstens »das Potential einer Massenvernichtungswaffe« vor und zweitens »ein massives, terroristisches, opferintensives Ereignis irgendwo in der westlichen Welt – vielleicht in den Vereinigten Staaten von Amerika –, das unsere Bevölkerung veranlaßt, unsere Verfassung in Frage zu stellen und unser Land zu militarisieren, um eine Wiederholung eines massenweise Opfer fordernden Ereignisses zu vermeiden. Was dann das Gewebe unserer Verfassung tatsächlich auflösen könnte.«

Franks sei der erste hochrangige Offizielle, der darüber spekuliert, ob die Verfassung für eine militärische Regierungsform auf den Müllhaufen wandern könnte, so der Internetdienst newsmax.com, der aus dem *Cigar-Aficionado*-Interview zitierte.

Man merkt Franks an, daß er nicht einfach so aus dem hohlen Bauch redet. Seine Orakel haben in der Art, wie sie im ganz Allgemeinen speziell werden, eine ganz eigene Qualität. Was Franks beispielsweise über »Präsident« (um es einmal in der Diktion von Michael Moore zu schreiben) Bush sagt, paßt genau zu seinen oben zitierten Planspielen: »Wenn ich mir Präsident Bush so ansehe, glaube ich, daß er letztendlich als ein Mann von extrem hohem Charakter beurteilt werden wird. Ein sehr umsichtiger Mann, von jenen nicht richtig eingeschätzt, die ihn nicht für besonders intelligent halten. Ich finde, das Gegenteil ist richtig. Ich glaube, er ist sehr, sehr helle. Und ich nehme an, daß er als Mann beurteilt werden wird, der das Land angemessen durch eine Verwerfung der Geschichte geführt hat. Wahrscheinlich werden wir seiner in den kommenden Jahren als eines Helden gedenken.«[206]

Präsident Bush? *Der* »Präsident« George W. Bush? Fast könnte man glauben, Franks rede hier von einem anderen Planeten, vielleicht von einem Paralleluniversum, in dem George W. Bush in einer positiven Version existiert.

Eine Wahl, die keine mehr ist

Nur zwei Tage nach dem Newsmax-Bericht, am 23. November 2003, schreckte die *Washington Post* ihre Leser mit einem Kommentar von einem gewissen David J. Rothkopf auf. Rothkopf war außerordentlicher Professor für internationale Beziehungen und Managing Director der geoökonomischen Beratungsfirma Kissinger Associates. Ein Top-Mann also im Geflecht von Regierungen und Konzernen und ganz nah dran an einem der wichtigsten Strippenzieher der internationalen Politik – Henry Kissinger:

»Stellen Sie sich vor, es ist Wahltag 2004«, entwirft er sein Szenario. »Vor Ihrem Wahllokal hat eine Humvee [Militärfahrzeug, Anm. d. V.] mit den Abzeichen ihrer lokalen Einheit der Nationalgarde Stellung bezogen, einschließlich Nationalgardisten mit Sturmgewehr. Verhinderte Wähler starren auf die parkenden Wagen und eilen mit greifbarem Unbehagen vorbei. Seit dem Tag des ersten Kandidaten-Fernsehduells hat eine Serie von Selbstmordanschlägen das Land sowohl auf den Straßen als auch im

Wahlkampf verändert. Von all den Themen in den Wahlreden der Kandidaten ist Terrorismus das einzige, das noch zu zählen scheint. Das Land lebt nun bereits seit einem Monat mit der Alarmstufe Rot. Die lauteste Stimme kam jüngst von einem Terroristenführer aus einer Höhle auf der anderen Seite der Welt. Zwei US-Divisionen sind auf dem Weg zur Grenze eines Landes im Mittleren Osten, das noch bis vor kurzem als Freund betrachtet wurde. Diese Wahl, so scheint es, wird sich an einer einzigen Frage entscheiden: Welcher Kandidat kann uns mehr Sicherheit geben?«[207] Und wer könnte das sein? Ein Demokrat? Oder vielleicht George W. Bush, *der* »Heldenpräsident« George W. Bush? Die Wahl, die keine mehr ist, scheint da nicht schwerzufallen.

Rothkopf hat aber noch weit mehr zu bieten als bloße Phantasien. Die Bedrohung durch schwere Terroranschläge im Vorfeld der US-Wahlen scheint weitaus konkreter zu sein, als man in Europa glaubt: »Kürzlich«, fährt Rothkopf fort, »habe ich an einem Meeting von mehr als zweihundert leitenden Geschäfts- und Regierungsleuten, viele von ihnen Spezialisten in Sicherheits- und Terrorismusfragen, teilgenommen. Fast dreiviertel von ihnen prophezeiten, daß die Vereinigten Staaten noch vor dem Ende des Jahres 2004 eine massive terroristische Attacke erleben würden. Eine ähnlich hohe Zahl sagte voraus, der Anschlag werde größer sein als jener vom 11. 9., wahrscheinlich unter Zuhilfenahme von Massenvernichtungswaffen. Es herrschte Konsens darüber, daß eine solche Attacke zusätzliche Unterstützung für Präsident Bush mobilisieren würde. Dies sind seriöse Leute, die weder zu Hysterie noch zu Panik neigen – Offiziere, Politiker, Wissenschaftler, Forscher und andere, die sich schon lange mit solchen Fragen beschäftigen. Sie wissen, daß Wahlen für Terroristen immer wieder eine unwiderstehliche Versuchung darstellen. In Israel, Kolumbien, Rußland, Sri Lanka, Spanien, der Türkei und anderswo wurden Wahlen durch Anschläge gestört, die das Ziel hatten, das Rampenlicht zu erobern, die Demokratie zu erschüttern oder einen politischen Führer zu diskreditieren. (...) Wie würde ein Anschlag das Rennen beeinflussen? Wo haben Anschläge vor wichtigen Wahlen jenen Kandidaten geholfen, die als konsequente Terroristengegner galten? In Israel 1996 zum Beispiel lag der Führer der Arbeitspartei Shimon Peres mit fünfundzwanzig bis dreißig Punkten vor seinem Likud-Rivalen Benjamin Netanjahu, als Selbstmordanschläge in einer Woche mehr als sechzig Menschenleben forderten. Peres wurde gemeinhin als eher konzilianter Kandidat gesehen, und Netanjahu gewann. 2002, als elf Israelis bei einem Bombenanschlag in Jerusalem starben, gewann der Hardliner Ariel Scharon. In Rußland wurde Wladimir Putins Haltung gegenüber den tschetschenischen Terroristen mit dem Sieg bei den Wahlen im Jahr 2000 honoriert.«

Ebenso interessant wie das, was in diesem Kommentar zu lesen steht, ist jedoch das, was man dort nicht lesen kann. Zum Beispiel, von welchen Terroristen Rothkopf eigentlich redet. Bis auf den nebulösen, mythischen Hinweis auf den Mann in der »Höhle auf der anderen Seite der Welt« läßt er sein Publikum völlig im dunkeln, wer solche Anschläge planen könnte.

»Es gibt viele Ungereimtheiten, und der Prozeß hinter verschlossenen Türen beflügelte den Verdacht, die Bombenanschläge seien von der Geheimpolizei arrangiert worden«, berichtete *Spiegel Online* über die Anschläge vor den Wahlen in Rußland. »Die deutlichen Ungereimtheiten, die nicht aufgeklärt sind, steigern die Affäre zu einer spannenden Kriminalgeschichte. Der bekannte Menschenrechtler Sergej Kowaljow leitet eine ›Öffentliche Kommission zur Ermittlung der Umstände der Bombenanschläge‹. In dieser Eigenschaft gab er am 21. Januar in Moskau eine Pressekonferenz, an der auch Walentin Gefter, Direktor des Instituts für Menschenrechte, teilnahm. Und Rechtsanwalt Schamil Arifulow, der Verteidiger eines der beiden Verurteilten, gab Interna aus dem Geheimprozeß preis. Die drei erklärten, die Gerichtsverhandlung habe in einer ganzen Reihe von Anklagepunkten die Schuld der Angeklagten nicht bewiesen. ›Das ist kein Gericht‹, befand Kowaljow, ›das ist elementarer politischer Schwindel.‹ Eine zivilisierte Staatsgewalt hätte in einer so heißen Sache kein geheimes Verfahren geduldet. Die beiden Verurteilten seien keine Täter gewesen, sie hätten allenfalls unwissentlich Beihilfe geleistet, nämlich vom Inhalt der von ihnen transportierten Zuckersäcke keine Kenntnis gehabt.«[208]

Das erinnert fatal an die Hamburger Terroristenprozesse, bei denen ein Gericht erst in allerletzter Minute die Notbremse zog und sich zu rechtsstaatlichen Maßstäben durchrang. Ob in Hamburg, Rußland oder sonstwo: Meist geht es bei solchen Verfahren um die endgültige Abwälzung der Schuld auf Sündenböcke, die einer bestimmten unliebsamen Gruppe angehören, seien es nun Tschetschenen, Islamisten, Linke oder andere Kräfte, die dem Machtanspruch der jeweils herrschenden Kräfte im Wege stehen.

Anfang 2004 warnten hochrangige Ex-CIA- und Ex-FBI-Leute im Verbund mit dem PNAC-Hardliner James Woolsey (früher CIA-Direktor und Navy-Unterstaatssekretär, jetzt Mitglied des PNAC und der Stiftung zur Verteidigung der Demokratie) das Nachbarland Kanada, »Katastrophenschützer aller demokratischen Länder sollten sich mit Kriegsspielszenarien vertraut machen, die terroristische Attacken einschließen«.[209]

Das ist ja nun merkwürdig: Warum bedrohen Terroristen »alle demokratischen Länder«? Weil sie – die Terroristen – Muslime sind? Oder vielmehr, weil sie ganz einfach antidemokratisch eingestellt sind?

Vielleicht so antidemokratisch wie Woolseys Verein PNAC, den Kritiker spöttisch gern »Pi-Näck« nennen? Das bereits erwähnte Project of a New American Century wird heute von Beobachtern als Mittelpunkt der 9/11-Verschwörung geortet. Für sie ist es das Zentrum jener Gefahr, die in den Attentaten des 11. September zum Ausdruck kam.

Denn rein zufällig ermöglichten die Attentate des 11. 9. die Verwirklichung fast sämtlicher strategischer Szenarien dieses rechtsextremen US-»Think Tanks«: die endgültige Übernahme der globalen Führung durch die USA, den Ausbau einer neuen strategischen Rolle der USA, eine neue Phase der Hochrüstung, die Interventionen in Afghanistan und im Irak. Diese Wunschliste spukt seit Jahren durch die Strategiepapiere des »Pi-Näck« und wäre dort wohl auch geblieben, wenn, ja wenn es den 11. 9. nicht gegeben hätte. Denn eins war den PNAC-Verschwörern schon im Jahr 2000 klar. Die Verwirklichung ihrer hochfliegenden Pläne einer US-Weltherrschaft könnte eine ganze Weile dauern, würde nicht »ein katastrophales Ereignis« eintreten, »das als Katalysator dienen könnte – ein neues Pearl Harbor«.[210] Es kam ja dann auch so – und damit die schöne neue Welt, so wie sie sich das PNAC vorstellt.

Da heute jeder »Think-Tank« auch eine Website unterhält, präsentiert sich auch PNAC im Internet und pflegt dort die typisch heuchlerische Sprache rechter Machtansprüche: Das Project of a New American Century sei eine nichtkommerzielle »Bildungseinrichtung«, die sich einigen fundamentalen Annahmen widme: So sei die amerikanische Führung »gut« für die Welt, aber diese Führung verlange militärische Stärke, diplomatische Tatkraft und den »Einsatz für moralische Prinzipien«.

Was die amerikanische Führung für die Welt bedeutet, möchte natürlich jeder gern wissen – und das Project of a New American Century möchte der Welt das auch erklären, und zwar durch die Herausgabe von Papieren und wissenschaftlichen Veröffentlichungen sowie durch die Veranstaltung von Seminaren und Konferenzen. Und natürlich durch die eine oder andere Hellfire-Rakete, Cruise Missile oder mehr oder weniger intelligente Bombe. Das steht allerdings nicht auf der Website.

Wie bereits angedeutet, hat das PNAC praktisch die gesamte amerikanische Regierung übernommen. Zu den Unterzeichnern des PNAC-»Statement of Principles« vom 3. Juni 1997 gehören unter anderem der heutige Vizepräsident Dick Cheney, der heutige Verteidigungsminister Rumsfeld und der heutige Vizeverteidigungsminister Paul Wolfowitz. Das heißt: das PNAC ist die Regierung, und die Regierung ist das PNAC. Übertrieben? Beileibe nicht. Denn die Genannten sind nur die führenden Köpfe. Ferner gehören oder gehörten folgende PNAC-Leute der Bush-Administration und ihrem Umfeld an: Richard Armitage (Stellvertretender Außenminister), Richard Perle (Defense Policy Board), John Bolton (Unterstaatssekretär für Rüstungskontrolle und Internationale Sicherheit), Elliot Abrams (Besonderer Assistent für den Präsidenten), Zamay Khalilzad (Gesandter für Afghanistan und den Irak), Lewis Libby (Chef des Stabes von Vizepräsident Cheney), Douglas Feith (Unterstaatssekretär), James Woolsey (Defense Policy Board). Woolsey gehört übrigens zu jenen Leuten, die neuerdings das Bombenattentat von Oklahoma 1995 Al-Qaida und Bin Laden in die Schuhe schieben wollen, indem sie Verbindungen zwischen den rechtsradikalen Tätern und Al-Qaida-Strukturen behaupteten – was im Hinblick auf den 11.9. wie gesagt ganz neue Perspektiven aufwirft.[211]

Der Globus als Gummizelle

In den Köpfen ultrarechter Militärs und Strategen scheinen terroristische Anschläge im Wahljahr 2004 Hochkonjunktur zu haben, auch in den Köpfen der PNAC-Strategen.

Einer von ihnen ist der erwähnte Richard Perle, der gleichzeitig so etwas wie der Chefideologe der amerikanischen Rechtsextremen ist. Perle hatte bereits in mehreren US-Regierungen den Finger am Abzug. Ende der siebziger Jahre hielt er Europa mit dem NATO-Doppelbeschluß den Lauf an die Stirn, in den achtziger Jahren setzte er der Welt mit Ronald Reagans Star-Wars-Konzept die Pistole auf die Brust. Wobei niemand so schön von den Vorzügen ferngesteuerter Flugzeuge schwärmen kann wie er: »Er kann eindrucksvoll schildern, wie ein junger Soldat in Tampa (Florida) via Satellitenkommunikation das Gefechtsfeld im fernen Afghanistan vor sich auf dem Display hat und eine mit zwei Hellfire-Raketen ausgestattete Drohne – Predator – steuert und endlich in ein Ziel lenkt, das zuvor von Soldaten der Nordallianz identifiziert und dann von amerikanischen Rangers durch Laserstrahl ›beleuchtet‹ wurde. Das Ganze in Realzeit«, so die *Welt*.

Exakt dieser Mann hat neuerdings ein Problem, da der »vierte Weltkrieg« (der Kalte Krieg als Nummer drei mitgezählt) bislang nicht ganz den Verlauf nahm, den er und seine Kumpane vom PNAC sich gewünscht hatten. Zwar hatte das Project of a New American Century nach dem 11. 9. erst richtig Fahrt aufgenommen, doch bereits im Irak hat sich das Rollkommando des Imperiums, das doch ursprünglich gleich noch in den Iran, nach Syrien und in andere Länder weiterreisen sollte, festgefahren. Der »Fürst der Finsternis«, so Perles Spitzname, wittert Verrat und dreht allmählich durch, wie andere rechtslastige Eiferer vor ihm. In seinem neuesten Buch »An End to Evil. How to Win the War on Terror« (deutsch etwa: Dem Bösen ein Ende bereiten. Wie man den Krieg gegen den Terror gewinnt) beschuldigt er »in provozierend aggressiver, primitiv schwarzweiß malender, bewußt beleidigender Tonart neunundneunzig Prozent der amerikanischen Politiker und Meinungsmacher der Feigheit, der Blindheit und des Defätismus«, so die *Junge Welt* in einer Rezension des Werkes. »Sieg oder Holocaust«, mit solchen Formeln sprenge Perle »völlig den Rahmen des irgendwie noch sachlich Begründbaren und Vertretbaren, knüpft statt dessen an die klassische Philosophie des Wilden Westens und der Indianerkriege an: Es kann nur einer überleben.«[212]

Nun ist es ja langsam unappetitlich, für welche politischen Abenteuer der Holocaust als Begründung herhalten muß. Wenn man die Perle-Zeilen liest, schwankt man unwillkürlich zwischen Abscheu und Mitgefühl, denn der Mann betrachtet den Globus als seine persönliche Gummizelle. Er fühlt sich umzingelt: Irak! Iran! Syrien! Libyen! UNO! Aber nicht nur das – nun zählt er auch ehemalige Freunde wie Saudi-Arabien, Frankreich und Deutschland zu den Feinden der Vereinigten Staaten. Und seine Wünsche sind der Administration Befehl. Nicht zufällig forderten die USA Mitte April 2004 alle US-Bürger in Saudi-Arabien auf, das Land zu verlassen. Begründung: Es gebe Hinweise auf einen Terroranschlag (der prompt eintrat). Wobei Deutschland nicht wirklich zu den »Feinden« gehört, da Perle davon ausgeht, daß es mit einer CDU/CSU-Regierung ohnehin wieder in das Fahrwasser der USA kommen wird. Aber Frankreich will er isolieren, und die europäischen Staaten sollen gezwungen werden, sich zwischen der Grande Nation und den USA zu entscheiden. Und die UNO ist aufgerufen, ihre Charta zu ändern und amerikanische »Präventiv«-Schläge endgültig abzusegnen. England soll sich von Kontinentaleuropa fernhalten, Saudi-Arabien soll man seine östlichen Landesteile wegnehmen. Ach ja: Und »Israel müsse absolut freie Hand für sein militärisches Vorgehen in den besetzten Gebieten erhalten und dürfe dafür nicht kritisiert werden« fordert der rechtslastige Ballermann.

Nimmt man diese Tiraden ernst, dann fühlt sich der PNAC-Stratege und ehemalige Vorsitzende des mächtigen Defense Policy Board in die Ecke gestellt und an die Wand gedrängt – und macht dabei einen seltsam gefährlichen Eindruck. Perle sei sich »bewußt, daß der Trend nicht durch Predigten aufzuhalten und umzukehren ist, schon gar nicht im Wahljahr«, meint die *Junge Welt*. »So wie es des 11. September bedurfte, um die Basis für die erste Phase des ›Kriegs gegen den Terror‹ zu schaffen, ist jetzt ein neuer Anschub erforderlich. Perle beschreibt die Möglichkeiten mit so viel krimineller Phantasie, daß man vermuten muß, er sehne ein solches Ereignis geradezu herbei.« Denn er ist von allerlei düsteren Phantasien befallen: »Schon morgen könnte es passieren, daß eine Sprengladung mit radioaktivem Material in Los Angeles hochgeht, Nervengas in einem Tunnel unter dem Hudson freigesetzt wird oder eine furchtbare neue Krankheit in Großbritannien ausbricht. Hätten die für die Angriffe vom 11. September Verantwortlichen dreißigtausend Amerikaner oder dreihunderttausend oder drei Millionen töten können, dann hätten sie es getan.«

Da ist er wieder – der Notstand. Denn nur mit ihm läßt sich dem Volk das eigene Gefängnis verkaufen. »Wenn der Stachel des Terrors erneut zu fühlen ist, könnte Faschismus das Nachspiel sein«, schreibt die Kolumnistin der *St. Petersburg Times*, Robyn E. Blumner: »Wird eine weitere schwere terroristische Attacke auf amerikanischem Boden das Ende für Freiheit und Demokratie bedeuten?« fragt sie, um die Antwort gleich selbst zu geben: »Es gibt nicht viele Hoffnungszeichen für das Gegenteil.«[213]

Tatsächlich weiß schon jetzt kein Mensch mehr, wer Amerika eigentlich regiert. Nehmen wir zum Beispiel Tom Daschle, den Mehrheitsführer der Demokraten im Senat. Nachdem herauskam, daß die Regierung Bush irgendwo in den Bergen eine geheime Notstandsregierung installiert hatte, um sie »für den Fall der Fälle« vorzuhalten, wurde er nach Einzelheiten über diese Regierung gefragt. Der Mann wußte nicht einmal, ob diese Regierung bereits operiert, das heißt, ob die USA von Washington oder von einem Bunker in den Bergen aus regiert werden: »Ich weiß es nicht«, sagte er. »Ich weiß nicht, worin ihre Rolle besteht oder welche Vollmachten sie hat, weil wir nicht informiert worden sind. Man sollte meinen, daß zumindest ein Kongreßangehöriger Bescheid wissen sollte, und es interessiert doch, ob Kongreß und Justiz überhaupt einbezogen wurden.«[214] Nach einem Bericht der *Washington Post* hat die Bush-Administration schon bald nach den Anschlägen des 11. September eine Notstandsregierung aus Bürokraten eingerichtet, um die »Kontinuität der Regierung« zu gewährleisten. Es handele sich um eine Vorsichtsmaßnahme für den Fall eines terroristischen Atomschlags auf die amerikanische Hauptstadt, berichtete die *Washington Post.*[215] Mehr als hundert hochrangige Beamte seien kurz nach den Attentaten des 11. 9. mit dem Hubschrauber in bergige Regionen des amerikanischen Ostens ausgeflogen worden und im Rotationsverfahren immer wieder ersetzt worden. So wurde aus einem provisorischen Regierungssitz eine dauerhafte Einrichtung. Da es sich ausschließlich um Angehörige der Exekutive handelt, ist das Prinzip der Gewaltenteilung außer Kraft gesetzt.

Es gibt also derzeit eine Regierung in Washington und eine zweite »Notstandsregierung« irgendwo in Bunkern in den Bergen. Natürlich ist das eine Verschwörungstheorie – in diesem Fall der *Washington Post*: »Schattenregierung arbeitet im geheimen«, titelte sie am 1. März 2002. Und jetzt darf man dreimal raten, wodurch die Regierungsgewalt von der Regierung in Washington auf die Bunkerregierung übergehen könnte – natürlich durch einen Notstand, zum Beispiel vor den Präsidentschaftswahlen. »Wir nehmen die Frage der Kontinuität unserer Regierung ernst, weil unsere Nation angegriffen wurde«, erklärte George W. Bush ganz offen. »Solange unser Land die Terroristen nicht ausgerottet hat, wo immer sie sich auch verstecken, sind wir nicht sicher.«[216]

»Kontinuität der Regierung« – das war schon einmal Thema! Erinnern Sie sich an den treuen Bush-Soldaten und Navy-Haudegen Colonel Oliver North, der nicht nur seinen Chef Bush senior, in den achtziger Jahren Vizepräsident, aus den Ermittlungen zur Iran-Contra-Affäre[217] paukte, sondern gleichzeitig auch einem besonders klandestinen Hobby frönte: der Entwicklung von Notstandsplänen und Szenarien, in deren Verlauf die Verfassung außer Kraft gesetzt werden könnte. North gilt als der Stratege hinter den legislativen und organisatorischen Mechanismen der Federal Emergency Management Agency (FEMA), der Katastrophenbehörde, die den meisten US-Bürgern als helfende Hand nach Wirbelstürmen, Überschwemmungen und anderen Katastrophen vertraut ist. Doch die FEMA hat auch eine andere Seite. Zunächst einmal erstellt sie auch Untersuchungsberichte nach Katastrophen, zum Beispiel nach dem Anschlag auf das World Trade Center. Zahlreichen Zeugenaussagen über Explosionen und aus den beiden Türmen austretende Sprengwolken zum Trotz erklärte niemand anderer als die FEMA, warum diese Gebäude, deren Statik für den Aufprall von Flugzeugen berechnet worden war, durch den Aufprall von Flugzeugen zusammenbrachen. Ergebnis des FEMA-Reports: Die durch die Flugzeuge verursachten Feuer schwächten die Struktur der WTC-Türme derart, daß sie nachgaben.

Kritikern wie dem Journalisten und Geheimdienstexperten Harry V. Martin gilt die FEMA als »Amerikas geheime Regierung«, die im Notfall das Land unter autoritäre Kontrolle bringen kann: »Der ursprüngliche Sinn der FEMA bestand darin, das Überleben der US-Regierung während einer nuklearen Attacke zu sichern. Außerdem bekam sie die Aufgabe übertragen, als nationale Koordinierungsstelle bei Katastrophen wie Erdbeben, Überschwemmungen und Wirbelstürmen zu dienen. Ihre furchteinflößende Macht wuchs unter der Anleitung von Leuten wie Colonel Oliver

North und General Richard Secord, den Architekten des Iran-Contra-Skandals, und durch die Plünderung der amerikanischen Sparkassenorganisationen.«[218] Geschaffen worden sei die FEMA durch simple präsidentielle Ausführungsverordnungen, die unter Umgehung des Kongresses durch Veröffentlichung im Bundesregister Gesetz werden und sowohl die Verfassung als auch die Bill of Rights außer Kraft setzen könnten. Interessanterweise trägt auch Tom Clancys Roman über einen hausgemachten Anschlag mit Flugzeugen den Titel »Executive Orders«.

Laut Martin gab die FEMA zwölfmal mehr für »schwarze Operationen« als für Katastrophenhilfe aus. So seien nicht weniger als 1,3 Milliarden Dollar in den Bau geheimer Bunker überall in den Vereinigten Staaten geflossen. Weniger als zwanzig Mitglieder des Kongresses hätten von diesen Ausgaben gewußt und behauptet, die FEMA umgebe ihre Operationen mit einem »schwarzen Vorhang«. Der Kern des Problems bestehe darin, so Martin, daß die FEMA die Macht besitze, die Vereinigten Staaten »während einer wirklichen oder fabrizierten Krise« in einen Polizeistaat zu verwandeln. Entsprechende Ausführungsverordnungen lägen bereits zur Unterschrift bereit und könnten in einem Notfall unterzeichnet werden. Ausgearbeitet worden seien die Pläne von Navy-Colonel und Bush-Freund Oliver North.[219]

Tatsächlich geistern North und die Iran-Contra-Affäre auch durch den Fall 9/11. Zum Beispiel operierten einige der Piloten, die einst die Nicaragua-Terroristen mit Waffen belieferten, von denselben Flugplätzen aus, auf denen knapp zwanzig Jahre später Atta und Co. das Fliegen lernten. Vermutlich sei es nur ein unwahrscheinlicher Zufall, so der Journalist Daniel Hopsicker in seinem Buch »Welcome to Terrorland«, daß Iran-Contra-Aktivisten ausgerechnet an den beiden kleinen Flugplätzen von Venice und Charlotte County (beide Florida) »so viele operative Spuren hinterlassen haben. Immerhin steht fest, daß Atta sich an beiden Orten herumtrieb.«[220]

Darüber hinaus hat der notorische Verschwörer Oliver North einen gemeinsamen Bekannten mit dem Eigner der Venice-Flugschule, Wally Hilliard. Während Hilliard dem fundamentalistischen Fernsehprediger Jerry Falwell eine Million Dollar lieh, unterstützte Falwell Oliver North 1994 bei dessen Bemühungen, in den Senat gewählt zu werden. Als Senator und erst recht als »Präsident North« hätte der altgediente Marinesoldat die Verfassung nicht nur mißachten, er hätte sie gleich verbrennen können, so der Starjournalist und Kriegsberichterstatter David Hackworth. Wenig beruhigend nimmt sich dabei aus, daß innerhalb dieser Szene religiöser Notstandspolitiker immer wieder eine psychische Labilität durchscheint, die wiederum an Stanley Kubricks Filmhelden Dr. Seltsam erinnert. So habe sich Oliver North 1974 einer Behandlung im Bethesda-Marinehospital unterziehen müssen, nachdem er nackt umhergerannt sei und seine Umgebung mit einer Pistole Kaliber .45 verunsichert habe, berichtet Hackworth.[221]

Rechts und religiös

Der Fall 9/11 und der Kreuzzug gegen den »Islamismus« scheint auch eine christlich-fundamentalistische Seite zu haben. Sowohl North als auch die Bushs gehören einer demonstrativ frömmelnden Szene an, die überholte religiöse Konzepte zur Schau stellt – freilich ohne sich selbst daran zu halten. Während der Islam als Religion von Fanatikern verleumdet wird, sitzen die eigentlich gefährlichen Fanatiker im Weißen Haus. Während sie fremde Religionen verachten, geben sie sich selbst dem religiösen Fundamentalismus hin. »Im Herzen des Weißen Hauses herrscht eine seltsame Atmosphäre«, untertreibt Eric Laurent, Autor des

Buches »Die neue Welt des George W. Bush«. Es ist eine Atmosphäre muffigster Bigotterie mit einem kräftigen Schuß Heuchelei. Das gesamte Personal des Weißen Hauses nehme täglich an Bibelgruppen teil. George W. Bush, ehemals praktizierender Alkoholiker, behauptet, im Alter von neununddreißig Jahren im Wege einer Begegnung mit Gott wiedergeboren worden zu sein – und zwar trocken. 1977 trat er zusammen mit seiner Frau Laura der Methodistenkirche bei. Heute sagt er: »Die Geschichte hat Amerika und seine Verbündeten in den Kampf gerufen. Gott ist nah.«[222] Wie nah, weiß vermutlich niemand besser als George W. Bush selbst.

Neben den Ölinteressen und den Ultrarechten des PNAC sind die Ultrareligiösen die dritte Hauptströmung in George W. Bushs Regierung. Eric Laurent zählt auf: Die Frau des Stabschefs im Weißen Haus, Andrew Card, ist Pastorin der Methodistenkirche. Der Vater von Sicherheitsberaterin Condoleezza Rice ist Prediger in Alabama. Der leitende Redenschreiber des Präsidenten, Michael Geerson, besitzt ein Diplom des Wheaton College, Illinois, das auch das »evangelische Harvard« genannt wird.[223] Justizminister John Ashcroft gehört den Assemblies of God an, der größten Pfingstgemeinde der Vereinigten Staaten. Die Pfingstbewegung glaubt an die reale Gegenwart des Heiligen Geistes, der sich durch Zungenreden (Glossolalie), eine ekstatische Phantasiesprache, bemerkbar macht. Außerdem glaubt sie an die nahe Wiederkunft Christi. Die Nähe Gottes oder des Messias ist ein Motiv, das sich wie ein roter Faden durch die Gehirne dieser Fundamentalisten zieht. Laut Bibel geht die Ankunft des Messias mit der Apokalypse einher, was nichts anderes ist als eine biblische Version des Notstands. Laut Chip Bertlet, einem Experten für ultrakonservative religiöse Bewegungen, steht Bush »dem messianischen und apokalyptischen Gedankengut der militanten evangelischen Christen nahe. Er teilt die Weltanschauung, daß zwischen dem Guten und dem Bösen ein gigantischer Kampf im Gange ist, der seinen Höhepunkt in einer letzten Schlacht erreichen wird. Menschen, die diesem Glauben angehören, gehen häufig unangemessene und erschreckende Risiken ein, denn sie meinen, daß alles göttlichem Willen unterliegt.«[224] Michael Geerson, der Redenschreiber, »pflichtet den Prophezeiungen der christlichen Ultrarechten bei, die an ein unmittelbar bevorstehendes Armageddon, an die Rückkehr des Antichristen und das Erscheinen eines neues Messias glaubt«. Ein Armageddon, das ebenfalls bereits Thema einschlägiger Hollywood-Produktionen war.

Auch Bush-Freund und Fernsehprediger Jerry Falwell (der Mann, der vom Eigner der Terroristenflugschule Geld geliehen bekam) wird zu den christlichen Fundamentalisten gezählt. Laut Laurent glauben »viele aus dieser Bewegung« an die Prophezeiungen eines englischen Pastors aus dem 19. Jahrhundert namens John Darby: Er sei der Überzeugung gewesen, »daß eine Folge von Ereignissen die letzten Tage unserer Welt ankündigen werden. Diese Vorzeichen sind Krieg, das Aufkommen einer neuen politischen und weltwirtschaftlichen Ordnung und schließlich die Abraham verheißene Rückkehr der Juden in das Heilige Land.«[225]

Als wäre das noch nicht genug, unterhält die Familie Bush auch noch intensive Beziehungen zur der zwei Millionen Mitglieder starken Mun-Sekte (»Vereinigungskirche«) und ihrem autokratischen Gründer, dem Koreaner San Myung Mun, bekannt durch die von ihm immer wieder veranstalteten Massenhochzeiten.[226] Als CIA-Direktor blockte Vater George H. W. Bush in den siebziger Jahren eine Kongreß-Untersuchung gegen die als gefährlich geltende Mun-Sekte ab. Das hat sich möglicherweise ausgezahlt. »Der ›Guru‹ der Vereinigungskirche unterstützte die politischen Ambitionen der Familie Bush fortwährend mit seinen enormen Mitteln«, schreibt Laurent. Über hundert Millionen

Dollar investierte Mun in die Gründung der *Washington Times*, eines ultrarechten Konkurrenzblattes zur *Washington Post*. Auch vom Ende aller Zeiten hat der jetzt 84jährige so seine Vorstellungen. Schließlich soll ihm Jesus persönlich verkündet haben, daß es seine Aufgabe sei, das Reich Gottes auf Erden zu schaffen und so die »unvollendete Mission« zu beenden. Seine Frau und sich betrachtet Mun als das wahre »Elternpaar des Universums«. Mun ist der Ansicht, daß Korea nach seiner Wiedervereinigung ein »drittes Israel« sein wird, von dem das Reich Gottes seinen Ausgang nehmen wird. Im Rahmen einer zweiten »Audienz« verlangte Jesus von Mun, dieser möge die Welt auf seine Wiederkehr vorbereiten. Sollte es also tatsächlich zu einer Art Apokalypse in Form kriegerischer Auseinandersetzungen kommen, könnte man den Menschen einreden, dies sei so von Gott gewollt.

»Die Leute um Bush junior, die ›Verrückten‹, wie sie von Insidern genannt werden, sind sich – im Unterschied zu früheren Regierungen – nicht mehr bewußt, daß Nuklearwaffen nicht mit anderen Waffen zu vergleichen sind und eine besondere staatsmännische Zurückhaltung erfordern«, sagte der frühere CIA-Mann Ray McGovern in einem Interview mit der Zeitung *Freitag*: »Diese Selbstverständlichkeit ist offensichtlich verschwunden. Man mag sich kaum vorstellen, was diese Leute tun werden, wenn sie vor der Wahl stehen, zurückzuweichen oder Kernwaffen einzusetzen.«[227]

Madrid läßt grüßen

Am 11. März 2004 zeigten unbekannte Terroristen einhunderteinundneunzig Menschen in Madrid, wo Gott wohnt. Dort wurde das Konzept des Notstands vor einer Wahl – von wem auch immer – bereits durchgespielt. Was im Land des bedingungslosen Bush-Verbündeten und »ehemals faschistischen Studentenaktivisten Aznar« (*Junge Welt*) geschah, mutet fast wie ein Testfall für die Vereinigten Staaten im Herbst 2004 an. Drei Tage vor den Wahlen am 14. März 2004 zündeten Unbekannte in Madrid mehrere verheerende Bomben, töteten fast zweihundert und verletzten mehr als tausend Menschen. Daraufhin wurde der Wahlkampf ausgesetzt. In einem zweiten Schritt soll die Regierung Aznar sogar versucht haben, die Wahlen selbst zu kippen. Dabei soll es zu heftigen Auseinandersetzungen zwischen Aznar und König Juan Carlos gekommen sein, der das Ansinnen des Regierungschefs mit den Worten abgelehnt haben soll, daß diese Maßnahme einem Staatsstreich gleichkäme.[228]

Wie wahr – aber wenn dies wirklich »Aznars 11. September« werden sollte, der ja schon seinem Freund George W. Bush in einer kritischen Phase die Präsidentschaft gerettet hatte, dann ging das offenbar gründlich schief. Wie in einem Testlabor konnte man die wirkenden Mechanismen beobachten.

So furchtbar es klingt, aber dieses namenlose Attentat war für die interessierten politischen Kräfte lediglich Rohmaterial, aus dem man erst noch etwas machen mußte. Von wem auch immer solche Anschläge verübt werden: Danach erst beginnt die psychologische und publizistische Operation. Der eigentliche Krieg begann erst, als sich die Rauchschwaden verzogen hatten: der Krieg der »spin doctors«, also jener Medienexperten, die einem Ereignis erst den richtigen »drive« und die richtige Interpretation geben. Es tobte jedenfalls ein erbitterter Kampf um die Frage, ob die ETA oder Al-Qaida verantwortlich seien. Ein Kampf der weniger mit der wirklichen Verantwortung, aber sehr viel damit zu tun hatte, wem die jeweilige Interpretation nützen würde – dem Bush-Verbündeten und Ministerpräsidenten Aznar oder seinem sozialistischen Widersacher und Kandidaten Zapatero. Als oberster »spin doctor« betätigte sich niemand anderer als Ministerpräsident Aznar selbst, der höchstpersönlich verschiedene Redaktionen anrief, um die ETA-Version durchzupauken. Die spanische Bevölkerung glich dabei einer Schafherde, in deren Mitte jemand einen gewaltigen Kracher gezündet hatte und die sich nun zwischen mehreren Gattern zu entscheiden hatte. Welches sie nehmen würde, hing davon ab, ob sie glaubte, daß der böse Fuchs oder der böse Wolf den Knall losgelassen hatte – oder etwa der Schäfer selbst?

Immerhin mußte man sich zwischen der ETA- und der Al-Qaida-Version entscheiden, ganz so, als gebe es sonst nirgendwo auf der Welt Kräfte, die an Terroranschlägen interessiert sein könnten. Wer die ETA ausschloß, war damit automatisch für eine Täterschaft der Al-Qaida und umgekehrt. Merkwürdig. Fast erinnert es an einen Hund, dem man zwei Würste unter die Nase hält, damit er das Steak übersieht, das vor seinen Füßen liegt.

Aber die »spin doctors« der Al-Qaida-Fraktion waren auch nicht faul. Von Anfang an versuchten sie es mit der Holzhammermethode. Als erstes wurde ein Renault Kangoo mit sieben Sprengstoffzündern und einer Koran-Kassette gefunden. Dann traf bei einer in London erscheinenden arabischen Zeitung ein Bekennerbrief der Al-Qaida ein, was immer das in Wirklichkeit sein soll. Unterschrieben von einer »Brigade Abu Hafs al Masri«, wer immer das sein soll. Und schließlich wurde in einem Papierkorb nahe einer Moschee ein Bekennervideo von einem Abu Dudschan el Afghani gefunden, wer immer auch das nun wieder sein soll. Jedenfalls machte der Mann endgültig klar, wie der Terroranschlag zu verstehen war: »Das ist die Antwort auf eure Zusammenarbeit mit dem Verbrecher Bush und seinen Alliierten. Es ist die Antwort auf die Verbrechen, die ihr in der Welt begangen habt, vor allem im Irak und in Afghanistan, und wenn Gott will, wird es mehr [Anschläge, Anm. d. V.] geben.«[229]

Die Vielzahl dieser »Spuren« zeigt, daß auch dieser »spin« dem Publikum regelrecht eingebleut werden sollte – und tatsächlich verfing diese Methode mehr als jene der Regierung Aznar. Die Wähler verstanden die Attentate als Reaktion auf die spanische Beteiligung am Irak-Krieg und gaben Aznar die Quittung für diese Politik. Seine Partei verlor die Wahl und der siegreiche sozialistische Kandidat Zapatero kündigte an, die spanischen Truppen aus dem Irak zurückziehen zu wollen (was er dann auch umgehend tat). Augenscheinlich also eine böse Schlappe, vor allem für Aznars großen Bruder George W. Bush – oder auch nicht. Vielleicht dachten die »spin doctors« von 3/11 nur schon weiter – nämlich an die US-Wahlen im Herbst 2004. Prompt warnte nun der Chef des US-Geheimdienstes CIA, George Tenet, vor neuen »spektakulären Terrorangriffen« auf die USA oder ihre Verbündeten, berichtete die *Süddeutsche Zeitung*: »Das Terrornetzwerk Al-Qaida sei nach wie vor entschlossen und in der Lage zu einem schrecklichen Anschlag wie den am 11. September 2001 in New York und Washington, sagte er vor einem Senatsausschuß. (...) Die Anschläge von 3/11 – dem 11. März – in Madrid sind für die US-Regierung nur Bestätigung ihrer Befürchtungen.«[230]

»Die Anschläge erinnern daran, daß Terrorismus eine weltweite Gefahr ist und nicht allein Problem der USA«, schrieb die *New York Times*.[231] Klang das wie eine dunkle Warnung? Worin genau die Lektion von Madrid bestand, steht jedenfalls noch nicht ganz fest, denn nun wurde der designierte Aznar-Nachfolger Zapatero als Beschwichtigungspolitiker denunziert, der dem Terror der »Al-Qaida« bei der erstbesten Gelegenheit nachgebe. Gut möglich, daß die Schlußfolgerung nach einem Anschlag in den USA wie folgt lauten wird: Man kann sich ein solches »Appeasement« eben nicht leisten, wie die neuerliche Tat beweise.

Während die Bush-Regierung auf den ersten Blick als der Verlierer von Madrid dasteht, ist noch keineswegs sicher, ob dieses Kapitel schon zu Ende geschrieben ist oder der Höhepunkt noch bevorsteht. Zuletzt äußerte sich auch George W. Bush über einen möglichen Anschlag vor den Wahlen. Es klang wie eine vorauseilende Entschuldigung: »Das ist ein Land, das man nur schwer verteidigen kann«, sagte er. Für die Angst vor einem neuen Anschlag in den USA gebe es Gründe. Die Geheimdienste arbeiteten »nie perfekt. Das ist das Problem.«[232]

Es ist bedenklich, daß ausgerechnet in den Vereinigten Staaten ganz offen mit Notstandsszenarien gespielt wird. Denn im zwanzigsten Jahrhundert waren die USA dem Rest der Welt ein Vorbild an Freiheit. So, wie sie nach dem Zweiten Weltkrieg für viele Länder zur Schule der Demokratie wurden, könnten sie nun zur Schule der Unfreiheit mutieren: »Wir leben in ungewöhnlichen Zeiten«, sagte der alte Finanztycoon George Soros dem *Stern* in dem bereits zitierten Interview. »Die kommende Wahl ist einzigartig, das ist nicht Business as usual, nein, das müssen Sie begreifen: Es geht um Amerika, aber es geht auch um den Rest der Welt. Diese Wahlen sind eine Frage von Leben und Tod. (...) Die Bush-Regierung möchte ihren Willen der ganzen Welt aufzwingen. Diese Regierung ist in die Hände von politischen Extremisten gefallen, die einer primitiven Form des Sozialdarwinismus anhängen: Das Leben ist für sie ein ständiger Kampf ums Dasein, und das Überleben wird durch Gewalt, letztendlich Krieg, gesichert. Amerika ist eine Gefahr für die Welt.«

Dank an ...

... Willy Brunner, der mich bei den Recherchen für dieses Buch unterstützte, meine Frau Andrea für die wertvollen Ideen und Diskussionen, Mike Ruppert, Peter Dale Scott, Webster G. Tarpley, Thomas Meyer, Andreas von Bülow, Mathias Bröckers und alle anderen Autoren und Rechercheure, die mit ihren Werken und Hinweisen wertvolle Anregungen geliefert haben;

... Anneliese Fikentscher und Andreas Neumann von arbeiterfotografie.com für ihre scharfen Analysen der Propaganda;

... die Tageszeitung *Junge Welt* für ihre kritische Berichterstattung;

... Dr. med. Wolf Buchberger fürs Lesen;

... ebenso Rechtsanwalt Dr. Rolf Gössner von der Internationalen Liga für Menschenrechte (Gerichtskapitel);

... und natürlich an all jene, die mir seit dem Erscheinen von »Operation 9/11« geschrieben und mir ihre Unterstützung, ihren Rat, aber auch ihre sachliche Kritik übermittelt haben. Wegen der Vielzahl der Zuschriften konnte ich leider nur auf einen geringen Teil antworten.

Dank gebührt aber auch allen, die in meinem Forum auf www.operation911.de engagiert und auch kontrovers diskutieren und dabei immer wieder wertvolle Hinweise auf das Geschehen herausarbeiten – und allen, die auf meiner Webseite www.operation911.de den Aufruf gegen das vom WDR über Willy Brunner und mich verhängte Beschäftigungsverbot unterschrieben haben.

Und last, not least geht ein Dankeschön an das Hotel am Goetheplatz für ein Bett in langen Nächten.

Hinweis

Wie jedes Buch entwickelt sich auch dieses Buch weiter. Ergänzungen, Neuigkeiten, Forum und Errata finden Sie unter www.operation911.de

Anhang

Operation Northwoods

~~TOP SECRET SPECIAL HANDLING NOFORN~~

THE JOINT CHIEFS OF STAFF
WASHINGTON 25, D.C.

UNCLASSIFIED

13 March 1962

MEMORANDUM FOR THE SECRETARY OF DEFENSE

Subject: Justification for US Military Intervention in Cuba (TS)

1. The Joint Chiefs of Staff have considered the attached Memorandum for the Chief of Operations, Cuba Project, which responds to a request of that office for brief but precise description of pretexts which would provide justification for US military intervention in Cuba.

2. The Joint Chiefs of Staff recommend that the proposed memorandum be forwarded as a preliminary submission suitable for planning purposes. It is assumed that there will be similar submissions from other agencies and that these inputs will be used as a basis for developing a time-phased plan. Individual projects can then be considered on a case-by-case basis.

3. Further, it is assumed that a single agency will be given the primary responsibility for developing military and para-military aspects of the basic plan. It is recommended that this responsibility for both overt and covert military operations be assigned the Joint Chiefs of Staff.

For the Joint Chiefs of Staff:

SYSTEMATICALLY REVIEWED
BY JCS ON 21 May 84
CLASSIFICATION CONTINUED

L. L. Lemnitzer

L. L. LEMNITZER
Chairman
Joint Chiefs of Staff

1 Enclosure
Memo for Chief of Operations, Cuba Project

EXCLUDED FROM GDS

EXCLUDED FROM AUTOMATIC
REGRADING; DOD DIR 5200.10
DOES NOT APPLY

~~TOP SECRET SPECIAL HANDLING NOFORN~~

/ TOP SECRET UNCLASSIFIED COPY NO. 1

JCS 1969/321 SPECIAL DISTRIBUTION

12 March 1962

Page 2165

NOTE BY THE SECRETARIES

to the

JOINT CHIEFS OF STAFF

on

NORTHWOODS (S)

A report* on the above subject is submitted for consideration by the Joint Chiefs of Staff.

F. J. BLOUIN

M. J. INGELIDO

Joint Secretariat

* Not reproduced herewith; on file in Joint Secretariat

EXCLUDED FROM GDS
EXCLUDED FROM AUTOMATIC
REGRADING; DOD DIRECTIVE
5200.10 DOES NOT APPLY

TOP SECRET
JCS 1969/321 2165 UNCLASSIFIED

[redacted]

COPY No. 1

JCS 1969/321

14 March 1962

SPECIAL DISTRIBUTION

JOINT CHIEFS OF STAFF

DECISION ON JCS 1969/321

A Note by the Secretaries

on

NORTHWOODS (S)

Note by the Secretaries

1. At their meeting on 13 March 1962, the Joint Chiefs of Staff approved the recommendations in paragraph 8 of JCS 1969/321.

2. In that the Commandant had expressed direct concern of the Marine Corps in this matter, the provisions of Title 10, US Code 141 (c), applied and were followed.

3. This decision now becomes a part of and shall be attached as the top sheet of JCS 1969/321.

Joint Secretariat

SYSTEMATICALLY REVIEWED
BY JCS ON
CLASSIFICATION CONTINUED

UNCLASSIFIED

EXCLUDED FROM GDS

EXCLUDED FROM AUTOMATIC
REGRADING; DOD DIRECTIVE
5200.10 DOES NOT APPLY

[redacted]

~~NOFORN~~

9 March 1962

COPY ___ OF ___ COPIES
SPECIAL DISTRIBUTION

UNCLASSIFIED

REPORT BY THE DEPARTMENT OF DEFENSE AND
JOINT CHIEFS OF STAFF REPRESENTATIVE ON THE
CARIBBEAN SURVEY GROUP

to the

JOINT CHIEFS OF STAFF

on

CUBA PROJECT (TS)

The Chief of Operations, Cuba Project, has requested that he be furnished the views of the Joint Chiefs of Staff on this matter by 13 March 1962.

EXCLUDED FROM GDS

UNCLASSIFIED

~~TOP SECRET SPECIAL HANDLING NOFORN~~

UNCLASSIFIED

JUSTIFICATION FOR US MILITARY INTERVENTION IN CUBA (TS)

THE PROBLEM

1. As requested* by Chief of Operations, Cuba Project, the Joint Chiefs of Staff are to indicate brief but precise description of pretexts which they consider would provide justification for US military intervention in Cuba.

FACTS BEARING ON THE PROBLEM

2. It is recognized that any action which becomes pretext for US military intervention in Cuba will lead to a political decision which then would lead to military action.

3. Cognizance has been taken of a suggested course of action proposed** by the US Navy relating to generated instances in the Guantanamo area.

4. For additional facts see Enclosure B.

DISCUSSION

5. The suggested courses of action appended to Enclosure A are based on the premise that US military intervention will result from a period of heightened US-Cuban tensions which place the United States in the position of suffering justifiable grievances. World opinion, and the United Nations forum should be favorably affected by developing the international image of the Cuban government as rash and irresponsible, and as an alarming and unpredictable threat to the peace of the Western Hemisphere.

6. While the foregoing premise can be utilized at the present time it will continue to hold good only as long as there can be reasonable certainty that US military intervention in Cuba would not directly involve the Soviet Union. There is

---

* Memorandum for General Craig from Chief of Operations, Cuba Project, subject: "Operation MONGOOSE", dated 5 March 1962, on file in General Craig's office.

** Memorandum for the Chairman, Joint Chiefs of Staff, from Chief of Naval Operations, subject: "Instances to Provoke Military Actions in Cuba (TS)", dated 8 March 1962, on file in General Craig's office.

2

UNCLASSIFIED

~~TOP SECRET SPECIAL HANDLING NOFORN~~

UNCLASSIFIED

as yet no bilateral mutual support agreement binding the USSR to the defense of Cuba, Cuba has not yet become a member of the Warsaw Pact, nor have the Soviets established Soviet bases in Cuba in the pattern of US bases in Western Europe. Therefore, since time appears to be an important factor in resolution of the Cuba problem, all projects are suggested within the time frame of the next few months.

CONCLUSION

7. The suggested courses of action appended to Enclosure A satisfactorily respond to the statement of the problem. However, these suggestions should be forwarded as a preliminary submission suitable for planning purposes, and together with similar inputs from other agencies, provide a basis for development of a single, integrated, time-phased plan to focus all efforts on the objective of justification for US military intervention in Cuba.

RECOMMENDATIONS

8. It is recommended that:

a. Enclosure A together with its attachments should be forwarded to the Secretary of Defense for approval and transmittal to the Chief of Operations, Cuba Project.

b. This paper NOT be forwarded to commanders of unified or specified commands.

c. This paper NOT be forwarded to US officers assigned to NATO activities.

d. This paper NOT be forwarded to the Chairman, US Delegation, United Nations Military Staff Committee.

3

UNCLASSIFIED

~~TOP SECRET SPECIAL HANDLING NOFORN~~

DRAFT UNCLASSIFIED

MEMORANDUM FOR THE SECRETARY OF DEFENSE

Subject: Justification for US Military Intervention in Cuba (TS)

1. The Joint Chiefs of Staff have considered the attached Memorandum for the Chief of Operations, Cuba Project, which responds to a request* of that office for brief but precise description of pretexts which would provide justification for US military intervention in Cuba.

2. The Joint Chiefs of Staff recommend that the proposed memorandum be forwarded as a preliminary submission suitable for planning purposes. It is assumed that there will be similar submissions from other agencies and that these inputs will be used as a basis for developing a time-phased plan. Individual projects can then be considered on a case-by-case basis.

3. Further, it is assumed that a single agency will be given the primary responsibility for developing military and para-military aspects of the basic plan. It is recommended that this responsibility for both overt and covert military operations be assigned the Joint Chiefs of Staff.

---

* Memorandum for Gen Craig from Chief of Operations, Cuba Project, subject, "Operation MONGOOSE", dated 5 March 1962, on file in Gen Craig's office

4 Enclosure A

UNCLASSIFIED

~~TOP SECRET SPECIAL HANDLING NOFORN~~

APPENDIX TO ENCLOSURE A

DRAFT

UNCLASSIFIED

MEMORANDUM FOR CHIEF OF OPERATIONS, CUBA PROJECT

Subject: Justification for US Military Intervention in Cuba (TS)

1. Reference is made to memorandum from Chief of Operations, Cuba Project, for General Craig, subject: "Operation MONGOOSE", dated 5 March 1962, which requested brief but precise description of pretexts which the Joint Chiefs of Staff consider would provide justification for US military intervention in Cuba.

2. The projects listed in the enclosure hereto are forwarded as a preliminary submission suitable for planning purposes. It is assumed that there will be similar submissions from other agencies and that these inputs will be used as a basis for developing a time-phased plan. The individual projects can then be considered on a case-by-case basis.

3. This plan, incorporating projects selected from the attached suggestions, or from other sources, should be developed to focus all efforts on a specific ultimate objective which would provide adequate justification for US military intervention. Such a plan would enable a logical build-up of incidents to be combined with other seemingly unrelated events to camouflage the ultimate objective and create the necessary impression of Cuban rashness and irresponsibility on a large scale, directed at other countries as well as the United States. The plan would also properly integrate and time phase the courses of action to be pursued. The desired resultant from the execution of this plan would be to place the United States in the apparent position of suffering defensible grievances from a rash and irresponsible government of Cuba and to develop an international image of a Cuban threat to peace in the Western Hemisphere.

UNCLASSIFIED

4. Time is an important factor in resolution of the Cuban problem. Therefore, the plan should be so time-phased that projects would be operable within the next few months.

5. Inasmuch as the ultimate objective is overt military intervention, it is recommended that primary responsibility for developing military and para-military aspects of the plan for both overt and covert military operations be assigned the Joint Chiefs of Staff.

Appendix to
Enclosure A

UNCLASSIFIED

~~TOP SECRET SPECIAL HANDLING NOFORN~~

ANNEX TO APPENDIX TO ENCLOSURE A

UNCLASSIFIED

PRETEXTS TO JUSTIFY US MILITARY INTERVENTION IN CUBA

(Note: The courses of action which follow are a preliminary submission suitable only for planning purposes. They are arranged neither chronologically nor in ascending order. Together with similar inputs from other agencies, they are intended to provide a point of departure for the development of a single, integrated, time-phased plan. Such a plan would permit the evaluation of individual projects within the context of cumulative, correlated actions designed to lead inexorably to the objective of adequate justification for US military intervention in Cuba).

1. Since it would seem desirable to use legitimate provocation as the basis for US military intervention in Cuba a cover and deception plan, to include requisite preliminary actions such as has been developed in response to Task 33 c, could be executed as an initial effort to provoke Cuban reactions. Harassment plus deceptive actions to convince the Cubans of imminent invasion would be emphasized. Our military posture throughout execution of the plan will allow a rapid change from exercise to intervention if Cuban response justifies.

2. A series of well coordinated incidents will be planned to take place in and around Guantanamo to give genuine appearance of being done by hostile Cuban forces.

a. Incidents to establish a credible attack (not in chronological order):

(1) Start rumors (many). Use clandestine radio.

(2) Land friendly Cubans in uniform "over-the-fence" to stage attack on base.

(3) Capture Cuban (friendly) saboteurs inside the base.

(4) Start riots near the base main gate (friendly Cubans).

UNCLASSIFIED

(5) Blow up ammunition inside the base; start fires.

(6) Burn aircraft on air base (sabotage).

(7) Lob mortar shells from outside of base into base. Some damage to installations.

(8) Capture assault teams approaching from the sea or vicinity of Guantanamo City.

(9) Capture militia group which storms the base.

(10) Sabotage ship in harbor; large fires -- napthalene.

(11) Sink ship near harbor entrance. Conduct funerals for mock-victims (may be lieu of (10)).

b. United States would respond by executing offensive operations to secure water and power supplies, destroying artillery and mortar emplacements which threaten the base.

c. Commence large scale United States military operations.

3. A "Remember the Maine" incident could be arranged in several forms:

a. We could blow up a US ship in Guantanamo Bay and blame Cuba.

b. We could blow up a drone (unmanned) vessel anywhere in the Cuban waters. We could arrange to cause such incident in the vicinity of Havana or Santiago as a spectacular result of Cuban attack from the air or sea, or both. The presence of Cuban planes or ships merely investigating the intent of the vessel could be fairly compelling evidence that the ship was taken under attack. The nearness to Havana or Santiago would add credibility especially to those people that might have heard the blast or have seen the fire. The US could follow up with an air/sea rescue operation covered by US fighters to "evacuate" remaining members of the non-existent crew. Casualty lists in US newspapers would cause a helpful wave of national indignation.

4. We could develop a Communist Cuban terror campaign in the Miami area, in other Florida cities and even in Washington.

The terror campaign could be pointed at Cuban refugees seeking haven in the United States. We could sink a boatload of Cubans enroute to Florida (real or simulated). We could foster attempts on lives of Cuban refugees in the United States even to the extent of wounding in instances to be widely publicized. Exploding a few plastic bombs in carefully chosen spots, the arrest of Cuban agents and the release of prepared documents substantiating Cuban involvement also would be helpful in projecting the idea of an irresponsible government.

5. A "Cuban-based, Castro-supported" filibuster could be simulated against a neighboring Caribbean nation (in the vein of the 14th of June invasion of the Dominican Republic). We know that Castro is backing subversive efforts clandestinely against Haiti, Dominican Republic, Guatemala, and Nicaragua at present and possible others. These efforts can be magnified and additional ones contrived for exposure. For example, advantage can be taken of the sensitivity of the Dominican Air Force to intrusions within their national air space. "Cuban" B-26 or C-46 type aircraft could make cane-burning raids at night. Soviet Bloc incendiaries could be found. This could be coupled with "Cuban" messages to the Communist underground in the Dominican Republic and "Cuban" shipments of arms which would be found, or intercepted, on the beach.

6. Use of MIG type aircraft by US pilots could provide additional provocation. Harassment of civil air, attacks on surface shipping and destruction of US military drone aircraft by MIG type planes would be useful as complementary actions. An F-86 properly painted would convince air passengers that they saw a Cuban MIG, especially if the pilot of the transport were to announce such fact. The primary drawback to this suggestion appears to be the security risk inherent in obtaining or modifying an aircraft. However, reasonable copies of the MIG could be produced from US resources in about three months.

7. Hijacking attempts against civil air and surface craft should appear to continue as harassing measures condoned by the government of Cuba. Concurrently, genuine defections of Cuban civil and military air and surface craft should be encouraged.

8. It is possible to create an incident which will demonstrate convincingly that a Cuban aircraft has attacked and shot down a chartered civil airliner enroute from the United States to Jamaica, Guatemala, Panama or Venezuela. The destination would be chosen only to cause the flight plan route to cross Cuba. The passengers could be a group of college students off on a holiday or any grouping of persons with a common interest to support chartering a non-scheduled flight.

a. An aircraft at Eglin AFB would be painted and numbered as an exact duplicate for a civil registered aircraft belonging to a CIA proprietary organization in the Miami area. At a designated time the duplicate would be substituted for the actual civil aircraft and would be loaded with the selected passengers, all boarded under carefully prepared aliases. The actual registered aircraft would be converted to a drone.

b. Take off times of the drone aircraft and the actual aircraft will be scheduled to allow a rendezvous south of Florida. From the rendezvous point the passenger-carrying aircraft will descend to minimum altitude and go directly into an auxiliary field at Eglin AFB where arrangements will have been made to evacuate the passengers and return the aircraft to its original status. The drone aircraft meanwhile will continue to fly the filed flight plan. When over Cuba the drone will being transmitting on the international distress frequency a "MAY DAY" message stating he is under attack by Cuban MIG aircraft. The transmission will be interrupted by destruction of the aircraft which will be triggered by radio signal. This will allow ICAO radio stations in the Western Hemisphere to tell the US what has happened to the aircraft instead of the US trying to "sell" the incident.

9. It is possible to create an incident which will make it appear that Communist Cuban MIGs have destroyed a USAF aircraft over international waters in an unprovoked attack.

a. Approximately 4 or 5 F-101 aircraft will be dispatched in trail from Homestead AFB, Florida, to the vicinity of Cuba. Their mission will be to reverse course and simulate fakir aircraft for an air defense exercise in southern Florida. These aircraft would conduct variations of these flights at frequent intervals. Crews would be briefed to remain at least 12 miles off the Cuban coast; however, they would be required to carry live ammunition in the event that hostile actions were taken by the Cuban MIGs.

b. On one such flight, a pre-briefed pilot would fly tail-end Charley at considerable interval between aircraft. While near the Cuban Island this pilot would broadcast that he had been jumped by MIGs and was going down. No other calls would be made. The pilot would then fly directly west at extremely low altitude and land at a secure base, an Eglin auxiliary. The aircraft would be met by the proper people, quickly stored and given a new tail number. The pilot who had performed the mission under an alias, would resume his proper identity and return to his normal place of business. The pilot and aircraft would then have disappeared.

c. At precisely the same time that the aircraft was presumably shot down a submarine or small surface craft would disburse F-101 parts, parachute, etc., at approximately 15 to 20 miles off the Cuban coast and depart. The pilots returning to Homestead would have a true story as far as they knew. Search ships and aircraft could be dispatched and parts of aircraft found.

ENCLOSURE B UNCLASSIFIED

FACTS BEARING ON THE PROBLEM

1. The Joint Chiefs of Staff have previously stated* that US unilateral military intervention in Cuba can be undertaken in the event that the Cuban regime commits hostile acts against US forces or property which would serve as an incident upon which to base overt intervention.

2. The need for positive action in the event that current covert efforts to foster an internal Cuban rebellion are unsuccessful was indicated** by the Joint Chiefs of Staff on 7 March 1962, as follows:

> " - - - determination that a credible internal revolt is impossible of attainment during the next 9-10 months will require a decision by the United States to develop a Cuban "provocation" as justification for positive US military action."

3. It is understood that the Department of State also is preparing suggested courses of action to develop justification for US military intervention in Cuba.

* JCS 1969/303
** JCS 1969/313

12 Enclosure B

UNCLASSIFIED

[redacted]

Anmerkungen

1 Inzwischen geht man von weniger als dreitausend Todesopfern aus.
2 *Spiegel Online:* Der 11. September und die Folgen; www.spiegel.de/static/chronikflash/chronik.html
3 ZDF: *Die Chronologie des Terrors,* 3. 9. 2002; www.zdf.de/ZDFde/inhalt/14/0,1872,2000014,00.html
4 Gössner, Rolf: *Das Anti-Terror-System. Politische Justiz im präventiven Sicherheitsstaat,* Hamburg 1991, S.108
5 ebenda, S. 37
6 Den Hinweis auf dieses Zitat verdanke ich Rolf Gössner.
7 Gössner, a. a. O., S.159
8 ebenda, S.157
9 Schneider, Heinz-Jürgen: »Der Anti-Terror-Paragraph 129a und seine Praxis«; http://www.nadir.org/nadir/initiativ/azadi/verbot/2003/10.htm
10 Wisnewski, Gerhard u. a: *Das RAF-Phantom. Wozu Politik und Wirtschaft Terroristen brauchen,* München 1997, S. 54
11 www.wdr.de//tv/kulturweltspiegel/20030601/6.html
12 Fielding, Nick; Fouda, Yosri: *Masterminds of Terror. Die Drahtzieher des 11. September berichten,* Hamburg 2003, S. 7f. und S. 24
13 ebenda, S. 7f.
14 ebenda, S. 39
15 *Berliner Morgenpost,* 15. 09. 2002
16 Fielding/Fouda, a. a. O., S.164
17 ebenda, S.135
18 Kupferberg, Chaim: »Exposed – The June 2002 Plan to Market a New 9/11 Mastermind«; http://globalresearch.ca/articles/KUP310B.html
19 ebenda
20 *Spiegel Online,* 24.10. 03
21 nach: OLG Hamburg: Verurteilung wegen Beihilfe zum Mord in 3066 Fällen sowie zum versuchten Mord und zur gefährlichen Körperverletzung in fünf Fällen in Tateinheit mit Mitgliedschaft in einer terroristischen Vereinigung, 19. 2. 2003, 2 BJs 88/01–5/2St E 4/02–5
22 www.abc.net.au/4corners/atta/resources/documents/will1.htm
23 Longman, Jere: *Todes-Flug UA 93,* München 2003, S.121
24 *Netzeitung,* 4. Dezember 2002, 09:53; ergänzt 09:58
25 *Netzeitung,* 31. Oktober 2002, 13:37
26 *taz* Nord, Nr. 7143 vom 29. 8. 2003, Seite 24
27 ebenda
28 ebenda
29 *Netzeitung,* 23. Oktober 2002, 12:26
30 *Berliner Zeitung,* 7.11. 2002
31 *NDR Online,* 16.10. 2002
32 *Netzeitung,* 1. Oktober 2001, 14:24; ergänzt 14:47

33 Centre for Research on Globalisation,
»New Revelations on 9–11«,
www.globalresearch.ca/articles/CHO206A.html
34 *Netzeitung*, 19. Februar 2003, 13:47; ergänzt 16:45
35 *NDR Online*, 16. 10. 2002, www.ndr.de/ndr/regional/hh/20021016/terror/reaktionen.html
36 AFP, 12. August 2003, 11:58
37 *Freitag*, 30. 1. 2004
38 Verteidigungsschrift der Rechtsanwälte Gül Pinar und Michael Rosenthal laut *Junge Welt* vom 16. 8. 2003
39 *Berliner Zeitung*, 15. 8. 2003
40 *Berliner Zeitung*, 25. 10. 2003
41 ebenda
42 *faz.net*, 11. Dezember 2003
43 Hanseatisches Oberlandesgericht, Beschluß vom 15. 12. 2003, Aktenzeichen 2 BJs 86/01–5, 2StE, 5/03–5
44 *Junge Welt*, 3. 2. 2004
45 *Süddeutsche Zeitung Online*, 5. 2. 2004, 18:15
46 *Spiegel Online*, 4. 3. 2004
47 ARD-*Tagesthemen*, 4. 3. 2004
48 *Netzeitung*, 29. November 2001, 11:11
49 *Netzeitung*, 12. Dezember 2001, 17:01
50 *Washington Post*, 25. September 2002, Seite A01
51 *Netzeitung*, 3. Juli 2002, 7:39
52 *Washington Post*, 3. Juli 2002, Seite A09
53 District Court for the Eastern District of Virginia, Order vom 2. Oktober 2003, Criminal No. 01–455-A
54 ABCnews.com, 17. 1. 2002
55 *faz.net*, 25. Juli 2003
56 *Netzeitung*, 24. Juli 2003, 20:29
57 Bev Conover: »CIA – Covert Operation«, 18. 2. 2004,
www.apfn.net/messageboard/02–19–04/discussion.cgi.52.html
58 ebenda
59 nach: Bröckers, Mathias: »The WTC Conspiracy XVII«, 26. 10. 2001,
www.heise.de/tp/deutsch/special/wtc/9905/1.html
60 Bob Graham: »Running a blowback mop-up operation»«,
Online Journal, 18. 5. 2003; zitiert nach:
www.apfn.net/messageboard/5–20–03/discussion.cgi.22.html
61 Hopsicker, Daniel: *Welcome to Terrorland*, Frankfurt am Main 2004, S. 163
62 ebenda, S. 190
63 ebenda, S. 89, 133, 169
64 *Spiegel Online*, 17. 8. 2001
65 Weißes Haus, 7. 9. 2001, Longboat Observer, 21. 11. 2001, *Washington Post*, 27. 1. 2002

66 Wood, Allen, und Thompson, Paul: »An Interesting Day: President Bush's Momements and Actions on 9/11«, 9. 5. 2003, www.cooperativeresearch.org/timeline/main/essayaninterestingday.html
67 »Statement of Mindy Kleinberg to the National Commission on Terrorist Attacks Upon the United States«, March 31, 2003
68 CNN.com: »Families of 9/11 dead upset that clues may have been missed«; May 17, 2002
69 *Netzeitung*, 17. Mai 2002, 16:49
70 »Statement of Stephen Push to the National Commission on Terrorist Attacks Upon the United States«, March 31, 2003
71 Mindy Kleinberg, ebenda
72 zitiert nach: *Netzeitung*, 28. Januar 2002, 13:11
73 *Netzeitung*, 22. Dezember 2003, 22:31
74 »Statement of Mary Fetchet to the National Commission on Terrorist Attacks Upon the United States«, March 31, 2003
75 »Statement of Shawn Kelley to the National Commission on Terrorist Attacks Upon the United States«, April 1, 2003
76 »Statement of Craig Sincock to the National Commission on Terrorist Attacks Upon the United States«, March 31, 2003
77 alle Bezüge auf Chossudovsky aus: Chossudovsky, Michel: »Who's Who on the 9/11 ›Independent‹ Commission«, http://globalresearch.ca
78 Asbury Park Press, 12. 8. 2003
79 Mariani, Ellen M.: »Open Letter To The President Of The United States«, 26. 11. 2003
80 Philip J. Berg, Pressemitteilung, 26. 11. 2003
81 Bröckers, Mathias: »Witwe verklagt die Bush-Regierung«, *telepolis,* 14. 12. 2003
82 Secretary of State Colin L. Powell: »Written Remarks Submitted to: The National Commission on Terrorist Attacks Upon the United States«, March 23, 2004
83 Transcript of 9/11 Commission Hearings, www.globalresearch.ca
84 Shawn Kelley, ebenda
85 Reuters, 4. 3. 2004
86 Statement Kristen Breitweiser, CNN, 25. 3. 2004
87 www.geheim-magazin.de
88 Opperskalski, Michael: »Al-Qaida – ein Geist geht um ... Desinformation und Krieg«, Manuskript, April 2004
89 zitiert nach: Schlegel, Werner: »Schattenmänner oder Im Herzen der Macht«, http://kulturserver-nrw.de/home/wschlegel/textderwoche.htm
90 *Der Standard Online,* 16. 3. 2004, 10:45
91 *Junge Welt*, 9. 3. 2004
92 www.wdr.de//tv/kulturweltspiegel/20030601/6.html
93 Ramzi Yousef wurde für den Bombenanschlag von 1993 auf das World Trade Center verantwortlich gemacht, Timothy McVeigh für das Sprengstoffattentat auf ein Regierungsgebäude in Oklahoma.

94 Kupferberg, Chaim: »Richard A. Clarke Creates Legend of 9–11 and Osama«, 14. 4. 2004
95 Meyssan, Thierry in: »Einladung zur Internationalen Konferenz über Terrorismus«, 18./19. Juni 2004, Paris
96 Für den Hinweis auf diesen Roman danke ich Werner Schlegel.
97 geschildert nach: Schlegel, Werner
98 zitiert nach: *Junge Welt*, 13. 4. 2004
99 *Süddeutsche Zeitung Online* und *Spiegel Online*, 14. 4. 2004
100 *Spiegel Online*, 5. 4. 2004
101 *Pittsburgh Post Gazette Online*, 20. 12. 2001
102 Kelly, Christopher C.: »Experts ID 184 Pentagon Fatalities«, 11. 1. 2002, www.armymedicine.army.mil/default2.htm
103 CNN.com, February 27, 2003; 5:22
104 *Daily Mirror*, mirror.co.uk, 12. 9. 2002
105 *Pittsburgh Post Gazette*, 9. 12. 2001
106 *Independent*, 13. 8. 2002
107 Longman, S. 267
108 Bergen Record, 14. 9. 2001
109 WPXI Channel 11, 13. 9. 2001
110 *Pennsylvania Newspaper*, 12. 9. 2001
111 *Pittsburgh Post Gazette*, 12. 9. 2001
112 *Philadelphia Daily News*, 15. 11. 2001
113 ABCNEWS.com., 11. 9. 2001
114 *Daily Mirror*, 13. 9. 2002
115 ebenda
116 ebenda
117 Bergen Record, 14. 9. 2001
118 *Pittsburgh Post Gazette Online*, 12. 9. 2001
119 www.cleveland.com/news/plaindealer/index.ssf?/xml/story.ssf/html_standard.xsl?/base/news/10002870352942910 9.xml
120 *Daily Mirror*, 13. 9. 2002
121 ZDNet.de, 1. 8. 2002, 09:02
122 Longman, a. a. O., S. 143
123 www.markbingham.org/legend.html
124 Trost, Cathy, und Shepard, Alicia C.: *Running toward danger. Stories behind the breaking news of 9/11*, Arlington, 2002, S. 149
125 ebenda, S. 148 ff.
126 in: Gilbert u. a.: *Covering Catastrophe – Broadcast Journalists Report September 11*, Chicago 2002, S. 135
127 ebenda, S. 136
128 ebenda, S. 137
129 *Pittsburgh Post Gazette*, 12. 9. 2001
130 ebenda
131 *Pittsburgh Post Gazette Online*, 16. 9. 2001
132 *Pittsburgh Post Gazette*, 12. 9. 2001

133 *Pennsylvania Newspaper*, 12. 9. 2001
134 www.DisasterRelief.org, 14. 9. 2001
135 *Pennsylvania Newspaper*, 12. 9. 2001
136 www.CNN.com/US, 11. 9. 2001
137 Cox News Service, 12. 9. 2001
138 *Pennsylvania Newspaper*, 12. 9. 2001
139 *The Morning News*, 12. 9. 2001
140 *Pennsylvania Newspaper*, 12. 9. 2001
141 *ABC News*, 15. 9. 2001
142 www.RedCross.org, 13. 9. 2001
143 Longman, a. a. O., S. 274
144 Bible Network News, 26. 6. 2002
145 Longman, a. a. O., S. 274
146 ebenda, S. 324
147 *The Age*, 9. 9. 2002
148 Longman, a. a. O., S. 324
149 ebenda, S. 264
150 ebenda, S. 331
151 Beamer/Abraham, S. 208 f.
152 Longman, a. a. O., S. 272
153 ebenda, S. 338
154 ebenda, S. 326 f.
155 *The Pittsburgh Channel*, 9:08, 24. 9. 2001
156 www.web-aviation.net/deu/date/info/lex/ntsb.htm
157 Joint Chiefs of Staff: »Memorandum for the Secretary of Defenses, Subject: Justification for U. S. Military Intervention in Cuba (TS)«, 13. 3. 1962
158 Bröckers, Mathias und Hauß, Andreas: *Fakten, Fälschungen und die unterdrückten Beweise des 11. 9.*, Frankfurt am Main 2003, S. 61
159 Parsch, Andreas: »Directory of U. S. Military Rockets and Missiles«, www.designation-systems.net/dusrm/app1/oq-14.html
160 ebenda
161 E-Mail von »Mark Faram« mfaram@earthlink.net an: »Dick Eastman«, eastman@bentonrea.com, 17. September 2002, 11:58
162 American Society of Civil Engineers: »Pentagon Data Collection Team«, www.asce.org/responds/pent_team.cfm
163 *Washington Post*, 7. 3. 2002
164 www.army-technology.com/projects/predator
165 »Al Qaeda Fighting American Robots«, 6. 11. 2002, www.strategypage.com/onpoint/articles/20021106.asp
166 www.humanunderground.com/11september/pent-data-pent.html
167 www.af.mil/factsheets/factsheet.asp?fsID=122
168 http://americanhistory.si.edu/september11/collection/record.asp?ID=28
169 www.arlingtoncemetery.net/cfburling3.htm
170 www.nmt.edu/mainpage/alumni/sept11.html

171 www.cnn.com/TRANSCRIPTS/0109/11/bn.32.html
172 www.criticalthrash.com/terror/identification.html
173 www.navytimes.com/story.php?f=1–292925–467181.php
174 *Independent*, 13. 8. 2002
175 *Pittsburgh Post Gazette*, 12. 9. 2001
176 *The Toronto Star*, 23.10. 2001
177 www.disinfopedia.org/wiki.phtml?title=Philip_D._Zelikow
178 *The Associated Press*, 26.11. 2001
179 Hopsicker, a. a. O., S. 171
180 www.globalsecurity.org/military/facility/navy-annex.htm
181 »Testimony of VIETNAM VETERANS OF AMERICA, Presented by Patrick Eddington, Associate Director Vietnam Veterans of America Before the House Committee on Veterans' Affairs«, 13.12. 2001
182 www.rense.com/general41/boeing.htm
183 ebenda
184 *La Vanguardia*, 22. 6. 2003
185 vgl. Wisnewski, Gerhard: *Operation 9/11. Angriff auf den Globus*, München 2003, S. 225 ff.
186 www.airliners.net (The Boeing 720)
187 Timothy W. Horton und Robert W. Kempel: »NASA Technical Memorandum 4084«, November 1988, S. 9
188 vgl. www.unansweredquestions.org oder www.communitycurrency.org/9–11.html
189 Röll, Franz Josef: *Mythen und Symbole in populären Medien. Der wahrnehmungsorientierte Ansatz in der Medienpädagogik*, Frankfurt am Main 1998, S. 84
190 *Die Zeit* Nr. 39, 17. 9. 2001
191 Diese und die folgenden Angaben siehe: *Dirk Jasper Filmlexikon*, www.cyberkino.de
192 Gözen, Jiré Emine: »Mythos und der 11. September 2001. Turmsymbolik in visuellen Medien«, 13.11. 2002
193 ebenda
194 www.ndrtv.de/doku/20040114_marschbefehl_fuer_hollywood.html
195 *taz*, 28. 7. 2003
196 www.zdf.de/ZDFde/inhalt/6/0,1872,2106374,FF.html
197 Suchsland, Rüdiger: »Eiswüste in Europa, Nuklearkriege und andere Schreckensszenarien«, *telepolis*, 24. 2. 2004
198 Gözen, a. a. O.
199 Johnson, Lorie A.: »The Tower: Some Thoughts from a Metaphysical Point of View«, www.sunfell.com/tower.htm, zitiert nach: Gözen, a. a. O.
200 zitiert nach: *Spiegel Online*, 12.1. 2004
201 CBS, 16. 3. 2000
202 *Spiegel Online*, 6. 2. 2004
203 *Spiegel Online*, 5. 2. 2004

204 World Socialist Website, 28.10.2003
205 ebenda
206 newsmax.com, 21.11.2003
207 *Washington Post,* 23.11.2003
208 *Spiegel Online,* 29.1.2004
209 Cnews.canoe.ca, 29.3.2004
210 Deutschlandfunk: »Hintergrund und Politik«, Manuskript vom 4.2.2003, 18:40
211 Die internationale 9/11-Analytikerszene hat hinter den Schleiern des offiziellen Mythos 9/11 inzwischen das PNAC als Kern des Problems erkannt. Zahlreiche Webseiten widmen sich der Analyse dieser globalen Bedrohung, eine davon hat die Information über das PNAC zu ihrem Hauptanliegen gemacht: www.pnac.info.
212 hier und im folgenden: *Junge Welt,* 6.2.2004
213 *St. Petersburg Times,* 7.12.2003
214 World Socialist Website, 6.3.2002
215 zitiert nach: World Socialist Website
216 White House Report: Terrorism, Shadow Government, Yemen; 1.3.2002
217 Unter der Vizepräsidentschaft von George Bush senior bildeten North und andere Anfang der achtziger Jahre im Weißen Haus ein geheimes Netzwerk, das illegal mit Drogen und Waffen handelte. Die Waffen gingen an den Iran, mit dem Erlös wurden weitere Waffen finanziert – für die Contra-Terroristen in Nicaragua. Auf dem Rückweg aus Lateinamerika brachten die Transportflugzeuge Drogen mit. Während nach der Aufdeckung der illegalen Geschäfte Oliver North für Bush senior den Kopf hinhielt und ihn so vor Ermittlungen bewahrte, verweigerte das Weiße Haus die Herausgabe von Dokumenten, die North hätten belasten können. Auf diese Weise wurde er vor dem schwerwiegendsten Anklagepunkt (Verschwörung) geschützt.
218 In den letztgenannten Skandal war ein weiterer Bush-Sohn und Präsidentenbruder, Neil Bush, verwickelt.
219 alle Angaben über FEMA: Harry V. Martin: »FEMA. The Secret Government«, www.heartsongs.org/FEMA
220 Hopsicker, a.a.O., S.157
221 *Playboy,* Juni 1994
222 *Junge Welt,* 14.2.2002
223 Laurent, Eric: *Die neue Welt des George W. Bush,* Frankfurt am Main 2003, S.22
224 zitiert nach: ebenda, S.24
225 ebenda, S.88
226 Laurent, S.66ff.
227 *Freitag,* 13.2.2004
228 *rbi-aktuell,* 17.3.2004; *Junge Welt* 22.3.2004
229 zitiert nach: n-tv, 14.3.2004

230 *Süddeutsche Zeitung*, 12. 3. 2004
231 ebenda
232 zitiert nach: *Spiegel Online*, 21. 4. 2004

Literatur

Ahmed, Nafeez M.: *Geheimsache 9/11 – Hintergründe über den 11. September und die Logik amerikanischer Machtpolitik*, München 2003
Bamford, James: *NSA – Die Anatomie des mächtigsten Geheimdienstes der Welt*, München 2001
Barber, Benjamin: *Coca-Cola und Heiliger Krieg. Sonderausgabe. Jihad versus McWorld*, München 2001
Bastian, Till: *55 Gründe, mit den USA nicht solidarisch zu sein und schon gar nicht bedingungslos*, Zürich 2002
Bittermann, Klaus/Deichmann, Thomas: *Wie Dr. Joseph Fischer lernte, die Bombe zu lieben*, Berlin 2000
Blondiau, Heribert: *Tod auf Bestellung – Politischer Mord im 20. Jahrhundert*, München 2002
Brisard, Jean-Charles/Dasquie, Guillaume: *Die verbotene Wahrheit – Die Verstrickung der USA mit Bin Laden*, Zürich/Hamburg 2002
Bröckers, Mathias: *Verschwörungen, Verschwörungstheorien und die Geheimnisse des 11. 9.*, Frankfurt am Main 2002
Bröckers, Mathias; Hauß, Andreas: *Fakten, Fälschungen und die unterdrückten Beweise des 11. 9.*, Frankfurt am Main 2003
Bülow, Andreas von: *Im Namen des Staates – CIA, BND und die kriminellen Machenschaften der Geheimdienste*, München 2003
Bund gegen Anpassung (Hg.): *Ketzerbriefe 110. Das WTC-Attentat vom 11. 09. 2001*, Freiburg 2002
Chamish, Barry: *Wer ermordete Yitzhak Rabin?* Rottenburg, 2000
Chomsky, Noam: *The Attack – Hintergründe und Folgen*, Hamburg 2002
Chomsky, Noam: *Offene Wunde Nahost – Israel, die Palästinenser und die US-Politik*, Hamburg 2002
Chomsky, Noam: *Profit over people – Neoliberalismus und globale Weltordnung*, München 2000
Chomsky, Noam: *War against people – Menschenrechte und Schurkenstaaten*, München 2001
Deschner, Karheinz: *Der Moloch – Eine kritische Geschichte der USA*, München 2001
Eggert, Wolfgang: *Angriff der Falken – Die verschwiegene Rolle von Mossad und CIA beim Terrorangriff auf die USA*, München 2002
Eggert, Wolfgang: *Israels Geheimvatikan Band 1–3*, München 2002
Eggert, Wolfgang: *Out of the blue?*, München 2001
Eichner, Klaus/Dobbert, Andreas: *Headquarters Germany*, Berlin 2001
Fielding, Nick; Fouda, Yosri: *Masterminds of Terror. Die Drahtzieher des 11. September berichten*, Hamburg 2003
Finkelstein, Norman G.: *Der Konflikt zwischen Israel und den Palästinensern – Mythos und Realität*, München 2002
Geißler, Erhard: *Anthrax und das Versagen der Geheimdienste*, Berlin 2003

Gilbert, Allison, u. a.: *Covering Catastrophe. Broadcast Journalists Report September 11*, Chicago 2002
Göbel, Rüdiger: *Bomben auf Bagdad – nicht in unserem Namen*, Berlin 2003
Gössner, Rolf: *Das Anti-Terror-System. Politische Justiz im präventiven Sicherheitsstaat*, Hamburg 1991
Gössner, Rolf: *»Big Brother« & Co. – Der moderne Überwachungsstaat in der Informationsgesellschaft*, Hamburg 2001
Gössner, Rolf: *Geheime Informanten – V-Leute des Verfassungsschutzes: Kriminelle im Dienste des Staates*, München 2003
Grabler, Andreas: *11. September ATTACKE*, Lathen 2002
Guillard, Joachim; Göbel, Rüdiger; Schiffmann, Michael: *Der Irak – Ein belagertes Land*, Köln 2002
Günther, Siegwart-Horst: *Uran-Geschosse – Schwergeschädigte Soldaten, mißgebildete Neugeborene, sterbende Kinder*, Freiburg 2000
Guthart, Christian: *11. September, ein Untersuchungsbericht*, München 2002
Hachmeister, Lutz; Siering, Friedemann: *Die Herren Journalisten. Die Elite der deutschen Presse nach 1945*, München 2002
Hannich, Günter: *Börsenkrach und Weltwirtschaftskrise*, Rottenburg 2000
Hannich, Günter: *Geldcrash – So retten Sie Ihr Vermögen. Der Krisenwegweiser*, 2001
Hannich, Günter: *Sprengstoff Geld – Wie das Kapitalsystem unsere Welt zerstört*, 2000
Hannich, Günter: *Wer in der Schuld ist, ist nicht frei*, Rottenburg 2002
Hatfield, James H.: *Das Bush-Imperium – Wie George W. Bush zum Präsidenten gemacht wurde*, Bremen 2002
Hertsgaard, Mark: *Im Schatten des Sternenbanners – Amerika und der Rest der Welt*, München 2002
Hertz, Noreena: *Wir lassen uns nicht kaufen – Keine Kapitulation vor der Macht der Wirtschaft*, München 2002
Hopsicker, Daniel: *Welcome to Terrorland*, Frankfurt am Main 2004
Jamal, Mumia Abu: *das imperium kennt kein gesetz – texte gegen globalisierung und krieg*, Hamburg 2003
Johnson, Chalmers: *Ein Imperium verfällt. Ist die Weltmacht USA am Ende?*, München 2000
Knütter, Hans Helmut/Winckler, Stefan (Hg.): *Der Verfassungsschutz. Auf der Suche nach dem verlorenen Feind*, München 2000
Laske, Karl: *Ein Leben zwischen Hitler und Carlos: François Genoud*, Zürich 1996
Laurent, Eric: *Die Kriege der Familie Bush – Die wahren Hintergründe des Irak-Konflikts*, Frankfurt am Main, 2003
Laurent, Eric: *Die neue Welt des George W. Bush*, Frankfurt am Main 2003
Lichtenfels, Karl von: *Lexikon des Überlebens*, München 2001
Longman, Jere: *Todes-Flug UA 93*, München 2003
Mailer, Norman: *Heiliger Krieg: Amerikas Kreuzzug*, Hamburg 2003

Meyssan, Thierry: *Der inszenierte Terrorismus – Auftakt zum Weltenbrand?*, Kassel 2002
Meyssan, Thierry: *Pentagate*, Kassel 2003
Mittmann, Beate; Priskil, Peter: *Kriegsverbrechen der Amerikaner und ihrer Vasallen gegen den Irak und 6000 Jahre Menschheitsgeschichte*, Freiburg 1999
Moussaoui, Abd Samad: *Zacarias Moussaoui. Mein Bruder*, Zürich 2002
Müller-Fahrenholz, Geiko: *In Göttlicher Mission. Warum George W. Bush die Welt erlösen will*, München 2003
Orwell, George: *1984*, Zürich 1950
Ostrovsky, Victor: *Geheimakte Mossad – Die schmutzigen Geschäfte des israelischen Geheimdienstes*, München 1996
Ostrovsky, Victor: *Der Mossad – Ein Ex-Agent enthüllt Aktionen und Methoden des israelischen Geheimdienstes*, München 2000
Peccator: *Huess – Trümmer für den Feldherrn*, Alsfeld 2001
Pepper, William F.: *Die Hinrichtung des Martin Luther King – Wie die amerikanische Staatsgewalt ihren Gegner zum Schweigen brachte*, München 2003
Pilz, Peter: *Mit Gott gegen alle. Amerikas Kampf um die Weltherrschaft*, München 2003
Prantl, Heribert: *Verdächtig – Der starke Staat und die Politik der inneren Unsicherheit*, Hamburg 2002
Ramonet, Ignacio: *Die neuen Herren der Welt – Globale Politik an der Jahrtausendwende*, Zürich 1998
Ramonet, Ignacio: *Die Kommunikationsfalle. Macht und Mythen der Medien*, Zürich 1999
Rau, Joachim: *Märkte, Mächte, Monopole*, Zürich 2001
Ritter, Scott; Pitt, William Rivers: *Krieg gegen den Irak – Was die Bush-Regierung verschweigt*, Köln 2002
Röll, Franz Josef: *Mythen und Symbole in populären Medien. Der wahrnehmungsorientierte Ansatz in der Medienpädagogik*, Frankfurt am Main 1998
Roy, Arundhati: *Die Politik der Macht*, München 2002
Ruiter, Robin de: *Der 11. September 2001*, Durach 2002
Sass, Zsolt: *Der CIA-Informant*, Alsfeld 2001
Sauermann, Ekkehard: *Neue Welt Kriegs Ordnung – Die Polarisierung nach dem 11. September 2001*, Hamburg 2002
Schenk, Dieter: *Auf dem rechten Auge blind. Die braunen Wurzeln des BKA*, Köln 2001
Schölzel, Arnold (Hg.): *Das Schweigekartell – Fragen & Widersprüche zum 11. September*, Berlin 2003
Scholl-Latour, Peter: *Der Fluch des neuen Jahrtausends – Eine Bilanz*, München 2002
Sponeck, Hans Graf von; Zumach, Andreas: *Irak – Chronik eines gewollten Krieges. Wie die Weltöffentlichkeit manipuliert und das Völkerrecht gebrochen wird*, Köln 2003

Thomas, Gordon: *Die Mossad- Akte. Israels Geheimdienst und seine Schattenkrieger,* München 2001
Todd, Emmanuel: *Weltmacht USA. Ein Nachruf,* München 2003
Todenhöfer, Jürgen: *Wer weint schon um Abdul und Tanaya – Die Irrtümer des Kreuzzugs gegen den Terror,* Freiburg 2003
Trost, Cathy; Shepard, Alicia C.: *Running toward danger. Stories behind the breaking news of 9/11.* Arlington 2002
Ulfkotte, Udo: *Verschlußsache BND,* München 1998
Vidal, Gore: *Ewiger Krieg für ewigen Frieden – Wie Amerika den Hass erntet, den es gesät hat,* Hamburg 2002
Werner, Klaus; Weiss, Hans: *Schwarzbuch Markenfirmen – Die Machenschaften der Weltkonzerne,* Frankfurt am Main/Wien 2001
Wisnewski, Gerhard: *Operation 9/11. Angriff auf den Globus,* München 2003
Wisnewski, Gerhard; Landgraeber, Wolfgang; Sieker, Ekkehard: *Das RAF-Phantom,* München 1997
Zinn, Howard: *Amerika, der Terror und der Krieg,* Freiburg 2002

Soweit lieferbar, gibt es diese und andere Bücher schnell und bequem bei: www.background-books.de

Bildnachweis

S. 31 *(oben links):* © AP/FBI
S. 31 *(oben rechts):* © AP/Itsuo Inouye
S. 31 *(unten links und Mitte):* © AP/FBI
S. 31 *(unten rechts):* © AP
S. 40, 48: © AP/Christof Stache
S. 60: AP/Sherburne County Sheriff's Office
S. 73: unbekannt
S. 92: Pentagon
S. 129, 131 *(links):* unbekannt
S. 131 *(rechts):* Reuters/Tim Shaffer
S. 132 *(links):* Val McClatchey
S. 132 *(rechts):* unbekannt
S. 139: © AP/Tribune Review, Scott Spangler
S. 142 *(links):* © AP/Keith Srakocic
S. 142 *(rechts):* Mark Stahl
S. 149: unbekannt
S. 164: aus dem Film *Painful Deceptions* von Eric Hufschmid
S. 166: Northrop Grumman
S. 167: United States Air Force/Air Power Journal
S. 170: Navy Times/Mark Faram
S. 174: Mete Sozen
S. 177, 178: Pentagon
S. 178 *(Einklinker unten):* Northrop Grumman
S. 179: unbekannt
S. 180 *(oben):* Pentagon
S. 180 *(unten)*, 181 *(oben):* unbekannt
S. 181 *(unten):* United States Air Force
S. 182: Federal Emergency Management Agency
S. 183, 184 *(links):* unbekannt
S. 184 *(rechts):* NASA
S. 186 *(oben Mitte):* Pentagon
S. 186 *(unten rechts):* American Airlines
S. 187 *(links):* Department of Defense
S. 187 *(rechts):* United States Air Force
S. 188: National Museum of American History, Smithsonian Institution
S. 196: David Sadler
S. 197: abc/Jeff Rense
S. 200, 201: NASA

Trotz gewissenhafter Recherche konnten nicht alle Urheber ermittelt werden. Wir empfehlen Rechteinhabern, die hier nicht aufgeführt sind, sich an den Verlag zu wenden.

Register

Hans Herbert von Arnim (Hrsg.)

Korruption

Netzwerke in Politik, Ämtern und Wirtschaft
Mit Beiträgen von Peter Eigen, Hans Leyendecker,
Winfried Maier, Wolfgang J. Schaupensteiner,
Erwin K. Scheuch u. a.

303 Seiten

Ist unsere Gesellschaft von Netzwerken der Korruption überwuchert? Deutschlands namhafteste Korruptionsexperten zeichnen ein ungeschminktes Bild der Lage: Es gibt kaum ein Großprojekt, bei dem keine Bestechungsgelder fließen. Absprachen, Schmiergelder und Amtsmissbrauch gehören vielerorts schon zum »guten Ton«.

Eine Fülle konkreter Beispiele belegt, wie Korruption entsteht, wer dafür anfällig ist, wie sie sich auswirkt und welche Gegenmaßnahmen nötig sind, um mafiose Praktiken in Politik, Verwaltung und Wirtschaft einzudämmen.

Martin Schwarz / Heinz Erdmann

Atomterror

Schurken, Staaten, Terroristen – die neue nukleare Bedrohung

233 Seiten

Eine Atombombe in den Händen skrupelloser Diktatoren oder zu allem bereiter Terroristen – die Gefahr eines verheerenden nuklearen Anschlags ist höchst real. Hochradioaktives Material, genug für den Bau von 250 000 Atombomben, steht jenen zur Verfügung, die der Welt den Todesstoß versetzen wollen. Beinahe täglich verschwindet radioaktives Material spurlos – allein in Europa sind es jährlich rund 70 Fälle.

Ist der Westen für den Kampf gegen Nuklearterrorismus und die Weiterverbreitung von Atomwaffen wirklich gerüstet? Dieser brisante Report enthüllt das Ausmaß der neuen nuklearen Bedrohung.

»Die Weiterverbreitung nuklearer Technologien ist zum weltpolitischen Sicherheitsrisiko Nummer eins geworden.«

Mohammed el Baradei, Generaldirektor der Internationalen Atomenergiebehörde

Knaur Taschenbuch Verlag